# 高校辅导员队伍
# 素质能力提升策略研究

郑利群 李韦璇 周海娟
胡 铂 张 会 张 烨   著

燕山大学出版社
·秦皇岛·

图书在版编目（CIP）数据

高校辅导员队伍素质能力提升策略研究 / 郑利群等著. —秦皇岛：燕山大学出版社，2022.6
ISBN 978-7-5761-0360-1

Ⅰ.①高… Ⅱ.①郑… Ⅲ.①高等学校－辅导员－教师素质－研究 Ⅳ.① G645.1

中国版本图书馆 CIP 数据核字（2022）第 083671 号

## 高校辅导员队伍素质能力提升策略研究

郑利群　李韦璇　周海娟　胡　铂　张　会　张　烨　著

| | | | |
|---|---|---|---|
| 出 版 人：陈　玉 | | | |
| 责任编辑：张　蕊 | | 策划编辑：张　蕊 | |
| 责任印制：吴　波 | | 封面设计：刘馨泽 | |
| 出版发行：燕山大学出版社 | | 地　　址：河北省秦皇岛市河北大街西段 438 号 | |
| 邮政编码：066004 | | 电　　话：0335-8387555 | |
| 印　　刷：英格拉姆印刷(固安)有限公司 | | 经　　销：全国新华书店 | |
| 尺　　寸：170mm×240mm　16 开 | | 印　　张：17 | |
| 版　　次：2022 年 6 月第 1 版 | | 印　　次：2022 年 6 月第 1 次印刷 | |
| 书　　号：ISBN 978-7-5761-0360-1 | | 字　　数：275 千字 | |
| 定　　价：68.00 元 | | | |

版权所有　侵权必究
如发生印刷、装订质量问题，读者可与出版社联系调换
联系电话：0335-8387718

# 前　言

高校辅导员是开展大学生思想政治教育的骨干力量，是高等学校学生日常思想政治教育和管理工作的组织者、实施者、指导者。《普通高等学校辅导员队伍建设规定》（教育部令第43号）明确指出："高等学校要坚持把立德树人作为中心环节，把辅导员队伍建设作为教师队伍和管理队伍建设的重要内容，整体规划、统筹安排，不断提高队伍的专业水平和职业能力，保证辅导员工作有条件、干事有平台、待遇有保障、发展有空间。"高校辅导员队伍的整体素质和工作能力直接关系到大学生思想政治教育工作的有效性以及社会主义建设者和接班人的培养质量问题。深入研究并积极探索高校辅导员队伍素质能力提升策略与路径，不仅是推进高校辅导员队伍"三化"建设的重要途径，还是对高等教育改革和时代发展的积极回应。

本书梳理了高校辅导员制度的历史演进过程，明确指出了高校辅导员的角色定位与职业素质能力要求，尤其是新时期对高校辅导员素质能力的新要求。结合国家最新政策，深入剖析了提升高校辅导员队伍素质能力的重要意义。坚持鲜明的问题导向和强烈的实践指向，通过开展有针对性的问卷调查，全面了解并剖析高校辅导员队伍素质能力现状与不足。立足现实破解老问题，与时俱进回应新期待，科学总结了高校辅导员队伍素质能力提升的基本思路。将高校辅导员工作室建设作为推动辅导员队伍合作共赢、共同发展的新向度，并结合实例深入剖析。强调科学谋划，内外联动，从激发高校辅导员素质能力提升的内生动力（个人学养修炼层面）和构建高校辅导员素质能力提升的外部动力（辅导员队伍建设层面）两个层面对高校辅导员队伍素质能力提升策略进行分析，使两个层面相互结合、相互促进，形成高校辅导员队伍素质能力提升的策略与路径建议。为深入推进高校辅导员队伍"三化"建设以及持续提升高校学生思想政治教育质量提供理论和实践参考，为高校培养德智体美劳全面发展的中国特色社会主义合格建设者和可靠接班人提供有力的思想保证、精神动力和智力支持。

  本书为教育部高校思想政治工作队伍培训研修中心（河北师范大学）2020年度专项课题研究项目成果（课题编号：2020HZZ004），且为河北新型智库长城文化安全研究中心资助项目成果，聘请河北师范大学张骥教授为本书主审。本书由秦皇岛职业技术学院郑利群、李韦璇、周海娟、胡铂、张会，石家庄铁路职业技术学院张烨六人合著，具体分工如下：郑利群负责全书内容策划与指导；李韦璇负责编写第三章第三、四节和第六章（共计10万字）；周海娟负责编写第三章第一、二节和第五章（共计6万字）；胡铂负责编写第一章，第二章第三、四节和其他章节部分内容（共计5万字），张会负责编写第二章第一、二节和第四章（共计6.5万字）；张烨负责全书统稿。

作者<br>2022 年 2 月

# 目 录

## 第一章 高校辅导员制度的历史演进
### 第一节 高校辅导员制度的产生 …………………………………… 1
一、高校辅导员制度产生的时代背景 ……………………………… 1
二、高校辅导员制度产生的重要意义 ……………………………… 7
### 第二节 高校辅导员制度的发展 …………………………………… 10
一、创建阶段（1949—1965 年） …………………………………… 10
二、停滞阶段（1966—1976 年） …………………………………… 12
三、恢复阶段（1977—1989 年） …………………………………… 12
四、全面发展阶段（1990—2003 年） ……………………………… 14
五、创新完善阶段（2004 年至今） ………………………………… 15

## 第二章 高校辅导员的角色定位与职业素质能力要求
### 第一节 高校辅导员的角色定位 …………………………………… 19
一、思想政治教育的组织者 ………………………………………… 20
二、大学生的人生导师 ……………………………………………… 21
三、大学生健康成长的知心朋友 …………………………………… 23
### 第二节 高校辅导员的职责 ………………………………………… 24
一、高校辅导员的工作职责 ………………………………………… 24
二、高校辅导员的岗位职责 ………………………………………… 25
### 第三节 高校辅导员职业能力标准 ………………………………… 27
一、职业概况 ………………………………………………………… 27
二、基本要求 ………………………………………………………… 29
三、职业能力标准 …………………………………………………… 30

第四节　新时期对高校辅导员素质能力的新要求……………… 40
　　一、新时期高校辅导员应具备的素质要求………………… 40
　　二、新时期高校辅导员应具备的能力要求………………… 43

## 第三章　高校辅导员队伍素质能力提升的重要意义

第一节　高校内涵式发展的重要抓手…………………………… 45
　　一、高校提升教育质量的必要措施………………………… 45
　　二、高校落实"立德树人"根本任务的重要保障………… 49
第二节　大学生成长成才的客观要求…………………………… 51
　　一、高校辅导员要做好学生思想政治教育………………… 51
　　二、高校辅导员要做好学生全面成长的引领……………… 54
　　三、高校辅导员要当好学生的知心朋友…………………… 56
第三节　高校辅导员自身发展的内在需求……………………… 57
　　一、高校辅导员践行使命担当的工作需求………………… 58
　　二、高校辅导员提升职业能力的发展需求………………… 62
　　三、高校辅导员提升职业幸福感的内心需求……………… 66
第四节　高校辅导员队伍"三化"建设的重要途径…………… 70
　　一、高校辅导员队伍职业化建设的必由之路……………… 71
　　二、高校辅导员队伍专业化建设的主要抓手……………… 74
　　三、高校辅导员队伍专家化建设的重要基础……………… 77

## 第四章　高校辅导员队伍素质能力现状的问卷调查与分析

第一节　高校辅导员队伍素质能力调查问卷设计……………… 81
第二节　高校辅导员队伍素质能力调查问卷分析……………… 93
　　一、高校辅导员基本情况统计分析………………………… 93
　　二、高校辅导员素质能力现状统计分析…………………… 96
　　三、高校辅导员素质能力培养现状分析…………………… 104
　　四、高校辅导员未来职业发展统计分析…………………… 108
第三节　高校辅导员队伍建设存在的主要问题………………… 112
　　一、人员流动较大，队伍稳定性差………………………… 112

二、专业能力不足，日常工作效果不理想…………………………… 116
　　三、职业素质不足，生涯规划意识较淡薄…………………………… 119
　　四、事务工作较多，思政教育聚焦度较多…………………………… 122
第四节　高校辅导员队伍建设存在问题的成因分析……………………… 125
　　一、高校辅导员队伍稳定性差原因分析……………………………… 125
　　二、专业能力不足成因分析…………………………………………… 130
　　三、职业培养不足成因分析…………………………………………… 134
　　四、事务工作过多原因分析…………………………………………… 138

## 第五章　高校辅导员队伍素质能力提升的基本思路

第一节　立足现实，破解老问题…………………………………………… 141
　　一、深入基层调研，了解真实情况…………………………………… 142
　　二、厘清积弊难点，客观分析问题…………………………………… 144
第二节　与时俱进，回应新期待…………………………………………… 145
　　一、紧跟时代步伐，落实最新要求…………………………………… 145
　　二、尊重客观规律，谋求科学发展…………………………………… 149
第三节　科学谋划，探索新路径…………………………………………… 153
　　一、优化顶层设计，构建科学体系…………………………………… 154
　　二、坚持系统思维，形成内外联动…………………………………… 155
第四节　内外联动，实现新提升…………………………………………… 164
　　一、激发内生动力，促进内力驱动…………………………………… 164
　　二、注重氛围营造，提升职业认同…………………………………… 167
　　三、强化学用结合，提高实践智慧…………………………………… 173
　　四、鼓励团队合作，推进互促共赢…………………………………… 176
　　五、构建支持体系，加强外部保障…………………………………… 178
　　六、重视品牌打造，创新引领提升…………………………………… 183

## 第六章　高校辅导员队伍素质能力提升的策略与路径

第一节　激发高校辅导员素质能力提升的内生动力……………………… 188
　　一、调动阳光心态，激发职业内驱力………………………………… 189

二、夯实理论基础，强化知识内化力……………………………… 192
　　三、练就精湛技能，提高业务胜任力……………………………… 202
　　四、做好生涯规划，提升职业续航力……………………………… 205
　　五、打造个人品牌，彰显特色创造力……………………………… 208
第二节　构建高校辅导员素质能力提升的外部动力………………… 216
　　一、严格选聘机制，奠定高校辅导员素质能力提升的基础……… 216
　　二、优化培养体系，构建高校辅导员素质能力提升的促进力…… 218
　　三、推动合作共赢，构建高校辅导员素质能力提升的互助力…… 220
　　四、完善考评机制，构建高校辅导员素质能力提升的推动力…… 245
　　五、构筑保障体系，构建高校辅导员素质能力提升的保障力…… 246

**参考文献** ………………………………………………………………… 260

# 第一章 高校辅导员制度的历史演进

高校辅导员制度是中国共产党立足于基本国情，结合高校实际情况，在实践中不断总结经验，在马克思主义、毛泽东思想以及中国特色社会主义理论体系的指导下建立的一项具体制度，是中国特色社会主义制度体系的重要组成部分，是马克思主义原理同中国实际相结合的创新产物。对我国高校辅导员制度的历史演进规律进行研究，了解其产生的历史进程、时代背景和发展过程，才能充分理解高校辅导员制度产生的重要意义，才能充分认识高校辅导员工作的责任和使命，才能不断发掘中国特色社会主义制度的特点和优势，从而提出完善我国高校辅导员制度的思路，形成加强辅导员队伍建设的路径和方法。

## 第一节 高校辅导员制度的产生

我国高校辅导员制度诞生于特定历史时期，经过60余年艰难而曲折的发展历程，经历由"政治指导员""政治辅导员"到"辅导员"的历史演进，逐渐发展完善。现今，高校辅导员制度成为我国中国特色社会主义制度的重要组成部分，高校辅导员也成为我国大学生思想政治教育工作的骨干力量，为国家培养社会主义建设者和接班人发挥了重要而积极的作用。

### 一、高校辅导员制度产生的时代背景

我国高校辅导员制度的建立与发展与我国当时的社会背景，特别是政治背景密切相关，国家政治环境的变化影响辅导员制度的发展变迁，而辅导员制度发展历程的每个阶段都反映着当时社会的时代背景。

#### （一）新中国成立前

新民主主义革命时期，我党对军队思想政治教育工作进行制度创新，通过

建立政治指导员制度，开展思想政治教育工作，提高人民军队的战斗力和团结力。这也是我国高校辅导员制度的萌芽。

1. 黄埔军校政治指导员

俄国十月社会主义革命的胜利，使我国革命者受到极大的鼓舞和启发，决心向苏联学习，建立革命政党和革命军队。1921年孙中山会见共产国际代表马林，听取了其谋求国共两党合作和建立军事学校的建议，1923年派蒋介石率领由国民党人和共产党人联合组成的"孙逸仙博士代表团"赴苏联考察党务和军事。1924年中国首个培养陆军初级军官的学校——中国国民党陆军军官学校成立，通称黄埔军校。孙中山在黄埔军校开学典礼发表演说明确指出，军校宗旨是培养革命的军事人才，组成以军校学生为骨干的革命军，重新创造革命事业。仿效苏联红军的成功经验，军校成立后高度重视思想政治教育工作，设立了党代表和政治部，这是首次在中国军队中建立的新型政治工作制度。党代表的职责是监察行政、参加部队管理、指导党务和主持政治训练，并保障军事训练及一切战斗任务的完成。军事指挥官的命令，必须有党代表副署方能有效。政治部专司一切政治工作，是校长和党代表政治教育的佐理机关。政治部下设总务、宣传、党务三科，党务科配备政治指导员若干名，其主要职责是给黄埔军校的学员讲授政治理论课，加强学生的政治训练。军校成立以来，中国共产党先后派周恩来、聂荣臻、恽代英等多名同志到黄埔军校担任政治教官，制定了《政治部服务细则》《本校政治部指导员条例》《宣传队组织条例》等较为完整的政治工作制度，使军队精神面貌焕然一新。

在《黄埔本校政治部政治指导员条例》第二条中明确规定了政治指导员的具体职权：

（1）考察各部队政治教育与各种政治工作之实际效果与影响，随时报告政治部，以供改进工作之参考。

（2）调查各部队官长学生对于政治教育与各种政治工作之意见，随时报告政治部，以便解释或可酌量采纳，以为改进工作之标准。

（3）调查各部队军纪风纪状况及部队中临时发生的各种重要问题，报告政治部，以便于教育宣传上可以根据实际材料与学生以切实的训练。

（4）收发政治部各项讲义、文件，以及宣传的书报，务须于收到后迅速传达于每个学生，不得积压延误。

（5）收受学生质问或文稿，迅速转送政治部。

（6）调查政治教官出席缺席次数，每周报告政治部。

（7）主持政治讨论会与政治工作实习事务，考核其成绩。

（8）受政治部之命与各部队官长交涉一切。

周恩来在黄埔军校任政治部主任期间，还主持制定了《国民革命军党代表条例》，"在军队中创造性地建立了党代表制，使军队面貌焕然一新"。《国民革命军党代表条例》规定："党代表为军队中党部之指导人，并施行各种政治文化工作。""党代表应深悉所属部队中各长官，及该部中一切日常生活情形，研究并考查官兵之思想及心理。"实际上，军队党代表就是政治指导员，说明在第一次国共合作时期，我党就已经开始在黄埔军校中进行建设政治指导员制度的探索。

2. 南昌起义中的政治指导员

第一次大革命失败以后，我党进入独立领导革命武装斗争的新时期。为了更好地加强我党对人民军队的领导，在南昌起义爆发前夕，我党在起义部队中首先建立了中国共产党的组织，当时我党前敌委员会以周恩来为书记，在各军、师设党代表和政治部，团、营、连设政治指导员。这些党代表与政治指导员的选拔标准较高，均要求由共产党员中政治素质高、工作能力强的人员担任。这一阶段培育了一批德才兼备的政治指导员，通过他们开展了卓有成效的思想政治工作，大大提高了部队的作战能力。在南昌起义的军队中设置党代表和政治指导员是我党加强军队领导的重要措施，也是政治指导员在人民军队中的最初尝试。

3. "三湾改编"设党代表

1927年，毛泽东在判断敌我形势后，断然放弃了攻打长沙的计划，率领秋收起义的部队到达永新县的三湾村，进行了著名的"三湾改编"。"三湾改编"的主要内容就是部队中建立并且健全党的各级组织。班排设立党小组，连设党支部，营团设党委，连以上各级设置党代表，全党均由党的前敌委员会统一指挥。总之，部队所有重大问题都要经过党组织集体讨论作出决定。这样，通过在连以上设党代表，就从组织上确定了党对军队的绝对领导，而且为党以后开展思想政治工作奠定了基础。这时，军队中的党代表执行的实际职责就属于政治指导员的职责范围。

1929年之后，红军中连以上的党代表又发生了名称上的变化，统一改为政治委员，也就是通常所指的政委同志，1931年后政治委员又改称为政治指导员。

4. 抗日战争时期红军大学中的政治指导员

为了适应革命战争对军事干部的迫切需要，1931年，我党在瑞金成立中央军事政治学校，1932年改名为中国工农红军学校，简称"红校"，是我军第一所正规军校。1936年6月1日，中共中央在陕北安定县瓦窑堡成立了中国人民抗日红军大学，简称"红大"。1937年1月20日，红大随中央机关迁至延安，改称中国人民抗日军事政治大学。学校的学生管理按照部队编制管理模式，实行军事化管理。学校设有政治部、训练部、校务部。政治部下设组织、宣传、训育、秘书四个科，负责党的思想政治工作。学员编成若干大队，大队下设若干支队，支队下设若干中队。各大队配备政治委员，支队配备政治协理员，中队配备政治指导员。政治指导员全面负责基层中队学员的思想、学习、健康和生活等工作，是学校领导对学员进行教育和教学工作的得力助手。他们是政治素质高、作风过硬和善于做战士思想政治工作的政工干部，为促进军事化教学，他们运用诉苦教育、形势教育等各种方法教育战士，工作方法比较灵活，工作内容相对单一。这就是最早的政治指导员制度。

在新民主主义时期，我军虽然经过了从红军、八路军到解放军的名称转变，但是思想政治教育的工作一直没有放松，政治指导员的职责也没有改变，从而形成了比较稳定的政治指导员制度。毛泽东曾高度评价我军政治指导员制度，指出："党代表制度，经验证明，不能废除。特别是在连一级，因党的支部建在连上，党代表更为重要。""红军所以艰难奋战而不溃散，'支部建在连上'是一个重要原因。"

政治指导员制度的建立保障了我党对人民军队的绝对领导，也是我军克敌制胜的一大法宝，对新民主主义革命的胜利奠定了基础，是在军队中开展思想政治教育工作的一个伟大的历史经验。这项制度的确定无疑对新中国成立以后我国高校的学生及教职工的思想政治教育提供了很多借鉴。从这个意义上来说，高校辅导员制度来源于政治指导员制度。

## （二）新中国成立后

新中国成立后，我国面临严峻的国际国内政治斗争形势。国际上，美苏由第二次世界大战时的国际合作走向战后对抗，以苏联为首的和平民主阵营同以美国为首的帝国主义阵营互相对峙，进行冷战。以美国为首的帝国主义侵略阵营到处插手，干涉别国内政，制造紧张局势，甚至发动侵略战争。他们在欧洲对苏联和东欧人民民主国家实行"冷战"；在亚洲则顽固地与中国人民为敌，拒绝承认新中国，并企图以政治孤立、军事包围和经济封锁的政策，把新中国扼杀在摇篮里。国内形势也错综复杂，在军事、政治、财政、经济等方面还存在严重的困难，面临许多严峻的考验。

面对当时复杂的国际国内政治斗争形势，为了使社会主义制度得以顺利确立，除了在军事、经济上采取强有力的措施外，在思想文化领域必须使无产阶级占领思想文化阵地，使广大干部和群众脱离资产阶级思想的影响，不断提高社会主义觉悟，使上层建筑尽快适应经济基础的变化。在当时，党的思想工作的根本任务就是对人民进行社会主义思想的教育，作为思想文化前沿阵地的高校，这一点则体现得更为明显。

### 1. 政治辅导员制度的提出

新中国成立以后，党高度重视高等教育事业的发展，在接受和改造旧大学工作的同时也新建了一部分高等学校。1949年9月中国人民政治协商会议在北京召开，会议制定并通过的《中国人民政治协商会议共同纲领》明确规定："人民政府的文化教育工作，应以提高人民的文化水平，培养国家建设人才，肃清封建的、买办的、法西斯主义的思想，发展为人民服务的思想为主要任务。"1949年12月，第一次全国教育工作会议在北京召开，教育部部长马叙伦在会议的开幕词中阐述了新民主主义教育总方针，明确指出："现在，随着帝国主义和封建买办的统治在中国宣告终结，中国旧教育的政治经济基础是基本上被摧毁了。代替这种旧教育的应该是作为反映新的政治经济的新教育，作为巩固与发展人民民主专政的一种斗争工具的新教育。这种新教育就是新民主主义的，即民族的、科学的、大众的教育。"会议同时强调老区教育要以巩固提高为主，要解决师资、教材问题，新区学校安顿后的主要工作是进行政治与思想教育。在当时复杂形势下提出教育要服务于政治是十分正确且非常及时的。

在1950年7月28日政务院第43次政务会议批准、1950年8月14日颁布的具有法规性质的文件《高等学校暂行规程》中，对学生进行革命的政治思想教育被列为总纲第二条高等学校任务的首要条款，即"根据中国人民政治协商会议共同纲领，进行革命的政治及思想教育，肃清封建的、买办的、法西斯主义的思想，树立正确的观点和方法，发扬为人民服务的思想"。

为适应当时社会主义革命和建设的需要和高校加强大学生思想政治教育工作的形势，1951年11月30日，马叙伦在政务院第113次政务会议上提出的《关于全国工学院调整方案的报告》中指出："为了加强全国工学院的政治思想教育的领导，各工学院有准备地试行政治辅导员制度，设立专人担任各级政治辅导员，主持政治学习思想改造工作。"这是我国首次提出在工学院试行政治辅导员制度，并明确规定了政治辅导员的工作职责和角色定位。

**2. 政治辅导员制度的正式确立**

经过一年的准备，随着院系调整，高校各项工作逐步步入正轨。1952年10月28日，教育部发布了《关于在高等学校有重点地试行政治工作制度的指示》，指示规定："在这种情况下，亟须进一步在高等学校中建立政治工作制度，以加强政治领导，改进政治思想教育，开展马克思、列宁主义的思想建设工作，为全国高等学校教育建设事业打下坚强的政治基础。为了达到上述目的，全国高等学校在思想改造学习以后，应有准备地在校内设立政治工作机构，其名称可称为政治辅导处。""政治辅导处设辅导员若干人。应就教师和学生中选择具有一定理论水平和政治品质优良者充任。其主要任务为，在政治辅导处主任领导下辅导一系或几系学生的政治学习和社会活动，组织推动教职员的政治理论学习和社会实践活动。政治辅导员中应选择若干人兼任政治理论课助教，以便逐渐培养成为政治课教员。"指示同时又规定："各大行政区在今年下半年先选择几所具备条件的学校进行重点试验，无条件者暂缓实行，切勿立即全面铺开，造成形式主义。"随后，全国各高校纷纷建立政治辅导处，设辅导员，开展全院师生员工的思想政治教育工作。《关于在高等学校有重点地试行政治工作制度的指示》首次明确提出了建立专门的辅导员工作机构——政治辅导处，高校中出现了一支专门从事师生思想政治工作的政治辅导员队伍，这就是我国政治辅导员制度正式确立的标志。政治辅导员制度开始在高校政治工作中发挥重要作用。

3. "双肩挑"政治辅导员制度

随着我国经济建设的恢复,高等教育的发展,高校在校生迅速增加,但学校从事思想政治教育工作的党团干部数量严重不足。时任清华大学校长的蒋南翔针对学校专职干部力量不足,外派干部在高校工作需要一段时间的适应期,不能尽快投入工作等问题,提出了关于政治辅导员制度的新的设想。1953年4月,清华大学向教育部、人事部递交报告,请示设立学生政治辅导员。具体做法就是从高年级学生中"挑选学习成绩优良、觉悟较高的党团员担任辅导员,其学习年限延长一年,学科则相应减少,每周进行24小时工作,这样,可培养辅导员成为比一般学生更高政治质量及业务水平的干部"。请示很快得到了中央的批准,政治辅导员制度在清华大学正式建立。按照学习成绩优秀、政治觉悟高、工作能力强的原则,清华大学从全校各系的大三年级学生中精心挑选出25名学生,组建了第一批学生政治辅导员队伍。这些学生一边学习一边工作,即一个肩膀挑政治工作担子,一个肩膀挑业务担子,因此命名为"双肩挑"。"双肩挑"辅导员制度是清华大学的一大创举,不但创新发展了高校辅导员制度,而且带动了全国高校辅导员制度的建立和发展,也为兼职辅导员的设立与发展提供了新的平台。时至今日,"双肩挑"辅导员制度仍然成为学校人才培养中极具特色、极其重要的一项制度。

在之后的几年里,全国一些高校陆续配备了一定数量的政治辅导员,基本上都采用"双肩挑"的形式,专职辅导员非常少,有关辅导员的各项规章制度也处在探索和建设之中。尽管如此,这样一个新生事物在新中国成立初期,已经凸显了它的勃勃生机。

## 二、高校辅导员制度产生的重要意义

高校辅导员制度在高校思想政治工作教育制度中占有重要地位,是新中国在高校教育制度史上一个重要的实践创新。高校辅导员制度是在新中国成立初期,为加强党对高等教育事业的管理与领导,保证社会主义的高等教育的发展和高校的稳定而建立起来的。这一制度为实现德育目标,保证高等学校学生的健康成长,培养合格的社会主义建设者和接班人发挥了积极作用。

### （一）高校辅导员制度是坚持社会主义办学方向的重要举措

社会主义大学的人才培养目标是培养德智体美劳全面发展的社会主义事业的建设者和接班人。我国是中国共产党领导的社会主义国家，这决定了我们的教育必须把培养社会主义建设者和接班人作为根本任务，培养一代又一代拥护中国共产党领导和我国社会主义制度、立志为中国特色社会主义奋斗终身的有用人才。这是教育工作的根本任务，也是教育现代化的方向目标。

培养德智体美劳全面发展的社会主义建设者和接班人，首先要在坚定理想信念上下功夫，教育引导学生树立共产主义远大理想和中国特色社会主义共同理想，增强学生的中国特色社会主义道路自信、理论自信、制度自信、文化自信，立志肩负起民族复兴的时代重任；其次要在厚植爱国主义情怀上下功夫，让爱国主义精神在学生心中牢牢扎根，教育引导学生热爱和拥护中国共产党，立志听党话、跟党走，立志扎根人民、奉献国家；最后要在加强品德修养上下功夫，教育引导学生培育和践行社会主义核心价值观，踏踏实实修好品德，成为有大爱大德大情怀的人。

2004年中共中央下发《中共中央国务院关于进一步加强和改进大学生思想政治教育的意见》（以下简称十六号文件），提出要采取有力措施，着力建设一支高水平的辅导员、班主任队伍。十六号文件指出："思想政治教育工作队伍是加强和改进大学生思想政治教育的组织保证。大学生思想政治教育工作队伍主体是学校党政干部和共青团干部，思想政治理论课和哲学社会科学课教师，辅导员和班主任。""辅导员、班主任是大学生思想政治教育的骨干力量，辅导员按照党委的部署有针对性地开展思想政治教育活动，班主任负有在思想、学习和生活等方面指导学生的职责。"高校辅导员制度是坚持社会主义办学方向、实现社会主义大学人才培养目标的重要保证。

### （二）高校辅导员制度促进了高等教育的发展和高校的稳定

改革与发展是时代的主题。对于高等教育来说，改革是主动适应经济社会发展的需要，提高高等教育现代化水平的必然选择。大学生既是高校的主体，也是高校改革的推动者、参与者和受益者。大学生对高校改革的认识、态度决定了高校改革的成效如何。引导大学生正确认识改革进程中所出现的各种矛盾和问题是推动改革持续前进的重要保证。

改革是一场深刻而伟大的革命，在这一过程中，会出现很多的问题和矛盾，这是无法避免的。如果大学生没有清醒的头脑，对各种问题没有正确的认识，就会对改革产生怀疑甚至会对改革的深化起到阻碍作用。面对这些问题，高校辅导员应该根据实际情况，运用灵活多变的方式，引导大学生正确认识改革过程中的矛盾与问题，并且教育学生正确处理好个人与国家的利益关系，帮助学生解决生活的困难，疏导学生思想中的困惑，坚定大学生对改革的信心和对国家前途的信心。

高校也是各种社会思潮的集散地，高校稳定与否，直接影响社会的稳定。各种文化的相互碰撞必然会影响学生的思想动态，高校改革过程中出现的新情况新问题，也会导致学生心理失衡，不能适应。尤其是在当代，社会问题的增多，会加剧大学生的情绪反应。比如，就业问题、三农问题、贫富差距问题、腐败问题等都会对学生的思想产生重要的影响。为了解决大学生的思想问题，理顺他们的情绪，高校辅导员在党委的统一领导下，通过形势政策教育、思想引导、情绪疏导、心理辅导与就业指导、困难救助等途径，有效解决了很多学生的思想矛盾，维护了高校的稳定，保证了社会的稳步发展。

**（三）高校辅导员制度是高校开展思想政治教育的有力支撑**

十六号文件指出，辅导员、班主任是大学生思想政治教育的骨干力量，辅导员按照党委的部署有针对性地开展思想政治教育活动，班主任负有在思想、学习和生活等方面指导学生的职责。高校选聘的辅导员是一批政治立场坚定、思想道德高尚、社会责任感强的优秀青年，他们有着与大学生相同的经历，可以感同身受，他们是大学生健康成长的指导者和引路人。随着时代发展，大学生思想政治教育的范畴不断扩大，要对学生开展思想理论教育工作和价值引领工作，要加强学生日常事务的管理，做好党团及班级的建设工作，要对学生开展心理健康教育的工作，要开展学风建设工作，要对学生进行网络思想政治教育，要做好校园突发危机事件的应对和处理工作，要对学生开展职业规划指导教育，还要对学生进行就业创业教育等，教育内容涵盖了学习、生活、思想、政治、道德、心理、就业等各个方面。辅导员作为学生工作的一线工作人员，身兼管理者与教师的双重身份，是与学生接触最多的人，也是与从事高校思想政治教育工作的其他队伍协同最多的人，是大学生思政教育的直接实施者与参与者,是大学生思政教育的骨干力量,他们在管理育人、服务育人方面发挥了重要作用,有力地推进了高校思想政治教育工作。

**(四)高校辅导员制度在人才培养上具有培育和开发功能**

高校辅导员制度在人才资源开发、党政领导干部后备队伍培养方面具有特殊的作用。高校辅导员制度从设立起,就对从业人员的选拔要求极高,"又红又专"是党政领导干部选拔的一大前提。经常性的、严格的、系统的培训学习,使辅导员能够系统地掌握马克思主义理论知识,了解有关社会学、教育学、管理学等方面的社会科学知识。辅导员在工作期间参与学习与培训,可以大大提高他们的自身素质,为他们日后的进一步发展奠定了坚实的文化思想基础。

在实践中,辅导员不但提升了语言表达能力、人际交往能力、心理包容能力、组织管理能力、判断观察能力和处理突发事件的能力,而且也锻炼和提高了创造性思维能力、道德自律能力和调查研究能力。全面的实践锻炼,培育了辅导员的综合素质,开发了他们的潜在能力,增长了他们的才干,使辅导员在实践中快速地成长起来。实践证明,辅导员制度直到今天依然焕发着蓬勃的生命力,成为中国特色社会主义教育制度的成功实践。

## 第二节 高校辅导员制度的发展

我国高校辅导员制度是新中国成立以来,为了保证社会主义大学的办学方向,培养社会主义现代化建设的合格接班人而创立的。作为高校思想政治教育工作制度的重要组成部分,它经历了创建、停滞、恢复、发展、完善等阶段。

### 一、创建阶段(1949—1965年)

1949年10月1日,中央人民政府政务院设立中央人民政府教育部,次年发布了《关于加强对学校政治思想教育的领导的指示》,要求学校在对教员和学生开展思想政治教育工作时,无论其家庭出身如何,都不能粗暴行事,应以"说服教育的方式,积极鼓励其前进"。1951年11月3日,在北京召开了全国工学院院长会议,拟定了《全国工学院院系调整方案》,提出在全国工学院有准备地试行政治辅导员制度,要求政治辅导员主持思想改造工作。教育部于1952年10月发布《关于在高等学校有重点地试行政治工作制度的指示》,提出在高等学校设立"政治辅导处"。政治辅导处设主任1名,设辅导员若干人。辅导员的主要任务为在政治辅导处主任领导下,辅导一个或几个系学生的政治学习和社会活动。同时政治辅导员也可以兼任政治理论课助教,经过培养,可以逐渐成为政治课教员。由此,政治辅导员的地位和作用得以确定。时任清华大学校长的蒋南翔同志所倡导的"双肩挑"学生政治辅导员,对高校辅导员制度进行了创造性、开拓性的实践。蒋南翔是"一·二九"运动的领导者之一,曾担任清华大学地下党党支部书记,有着丰富的革命和教育经验。蒋南翔同志于1953年初从政治上、业务上都很优秀的高年级学生中选出25人担任政治辅导员,延长一年学制,建立"双肩挑"政治辅导员制度。"双肩挑"既要求政治辅导员的业务学习成绩和思想政治工作水平都要非常出色,可以引导学生树立正确的人生观、世界观、价值观,又要求辅导员能够用马克思列宁主义来指导实践工作。蒋南翔也反复强调政治辅导员必须又红又专,不能只专不红,只红不专,以红反专,以红代专。他亲自组织的第一批学生政治辅导员,同教师一起学习《矛盾论》和《实践论》,使他们具有较高的思想理论水平。同时政治辅导员作为学生本身,品学兼优,也进一步促进了学风、班风的建设。从清华的政治辅导员队伍中走出了多名党和国家领导人,原国家主席胡锦涛和全国人大原委员会委员长吴邦国都曾经担任过政治辅导员。"双肩挑"政治辅导员制度开创了兼职辅导员模式,其指导思想对高校辅导员制度的发展有着极为重要的影响。

1961年,教育部起草了《教育部直属高等学校暂行工作条例(草案)》,简称"高教六十条",并在同年9月15日正式发布。条例中第五十条中规定在一、二年级中设置辅导员,并提出"要逐步培养和配备一批专职的政治辅导员"。这是我国首次提出要配备专职辅导员。1964年6月10日,中共中央批转高等教育部党组《关于加强高等学校政治工作和建设政治工作机构试点问题的报告》,同意在高校中成立政治部,并在北京大学和清华大学试行,"建议二、三年内配齐班级的专职政治工作干部,其编制平均每100个学生至少配备1人。干部来源,主要从高等学校毕业生中间选留解决"。这是第一次对于编制人数、人员来源作出规定。随后教育部发布了《关于政治辅导员工作条例》，标志着我国的高校辅导员制度在全国范围内初步形成。

由于中华人民共和国刚刚成立，我们党比较缺乏相关经验，各种政治运动也时而中断辅导员制度的建设，使辅导员制度整体不完善，定位不明确，范围模糊。然而，高校辅导员制度的建立，对高校进行社会主义改造、稳定当时我国高校的局势发挥了不可替代的作用。

### 二、停滞阶段（1966—1976 年）

20 世纪 60 年代，"文化大革命"爆发，打乱了我国社会主义建设各个领域的秩序。"文化大革命"开始于对意识形态领域的批判，而高校处于政治与意识形态的前沿，所以我国的高等教育首当其冲。1966 年，全国高校响应中央号召，停课闹革命，高校内的正常教育教学秩序被打乱。同年 6 月，包括高等教育部部长蒋南翔等教育部各级领导干部被批斗，教育部各项工作进入停顿状态，整个教育部陷入瘫痪。全国高等学校停止按计划招生达 6 年之久。高等教育领域的相关制度遭到了严重破坏，刚刚建立不久的高校辅导员制度被认为是"修正主义教育路线"受到批判，高校辅导员被划归为"资产阶级分子"，成为被批斗、打击的重点对象。整个"文革"期间，各高校内的教育秩序被"四人帮"肆意践踏，出现了大量违背教育规律、不符合人的发展、颠倒是非的离奇事件。由于我国高等教育领域内的秩序遭到严重破坏，高校辅导员制度也遭到空前的破坏，加重了高校内秩序的混乱。

### 三、恢复阶段（1977—1989 年）

1976 年 10 月，"四人帮"反革命集团垮台。在邓小平的亲自领导下，教育战线率先开始拨乱反正工作，于 1977 年冬，首先恢复了高考制度。1978 年 10 月 4 日，教育部通知试行《全国重点高等学校暂行工作条例（试行草案）》，条例在第八章第四十九条同样对高校辅导员有着明确的规定，要求恢复"文革"前对高校辅导员的设置，同时还要求"政治辅导员都要既做学生思想政治工作，又要坚持业务学习，有条件的要坚持半脱产，担任一部分教学任务。政治辅导员可以适当轮换"。

1979年1月，蒋南翔被任命为教育部部长和党组书记。蒋南翔恢复工作后十分注重对高校辅导员制度的恢复。1980年4月29日，教育部、共青团中央发出《关于加强高等学校学生思想政治工作的意见》，首次提出："高等学校的学生政治工作干部，既是党的政治工作队伍的一部分，又是师资队伍的一部分，担负着全面培养学生的重要任务。"从此，我国高校辅导员由单一的政治干部身份开始向具有教师和干部双重身份转变。

1982年1月19日至20日，教育部在北京召开高等学校试行学生品德评定工作讨论会，建立品德评定制度，促进学生德、智、体全面发展，其中专门提出对学生进行品德考核的工作应由政治辅导员主要负责。

1984年党中央、教育部先后在清华大学等高校中开设思想政治教育专业，为高校辅导员队伍专业化提供支持。1984年11月13日，中共中央宣传部、教育部出台了《关于加强高等学校思想政治工作队伍建设的意见》（以下简称《意见》），《意见》对于思想政治教育队伍的各个方面进一步细化和明确化，要求政治辅导员必须具备一定的政治素质："有坚定的共产主义信仰，坚持四项基本原则，在思想上政治上与党中央保持一致；有一定的马列主义、毛泽东思想的理论修养和党的政策水平，对错误思潮有一定的识别能力。"同时具有一定的知识文化水平，"懂得所在学校或系科的一般基础知识和专业知识。文化科学知识面比较广"。必须具有"大学以上文化程度"。《意见》第一次对辅导员的文化水平提出相应的标准，提出辅导员"可从本校教师和干部中选调；可从本校毕业生中选留，也可从马列主义理论专业、思想政治教育专业和其他文科专业毕业生中调配"。同时第一次规定辅导员的发展方向可以是："（1）党政干部；（2）马列主义理论教师、共产主义思想品德教师；（3）业务课教师。"

1987年5月29日，《中共中央关于改进和加强高等学校思想政治工作的决定》分析了当时所处的形势，进一步提出改进和加强思想政治教育的重要性。指出："国内外企图在中国搞资产阶级自由化的人总是把高等学校作为他们思想渗透的主要场所，妄想从这里寻找和培养反对社会主义制度的代表人物。这些都将是长期存在的现象。在改革开放的条件下，不可能把青年学生封闭在'温室'里，他们不可能不接触腐朽、丑恶的东西。这就增加了思想政治教育的复杂性和艰巨性。"由于"文革"的影响，高校作为重灾区，对于"左"

的思潮防范意识较强，在这个时期做了很多纠正"文革"中"左"的错误的工作，但是对西方资产阶级自由主义思想防范不足。对于高校中的学生的现实情况和现实需要分析不足。大学生缺少反思，偏激地看待当时的社会问题，不能合理表达自我的政治诉求，甚至出现狂热偏执的行为。当时我们党对这些困难局面的估计不足，辅导员制度建设上远远落后于现实局势的发展，党中央认真总结改革开放以来我国在社会主义现代化建设中的经验教训，提出物质文明和精神文明"两手抓、两手都要硬"，切实加强思想政治工作，高校辅导员制度建设也成为重中之重。

### 四、全面发展阶段（1990—2003 年）

党的十四大召开，确立了建立社会主义市场经济体制，坚持走有中国特色的社会主义道路的目标，从此我国经济进入高速发展时期。同时国际政治、经济格局也发生了巨大的变化，各种思潮在我国高校内涌动，高校外部环境依然复杂多变。随着改革开放的进行，高校内部的改革也在不断加深和强化，招生计划、培养费用、分配方式等进一步变革以适应社会主义市场经济的要求。发展和完善高校辅导员制度，保障高质量的人才产出，确定党对高校的正确领导，成为新时期党和国家所要完成的一项重要任务。

1990 年 7 月 17 日发布的《中共中央关于加强高等学校党的建设的通知》和 1991 年 5 月 22 日共青团中央和国家教育委员会党组发布的《关于加强高等学校共青团建设的意见》之中都明确规定，各系的学生党支部书记和团委负责老师可以由专职的辅导员来担任。

1995 年 11 月 23 日，国家教育委员会颁布试行的《中国普通高等学校德育大纲》指出："辅导员和班主任是日常思想政治教育的直接组织者和协调者。要深入学生，搞好班集体、宿舍和年级的工作；组织开展形式多样、生动活泼的教育活动；有针对性地做好细致深入的个别思想工作；加强心理健康和心理素质方面的咨询与指导；要通过各种行之有效的方式，密切学校与学生家长的联系，争取家庭教育与学校教育的良好配合。"

高校辅导员成为我国高校德育队伍的重要组成部分。1999 年，教育部党组发布《关于高等学校学习贯彻〈中共中央关于加强和改进思想政治教育工作的若干意见〉的通知》，分析了当时高校内外环境的变化，提出了新形势下加强和改进高校思想政治工作的基本方针，为新时期高校辅导员制度创新指明了方向。

2000年，教育部党组发布《关于进一步加强高等学校学生思想政治工作队伍建设的若干意见》，指出："专职学生思想政治工作人员系学校专职从事和负责学生思想政治教育工作的人员。包括学校分管学生思想政治教育工作的党委副书记，学生工作部（处）从事学生思想政治教育工作的人员，院（系）党总支负责学生思想政治教育工作的副书记、团总支书记、学生政治辅导员等。"并且规定专职辅导员任期为4～5年，兼职辅导员任期为2～4年。强调："要建立必要的规章制度，切实保证各项培养工作的落实。"对于高校辅导员的选聘方法、岗前培训、日常培养、表彰奖励、考核管理提出了具体实施意见，为新时期高校辅导员制度建设提出了指导性意见，指明了高校辅导员制度的发展方向。

## 五、创新完善阶段（2004年至今）

在党的十六大召开后，我国改革开放和现代化建设的步伐进一步加快，以胡锦涛同志为总书记的党中央更加注重高校思想政治教育队伍的建设、完善，高校辅导员制度处于快速发展阶段。2004年8月26日，中共中央、国务院发布了《关于进一步加强和改进大学生思想政治教育的意见》，指出："辅导员、班主任是大学生思想政治教育的骨干力量，辅导员按照党委的部署有针对性地开展思想政治教育活动，班主任负有在思想、学习和生活等方面指导学生的职责。""院（系）的每个年级都要按适当比例配备一定数量的专职辅导员，每个班级都要配备一名兼职班主任。"

教育部于2005年1月13日发布了《关于加强高校辅导员班主任队伍建设的意见》，这是我国第一次出台专门针对高校辅导员制度建设的纲领性文件，文件指出："加强辅导员、班主任队伍建设，是加强和改进大学生思想政治教育和维护高校稳定的重要组成保证和长效机制。"文件对高校辅导员的选配配备、培养培训、政策保障提出了制订细则的具体意见，并且提出"要把专职辅导员队伍作为党政后备干部培养和选拔的重要来源，根据工作需要，向校内管理工作岗位输送或向地方组织部门推荐。高校选拔党政领导干部，要重视专职辅导员的经历。根据本人的条件和志向，也可向教学、科研工作岗位输送"。

2005年1月17—18日，中共中央在北京召开了全国加强和改进大学生思想政治教育工作会议，会议上胡锦涛、陈至立等同志分别发表了重要讲话，再次强调高校辅导员制度建设在新时期的重要性。2006年7月23日，教育部发布对高校辅导员制度建设有着历史意义的24号令，即《普通高等学校辅导员队伍建设规定》，这是我国教育部第一次出台有关高校辅导员的法规性文件，该规定一共分6章26条，指出："辅导员是高等学校教师队伍和管理队伍的重要组成部分，具有教师和干部的双重身份。辅导员是开展大学生思想政治教育的骨干力量，是高校学生日常思想政治教育和管理工作的组织者、实施者和指导者。"从高校辅导员的"要求与职责""配备与选配""培养与发展""管理与考核"等方面提出了具体的规定，使高校辅员制度进一步健全和发展，也使新中国成立以来高校辅导员制度的发展上升到一个新的阶段。同年7月30日，教育部又出台了《2006—2010年普通高等学校辅导员培训计划》，决定自2006年开始，高校专职辅导员必须有高校辅导员培训证书方能上岗，到2010年完成所有高校的辅导员轮训工作，选拔5000名高校辅导员攻读思想政治教育等专业的硕士学位，在全国范围内建立辅导员研修培训基地，2007年，教育部在复旦大学、北京师范大学、河北师范大学等21所学校建立了高校辅导员培训及研修基地，以进一步加强高校辅导员队伍的专业化、职业化。这一时期，党中央、国务院、教育部不仅专门针对高校辅导员制度出台了相关文件，同时在高校的形势与政策教育、党团建设、校园文化建设、校园网络管理、大学生社会实践工作、贫困学生资助、学生日常管理等方面出台的文件中均都有专门的文字段落阐释高校辅导员在这些工作中应当承担的责任和义务，力求全方面、立体化完善和发展高校辅导员制度。

党的十八大以来，党和国家始终重视大学生思想政治工作，始终关注如何加强和完善高校辅导员制度这一问题，并且出台了《关于加强和改进新形势下高校思想政治工作的意见》，强调要"加强和改进高校思想政治工作，事关办什么样的大学、怎样办大学的根本问题，事关党对高校的领导，事关中国特色社会主义事业后继有人，是一项重大的政治任务和战略工程"，要对高校辅导员制度进一步加强和完善。

为有力落实党的十八大精神，落实教育规划纲要的要求，《普通高等学校辅导员培训规划（2013—2017年）》出台。该规划规定，到2017年，基本形成适应高等教育发展需要、符合辅导员成长成才规律、规范科学的培训机制，基本构建起内容完善、形式多样、科学合理的培训体系，为全面提高辅导员队伍服务高等教育质量和高校学生全面发展的能力奠定坚实基础。此规划的出台促进了辅导员培训的规范化水平的提高，推进了辅导员培养的专业化、标准化。

2014年，出台了《高等学校辅导员职业能力标准（暂行）》，通过出台标准的方式来构建高校辅导员职业能力体系，使高校辅导员制度的内容得到进一步完善。

2017年，《普通高等学校辅导员队伍建设规定》（教育部令第43号）在教育部令第24号基础上修订出台，这是深入贯彻落实习近平总书记重要讲话精神和中央系列决策部署的有力措施，有助于高校辅导员队伍建设的加强；这也是新时代提高高校辅导员专业化与职业化的重要制度安排。此次修订以习近平总书记重要讲话精神为基础，以《中共中央国务院关于加强和改进新形势下高校思想政治工作的意见》为遵循，依据《高等教育法》等有关法律法规，结合现行的辅导员职业能力标准，参考2013—2017年辅导员培训规划等多方面的文件和内容，全面保障了这一规定的科学性和实践性。这也是新时代高校辅导员制度加强完善的重要成果。

十九大以来，高校辅导员制度的发展主要围绕如何落实立德树人的根本任务这一问题，全国教育大会和学校思想政治理论课教师座谈会的相继召开，更是为高校辅导员制度明确了人才培养目标——"培养担当民族复兴大任的时代新人，培养德智体美劳全面发展的社会主义建设者和接班人"。教育部和各高校围绕学习习近平新时代中国特色社会主义思想，贯彻落实全国高校思想政治工作会议精神，认真落实高校辅导员队伍建设规定。"全国高校辅导员年度人物"评选、全国高校辅导员素质能力大赛的成功举办，切实培养造就出拥有高质量和高水平的工作队伍，是不断提高高校辅导员工作的针对性和亲和力的具体举措。

在加强高校思想政治工作，加强工作队伍建设的背景下，教育部门高度重视辅导员队伍的培训培养工作，把"高校辅导员在职攻读博士学位专项计划"调整为"高校思想政治工作骨干在职攻读博士学位专项计划"，逐年增加招收名额、招收单位和招收专业，在扩展培训对象范围和培训规模的同时，也保障了专职辅导员在职攻读博士的权益，为辅导员攻读博士提供了更多的专业选择。党的十九大以来，依托高校辅导员网络培训中心、高校辅导员发展研究中心、高校辅导员培训和研修基地等开展辅导员网络培训、高校思想政治工作骨干示范培训班，不断提升辅导员工作队伍的专业化水平，是新时代深化三全育人改革、协调推进高校思想政治工作的必然选择。

# 第二章　高校辅导员的角色定位与职业素质能力要求

随着我国经济、教育事业的迅猛发展，高校规模逐步扩大，对高校辅导员队伍也提出了更高的要求。辅导员作为高校教学队伍的一线管理者，扮演着极其重要的角色，在一定程度上推动着学校的长期稳定发展。新形势下，明确辅导员的角色定位与职业素质能力要求，对于提升辅导员队伍的综合素质能力，推动辅导员队伍"三化"建设，提高高校学生工作水平具有重要意义。

## 第一节　高校辅导员的角色定位

高校辅导员被教育部明确定位为高等学校教师队伍的重要组成部分，是高等学校从事德育工作、开展大学生思想政治教育的骨干力量，是大学生的人生导师，是大学生健康成长的知心朋友。作为学生思想政治工作一线的组织者和承担者，辅导员也是大学生们最为接近的群体，可以说辅导员自身具有什么样的育人意识就会表现出什么样的管理理念，而辅导员育人模式、工作理念的先进与否，对于高校人才培养和校园稳定等工作具有重要的意义。随着改革开放的深入，中国经济、文化等各方面呈现出全球化的趋势，外来文化、信息网络、市场经济等诸多因素，对当代大学生的人生观、价值观、世界观及生活方式产生了巨大的冲击和影响，继而出现了一些新情况、新问题，这对高校辅导员的工作提出了新的更高的要求。面对新的挑战，如何对自己的角色进行科学定位，这是每一位学生辅导员应经常研究探讨的问题。

一方面，要在整个社会大环境中形成一种共识，即高校辅导员是高校教师队伍的重要组成部分，是从事学生思想政治教育的基层工作者，是对学生进行日常管理和教育的管理者和组织者，其核心工作就是对学生进行思想政治教育，其任务就是相关的具体学生工作。另一方面，随着高校辅导员职业化进程的深入，高校辅导员工作将是相当一部分高校辅导员终生从事的职业，所以在开展高校辅导员工作之初就应对自己的角色进行合理定位，使自身事业的发展符合时代的客观要求。

### 一、思想政治教育的组织者

高校辅导员最传统的角色就是思想政治工作者，高校辅导员作为大学生思想政治教育的重要力量，做的是"人"的工作，要把不同对象的复杂多变的思想引领到符合社会主流意识形态的层面，任务的复杂性和艰巨性可想而知。高校学生辅导员首先是思想政治教育工作者。所谓思想政治教育就是指社会或社会群体用一定的思想观念、政治观点、道德规范，对其成员施加有目的、有计划、有组织的影响，使他们形成符合一定社会或一定阶级所需要的思想品德的社会实践活动。党的十九大为我们开辟了新时代，强有力的思想政治工作能力仍然是对辅导员的基本要求，而且要根据时代特点，与时俱进，在日常生活中渗透思想政治教育。思想政治教育切忌内容空洞乏味的说教，而要结合大学生学习和生活的实际，把思想政治工作贯穿于学生成长过程，融入学校教育工作的方方面面，在潜移默化中落实。因此，高校辅导员要充分认识到思想政治教育的根本性和基础性作用。一方面要加强自身对马列主义、毛泽东思想、邓小平理论和"三个代表"重要思想、科学发展观以及习近平新时代中国特色社会主义思想等政治理论的学习，从而进一步掌握从事思想政治教育所需要的理论知识；另一方面，辅导员要会用科学的方法和有效、多样的形式对学生进行思想政治教育，通过多种形式与他们进行理论学习和交流，引导他们了解和掌握党的理论创新成果，帮助学生进一步深化政治理论学习的效果，帮助学生树立正确的世界观、人生观和价值观。思想政治教育工作不能墨守成规，其方法和途径要不断创新，要通过灵活有效、更能为广大学生接受的方式，增强思想政治工作的实效性，要把马克思主义的世界观和方法论融入大学生的学习与生活，让他们深刻领会十九大为当代中国的发展描绘的蓝图，不断强化大学生群体对中国社会主义事业的信念，引导大学生群体在正确的人生理念指导下走好自己的人生道路。同时，高校辅导员应紧密联系大学生关注的热点、难点问题，将理论知识合理地融入对社会现象的分析中，为学生答疑解惑，提高学生的政治敏锐性和鉴别能力，帮助学生在学习和实践中逐步成长为坚定的马克思主义者和社会主义建设者。

高校辅导员要把中国特色社会主义核心价值观融入思想引领工作中，把实现"中国梦"作为出发点，做好大学生的世界观、人生观、价值观教育，让大学生明确自己应该成为"何种人"。同时加入政治观教育、爱国主义教育，让大学生对我国国情、党情有清晰的认识，能自觉主动地去了解党的先进思想和国家的新政策，以主人翁的态度去学习，做一个热爱中国共产党和热爱中华人民共和国的"四有"新人。法制观教育和道德观教育也是不可缺少的部分，让大学生树立法制观念，增强法律意识，牢记职业道德、社会公德、家庭美德，正确处理各种社会关系，做爱家庭、爱生活、爱工作，全面发展的大学生。

### 二、大学生的人生导师

在党的十九大上，习近平总书记回顾历史，展望未来，站在时代和历史的制高点上，深刻论述了中国特色社会主义的一系列重大理论和实践问题，对国家和民族的未来作出了全面的规划，同时也给当代大学生指明了人生道路的目标和方向。在现实中，许多大学生还没有摆脱青春期的迷茫和困惑，这就要求辅导员以十九大精神为指引，帮助大学生树立自己的人生目标，在尊重大学生个性与爱好的基础上，对自己人生的道路作出科学的规划安排，通过与学生心与心的交流，给大学生的身心发展注入新的活力，产生感情上的共鸣，让学生自觉地投入中华民族伟大复兴的历史洪流中。做学生人生道路上的指引者。

大学生作为在高等学校接受教育的学生，学习是其主要任务，在学习之余可以发展自己的兴趣爱好。现在高校出现这样的现象：部分大学生学习内驱力不足，对学习不感兴趣，以致部分大学生没有通过学校相应的考试，修不够学分达不到毕业要求，不能如期毕业；部分大学生对于自己要"学什么、怎么学"处于迷茫状态。辅导员要担当起大学生学习上的导师的角色，要加大感情投入，要主动深入学生，了解学生学习上的困难；对学生进行必要的学习辅导，鼓励他们积极上进，勤奋好学，要帮助他们总结学习经验，提供必要的学习技巧训练，培养学生良好的学习态度以及正确的读书习惯，以提高学习效率；要帮助学生确立自己的追求目标，设计自己的学习生活计划；

要及时为学生提供职业启蒙与就业指导，并根据学生各自的情况和特点，有针对性地帮助他们制订职业生涯规划；要尽快帮助学生完成从"要我学"向"我要学"的转变，从而真正达到培养高科技创新型人才的目的。大学生入学时，辅导员要做好学业规划的教育工作，让自己所带的学生制订每学期学习计划，鼓励学生积极参与各种与学习相关的比赛，在各种活动中激发学习的动力。辅导员还可以通过QQ、微信、微博等新媒体营造良好的学习氛围，对不同的学生给予不同的指导，通过主题班会、班级活动、社团活动、各种与学习相关的比赛等有效形式开展相关培训。定期开展学习评比活动，指导大学生做好学业规划。具体来讲，大学第一阶段，辅导员可以以集体教育为主，帮助学生建立正确的学习目标，以个别教育为辅，遵循因人而异的原则，培养学生的学习兴趣；大学第二阶段，辅导员要引导学生树立坚定的学习信念；大学第三阶段，辅导员要引导学生端正学习态度，并且充分利用相关的心理知识，对有特殊心理的学生及时进行引导教育，做好后进学生的思想工作，帮助他们树立学习的信心；大学最后阶段，辅导员要抓住实习机会，引导、鼓励学生学好知识，完成知识向实践的转化。

面对竞争激烈的就业压力，辅导员要做好大学生职业生涯规划的指导者，在学生入学时要让他们明确人才培养方案，了解专业的特点以及就业形势，帮助学生形成自我认知，发现自身的优势和不足，让他们关心自身的专业前景，规划好自己的职业生涯。当个别学生选取的专业不是心仪的专业，要做好心理疏导，弄清楚该生不喜欢的原因，是迫于家长压力，还是自身对专业的不了解，辅导员在这时候就要具体问题具体分析，根据实际情况帮助学生认清自身，激发其学习的内驱力。辅导员在日常的管理工作中，要增强工作的针对性和有效性，不断强化学生的职业规划意识，令其制订好大学期间的规划，让学生每一学年根据自身实际加以补充，逐一实现自己确定的目标，有计划有步骤地规划职业；让学生重视职业规划，做到查缺补漏。辅导员在工作中积极构建学生发展和提升的平台，鼓励学生积极参与社会实践和自主创业，发掘学生的特质，同时结合学生的专业针对实际情况对学生制作简历、考研复习以及招考面试等进行指导，帮助他们制订切实可行的发展规划。

### 三、大学生健康成长的知心朋友

辅导员在学生工作中要注重大学生的人文关怀和心理疏导，做大学生生活的关怀者，做到以"学生为本"，把学生当作主体，发挥学生的主体性，关心学生的身心健康。刚刚进入大学校门的大学生，社会经验不足，他们的健康和安全受到全社会的高度关注。作为高校辅导员，必须关心广大学生群体的安全和健康，扮演好大学生健康安全的守护者这一角色。首先，要做大学生心理健康的咨询者，认真疏导大学生心理健康问题，对大学生心理危机提前干预，及时化解。其次，要加强大学生的安全教育。通过各种途径强化大学生的安全与自我保护意识，对违法违纪的现象绝不姑息。最后，要树立风险控制意识，对风险症候程度较高的学生群体要特别加以关注，对大学生群体活动要有风险处置预案，要配合保卫部门确保学生的绝对安全。

作为大学生健康成长的知心朋友，辅导员还要多与学生谈心，发现所带学生的优点，鼓励每位学生参加自己感兴趣的活动要以大学生生活为出发点，贴近学生，贴近实际，经常深入宿舍，及时把握大学生的思想、心理、学习和生活等各方面情况，主动去了解和发现学生的需要和关心的事情。把学校生活和家庭生活、社会生活，课堂生活和课外生活统一起来，使辅导员工作效果辐射到学生的整个生活。

多角度去思考学生问题。把学生当作自己的孩子去教育、管理和服务。例如，可以为困难学生筹款，为学生找工作，给情绪低落的学生写信，当然也需要常常站在家长的角度去和学生谈心谈话，甚至教训和要求学生。在学生心里和眼里扮演多重角色，或老师或家长或朋友。当然，做好辅导员工作光有爱心不行，还得扎扎实实地工作才行。工作中应尤其注重与学生的交流，以沟通、参与、服务为宗旨，面向学生开展谈心、娱乐、阅读、管理等常规活动。为师生畅达交流提供场所，为学生参与课外活动提供阵地，为学生享受相关生活义务服务提供平台，把以前学生到老师那里"找帮助"，变为了老师去学生那里"送服务"，做学生的知心朋友。

一批好教师能造就一个好学校，一名好辅导员会让一帮学生拥有更美好的未来。高校辅导员岗位平凡，但责任重大，他们正是以自己的政治理论水平、高尚的人格、广博的知识和出众的组织才能来发挥主观能动性，出色地完成造就和培养德才兼备的优秀人才的重任。苏联教育学家苏霍姆林斯基说:"要成为孩子的真正教育者,就要把自己的心奉献给他们。"因此,辅导员在其工作期间既要立足于本职工作,还要放眼社会,教书育人、服务育人、管理育人,这是辅导员的责任和义务,也是学生管理人员永久的话题。

## 第二节　高校辅导员的职责

高校辅导员的职责主要分为工作职责和岗位职责。

### 一、高校辅导员的工作职责

2017年9月21日印发的《普通高等学校辅导员队伍建设规定》明确了高校辅导员的九大主要工作职责。

#### (一)思想理论教育和价值引领

引导学生深入学习习近平总书记系列重要讲话精神和治国理政新理念新思想新战略,深入开展中国特色社会主义、中国梦宣传教育和社会主义核心价值观教育,帮助学生不断坚定中国特色社会主义道路自信、理论自信、制度自信、文化自信,牢固树立正确的世界观、人生观、价值观。掌握学生思想行为特点及思想政治状况,有针对性地帮助学生处理好思想认识、价值取向、学习生活、择业交友等方面的具体问题。

#### (二)党团和班级建设

开展学生骨干的遴选、培养、激励工作,开展学生入党积极分子培养教育工作,开展学生党员发展和教育管理服务工作,指导学生党支部和班团组织建设。

#### (三)学风建设

熟悉了解学生所学专业的基本情况,激发学生学习兴趣,引导学生养成良好的学习习惯,掌握正确的学习方法。指导学生开展课外科技学术实践活动,营造浓厚学习氛围。

#### (四)学生日常事务管理

开展入学教育、毕业生教育及相关管理和服务工作。组织开展学生军事训练。组织评选各类奖学金、助学金。指导学生办理助学贷款。组织学生开展勤工俭学活动，做好学生困难帮扶。为学生提供生活指导，促进学生和谐相处、互帮互助。

（五）心理健康教育与咨询工作

协助学校心理健康教育机构开展心理健康教育，对学生心理问题进行初步排查和疏导，组织开展心理健康知识普及宣传活动，培育学生理性平和、乐观向上的健康心态。

（六）网络思想政治教育

运用新媒体新技术，推动思想政治工作传统优势与信息技术高度融合。构建网络思想政治教育重要阵地，积极传播先进文化。加强学生网络素养教育，积极培养校园好网民，引导学生创作网络文化作品，弘扬主旋律，传播正能量。创新工作路径，加强与学生的网上互动交流，运用网络新媒体对学生开展思想引领、学习指导、生活辅导、心理咨询等。

（七）校园危机事件应对

组织开展基本安全教育。参与学校、院（系）危机事件工作预案制定和执行。对校园危机事件进行初步处理，稳定局面控制事态发展，及时掌握危机事件信息并按程序上报。参与危机事件后期应对及总结研究分析。

（八）职业规划与就业创业指导

为学生提供科学的职业生涯规划和就业指导以及相关服务，帮助学生树立正确的就业观念，引导学生到基层、到西部、到祖国最需要的地方建功立业。

（九）理论和实践研究

努力学习思想政治教育的基本理论和相关学科知识，参加相关学科领域学术交流活动，参与校内外思想政治教育课题或项目研究。

## 二、高校辅导员的岗位职责

（一）协助院系主管学生工作的党总支副书记做好学生工作的计划、意见和建议，做好本年级各专业班的组织建设

（1）认真贯彻学校、院系关于学生工作的指示、决定，负责对分管学生进行思想政治教育和科学管理，不断提高学生综合素质，使学生成为德、智、

体、美等全面发展的社会主义事业建设者和接班人。

（2）根据学校、院系的安排部署，认真组织好学生进行马列主义，毛泽东思想，邓小平理论，"三个代表"重要思想，科学发展观，习近平新时代中国特色社会主义思想，党的路线、方针、政策和时事政治等政治理论学习活动，不断提高学生的政治觉悟和理论水平。采用各种方式对学生进行社会主义、集体主义、爱国主义、革命传统、民主与法制、职业道德等方面的教育，不断提高学生的思想道德水平。帮助学生分析国内外政治形势，明辨是非，坚持正确的政治方向。

（3）结合社会发展和学生的实际，积极进行理想信念教育，帮助学生树立正确的世界观、人生观、价值观，抵制各种错误思潮的侵蚀。

（4）搞好学生的日常行为管理，教育学生模范地遵守学校的各项规章制度，不断增强学生的纪律观念，及时了解学生的学习情况，帮助学生明确学习目的，端正学习态度，掌握学习方法，勤奋学习，以促进优良学风和校风的建设。

（5）按照院系党总支的要求，指导所带年级各专业班搞好本班的组织建设，做好学生干部的选拔、培养和教育工作。

**（二）协助院系党总支、分团委抓好学生党建及团的工作**

（1）配合院系党总支及分团委对学生开展党的基本知识教育，协助院系党总支做好入党积极分子的培训和组织考核工作。

（2）配合团总支做好本院系共青团及学生会工作。

（3）围绕素质教育，组织、指导所带年级学生开展各种课外活动，促进学生全面发展。

**（三）配合院系党总支抓好学风建设**

（1）负责本院系所带年级学生综合素质测评和各项评优工作。

（2）负责所带年级学生日常教育和文明宿舍建设工作。

（3）协助院系党总支做好所带年级的新生入学教育工作，抓好新生军训及国防教育工作。

（4）协助校团委及院系分团委组织、指导所带年级学生开展社会实践及社会调查活动，并及时进行总结和经验交流。

### （四）配合院系党总支对所带年级毕业生进行思想教育和就业指导

（1）协助制订本院系毕业生就业派遣及文明离校方案，做好所带年级毕业鉴定、毕业典礼及文明离校工作。

（2）协助做好所带年级毕业生的跟踪调查工作。

### （五）配合院系党总支做好学生思想教育和日常管理工作

（1）协助做好发放奖贷学金、经济困难学生资助及国家助学贷款工作，收集整理学生档案。

（2）教育和督促学生按时缴纳学费，履行缴费义务，做好欠费学生的催缴工作。

（3）协助做好学生的管理及违纪学生的处理工作。

（4）深入学生当中，随时了解和掌握学生的思想动态，发现问题，并及时处理。

（5）完成院系党总支及上级主管部门交办的其他工作。

## 第三节　高校辅导员职业能力标准

为贯彻落实教育规划纲要和《普通高等学校辅导员培训规划（2013—2017年）》（教党〔2013〕9号）精神，构建高校辅导员队伍能力标准体系，推动高校辅导员队伍专业化职业化建设，提升大学生思想政治教育工作质量，教育部制定了《高等学校辅导员职业能力标准（暂行）》（教思政〔2014〕2号），对职业概况、职业要求、职业能力标准提出了具体而明确的要求。本标准是国家对合格高校辅导员专业素质的基本要求，是高校辅导员开展学生工作的基本规范，是引领高校辅导员专业化、职业化发展的基本准则，是高校辅导员培养、准入、培训、考核等工作的基本依据。

### 一、职业概况

#### （一）职业名称

高等学校辅导员。

## （二）职业定义

辅导员是高等学校教师队伍和管理队伍的重要组成部分，具有教师和干部的双重身份。辅导员是开展大学生思想政治教育的骨干力量，是高校学生日常思想政治教育和管理工作的组织者、实施者和指导者。辅导员应当努力成为学生的人生导师和健康成长的知心朋友。

## （三）职业等级

本职业共分为三个等级，分别为：初级、中级、高级。

## （四）职业能力特征

政治强、业务精、纪律严、作风正。具备思想政治教育工作相关学科的宽口径知识储备。具备较强的组织管理能力和语言、文字表达能力及教育引导能力、调查研究能力等。

## （五）基本文化程度

大学本科以上学历。

## （六）政治面貌要求

中国共产党党员。

## （七）培训要求

1. 培训期限

根据学校的专业培养目标和教学培训计划，定期参加思想政治教育培训。基本培训期限：入职培训不少于40标准学时（10天）；中级不少于48标准学时（16学时/年，3年12天）；高级不少于128标准学时（16学时/年，8年32天）。

2. 培训师资

培训高校辅导员的教师应具有相关专业副高级以上专业技术职务或副处级以上职级，并具有较高的思想政治教育及相关专业学术水平、理论修养和丰富的实践经验。

3. 培训场地设备

满足教学需要的标准多媒体教室、报告厅和实践场所。

## 二、基本要求

### （一）职业守则

**1. 爱国守法**

热爱祖国，热爱人民，拥护中国共产党的领导，拥护中国特色社会主义制度。遵守宪法和法律法规，贯彻党的教育方针，依法履行教育职责，维护校园和谐稳定。不得有损害党和国家利益以及不利于学生健康成长的言行。

**2. 敬业爱生**

热爱党的教育事业，树立崇高职业理想，以献身教育事业、引领学生思想和服务学生成长为己任。真心关爱学生，严格要求学生，公正对待学生。不得损害学生和学校的合法权益。在职责范围内，不得拒绝学生的合理要求。

**3. 育人为本**

把握思想政治教育规律和大学生成长规律，引导学生树立正确的世界观、人生观和价值观。增强学生社会责任感、创新精神和实践能力。尊重学生独立人格和个人隐私，保护学生自尊心、自信心和进取心，促进学生全面发展，努力培养社会主义合格建设者和可靠接班人。

**4. 终身学习**

坚持终身学习，勇于开拓创新，主动学习思想政治教育理论、方法及相关学科知识，积极开展理论研究和实践探索，参与社会实践和挂职锻炼，不断拓展工作视野，努力提高职业素养和职业能力。

**5. 为人师表**

学为人师，行为世范。模范遵守社会公德，引领社会风尚，以高尚品行和人格魅力教育感染学生。不得有损害职业声誉的行为。

### （二）职业知识

**1. 基础知识**

具备宽广的知识储备，了解马克思主义理论、哲学、政治学、教育学、社会学、心理学、管理学、伦理学、法学等学科的基本原理和基础知识。

**2. 专业知识**

思想政治教育专业基本理论、基本知识、基本方法：

（1）思想政治道德观教育；

（2）思想政治教育学原理；

（3）思想政治教育史；

（4）思想政治教育方法论；

（5）思想政治教育心理学和心理健康教育相关知识与技能；

（6）比较思想政治教育。

马克思主义中国化相关理论及知识：

（7）毛泽东思想相关理论；

（8）中国特色社会主义理论体系；

（9）社会主义核心价值体系；

（10）中华人民共和国史；

（11）中国共产党党史。

大学生思想政治教育工作实务相关知识：

（12）党的创新理论教育相关知识；

（13）大学生党团、班级建设的相关知识；

（14）职业生涯规划与就业指导相关知识；

（15）困难资助、奖罚管理等学生日常事务管理内容、知识；

（16）校园文化建设、社会实践等学生日常思想政治教育的知识；

（17）网络思想政治教育相关知识；

（18）危机事件、突发事件应对与管控的相关知识。

3. 法律法规知识

《中华人民共和国教育法》《中华人民共和国高等教育法》《中华人民共和国教师法》《中华人民共和国学位条例》《中华人民共和国学位条例暂行实施办法》《中华人民共和国精神卫生法》《中共中央国务院关于进一步加强和改进大学生思想政治教育的意见》《普通高等学校辅导员队伍建设规定》《普通高等学校学生管理规定》《国家教育考试违规处理办法》《学生伤害事故处理办法》等与大学生思想政治教育相关的法律法规条文规定。

### 三、职业能力标准

本标准对初级、中级、高级辅导员要求依次递进，高级别包括低级别的要求。

（一）初级

初级辅导员一般工作年限为 1～3 年，需经过规定的入职培训并取得相应证书。初级职业能力标准详见表 2-1。

表 2-1 初级辅导员职业能力标准

| 职业功能 | 工作内容 | 能力要求 | 相关理论和知识要求 |
|---|---|---|---|
| 思想政治教育 | （一）熟悉学生家庭情况、个人特长等基本信息，掌握学生思想特点、动态及思想政治状况 | 能通过日常观察、谈心谈话、问卷调查等方式，收集学生基本信息，了解学生思想动态；能针对学生关心的热点、焦点问题，及时进行教育和引导 | 思想政治教育的基本理论和方法 |
| | （二）深入开展中国特色社会主义、中国梦宣传教育和社会主义核心价值观教育，帮助学生树立正确的世界观、人生观、价值观，确立在中国共产党领导下走中国特色社会主义道路、实现中华民族伟大复兴的共同理想和坚定信念 | 能掌握主题教育、个别谈心、党团活动、社会实践活动等思想政治教育的基本方法；能针对学生关注的思想理论热点问题作出基本解释 | 思想政治教育的基本理论和方法，中国特色社会主义理论体系和社会主义核心价值体系基础知识 |
| | （三）有针对性地帮助大学生处理好学习成才、择业交友、健康生活等方面的具体问题 | 能结合大学生实际，广泛深入开展谈心活动，引导学生养成良好的心理品质和自尊、自爱、自律、自强的优良品格 | 心理学基础知识，伦理学基础知识，社会学基础知识 |
| 党团和班级建设 | （一）做好学生骨干的遴选、培养、激励工作 | 能考察学生思想政治素质、道德品质、工作能力、发展潜力等基本素质，能激励学生积极主动参与班团事务 | 人力资源管理相关理论和方法 |
| | （二）做好学生入党积极分子培养教育工作 | 能教育引导学生坚定理想信念，增强党性修养，端正入党动机；能组织学生学习党的理论知识 | 党建基本理论和知识，《中国共产党章程》 |
| | （三）做好学生党员发展和教育管理服务工作 | 能从思想政治、能力素质、道德品行、现实表现等方面综合考察学生的先进性和纯洁性；熟悉党员发展的环节和程序；能利用各种教育载体激发党员的学习积极性和主动性 | 《中国共产党发展党员工作细则》《关于进一步加强高校学生党员发展和教育管理服务的若干意见》 |
| | （四）指导学生党支部和班团组织建设 | 能选好配强党支部和班团组织负责人；能积极推动组织生活等工作创新；能发挥学生党员的先锋模范作用和党支部的战斗堡垒作用 | |

(续表)

| 职业功能 | 工作内容 | 能力要求 | 相关理论和知识要求 |
|---|---|---|---|
| 学业指导 | （一）了解学生所学专业的基本情况，组织开展专业教育 | 能初步掌握学生所学专业的培养计划、专业前景等；能增强学生的专业认同和学习热情 | 教育学的基本理论和基础知识 |
| | （二）培养学生学习兴趣，指导学生养成良好学习习惯，规范学生学习方式行为 | 能及时发现并纠正学生学习中的不良倾向 | 关于学生学位授予的相关规定，关于学生考试的相关规定 |
| | （三）组织开展学风建设，营造浓厚学习氛围 | | |
| 日常事务管理 | （一）开展新生入学教育 | 能通过主题班会、参观实践、讲座报告、交流讨论等形式开展入学教育，帮助新生熟悉、接纳并适应大学生活 | 《普通高等学校学生管理规定》 |
| | （二）做好毕业生离校教育、管理和服务工作 | 能通过主题演讲、主题征文、座谈会、毕业纪念册、毕业衫等形式做好毕业生的爱校荣校教育；能为毕业生办理好毕业派遣、户档转出、党组织关系转接等工作 | |
| | （三）组织好学生军训工作 | 能通过宣讲和谈心等形式做好学生军训动员工作，指导学生积极参与军训 | 军事训练与国防教育的基础知识 |
| | （四）有效开展助、贷、勤、减、补工作，落实好家庭经济困难学生的资助工作 | 能组织评审各类助学金，指导学生办理助学贷款，组织学生开展勤工俭学活动，为学生办理学费减免和临时困难补助工作 | 国家和学校对家庭经济困难学生的资助政策 |
| | （五）做好学生奖励评优和奖学金评审工作 | 能组织学生开展素质综合测评，公开公平地做好奖励评优和奖学金评审工作 | 《普通本科高校、高等职业学校国家奖学金管理暂行办法》《研究生国家奖学金管理暂行办法》 |
| | （六）为学生的日常事务提供基本咨询，进行生活指导 | 能根据学校相关政策规定及社会、生活常识为学生解答一些日常问题；能指导学生依法维护自身权益 | 学校相关政策规定，社会学基础知识，经济学基础知识，法学基础知识 |
| | （七）指导学生开展宿舍文化建设，促进学生和谐相处，互帮互助 | 能通过召开宿舍长会议、组织宿舍文化符号比赛等形式活跃宿舍文化能通过团体辅导、个别谈心等形式化解宿舍学生之间的矛盾 | 美学基础知识，教育学基础知识，心理咨询知识 |

（续表）

| 职业功能 | 工作内容 | 能力要求 | 相关理论和知识要求 |
| --- | --- | --- | --- |
| 心理健康教育与咨询 | （一）协助学校心理健康教育机构开展心理筛查<br><br>（二）对学生进行初步心理问题排查和疏导 | 能协助心理健康教育机构完成心理筛查的组织实施、能了解大学生的心理特点，熟悉大学生常见的发展性心理问题，掌握倾听、共情、尊重等沟通技能，能够与大学生建立积极有效的师生关系，帮助学生调适一般的心理困扰 | 心理咨询的方法、技巧，心理异常的判断标准、原则 |
| | （三）组织开展心理健康教育宣传活动 | 能组织开展形式多样的心理健康教育宣传活动，如举办讲座、设计宣传展板等；能组织学生参加陶冶情操、磨炼意志的课外文体活动，提高学生心理健康水平 | |
| 网络思想政治教育 | （一）构建网络思想政治教育重要阵地，有效传播先进文化、弘扬主旋律 | 能及时把握学生对信息技术的应用趋势；能熟悉网络语言特点和规律；能熟练使用博客、微博及微信等新媒体技术 | 《关于进一步加强高等学校校园网络管理工作的意见》 |
| | （二）拓展工作途径，加强与学生的网上互动交流，运用网络平台为学生提供学习、生活、就业心理咨询等服务 | | 《关于进一步加强高等学校网络建设和管理工作的意见》 |
| | （三）及时了解网络舆情信息，密切关注学生的网络动态，敏锐把握一些苗头性、倾向性、群体性问题 | 能及时研判网络舆情 | 网络技术基础知识，传播学基础知识 |
| 危机事件应对 | （一）对危机事件作初步处理，努力稳定并控制局面 | 能第一时间赶赴现场；能尽快确认相关人员基本情况；能执行危机事件处理预案，及时稳定相关人员情绪 | 《学生伤害事故处理办法》相关规定，危机事件、突发事件应对与管控的相关知识 |
| | （二）了解事件相关信息并及时逐级上报 | 能通过学生骨干、密切接触人员等渠道快速了解事件相关信息；能对事件性质做出初步判断；能将相关情况及时向上级领导汇报 | 危机事件应对预案相关内容 |
| | （三）组织基本安全教育并建立基层应急队伍 | 掌握基本安全教育方法，能组织开展学生安全教育活动；能培训指导各级学生骨干具备初步应急常识 | 公共危机管理基础知识，社会学基础知识 |

(续表)

| 职业功能 | 工作内容 | 能力要求 | 相关理论和知识要求 |
|---|---|---|---|
| 职业规划与就业指导 | （一）为学生提供高效优质的就业指导和信息服务 | 能及时全面发布就业信息；能开展通用求职技巧指导、就业政策及流程解读等基本就业指导服务工作 | 国家毕业生就业相关政策，现代化技术发布信息的方法 |
| | （二）帮助学生树立正确的就业观念，引导毕业生到基层、到西部、到祖国最需要的地方建功立业 | 具备基本的职业生涯规划能力，能开展就业观、择业观教育 | 职业类型基础知识，职业咨询基础知识 |
| 理论和实践研究 | （一）攻读并获得思想政治教育、教育学、管理学等相关专业学位；参加校内相关学科领域学术交流活动 | 能掌握思想政治教育的基本理论观点；能融入学术团队，运用理论分析、调查研究等方法，归纳分析相关问题 | 科学研究基本方法 |
| | （二）参与校内外思想政治教育课题或项目研究 | | |

## （二）中级

中级辅导员一般工作年限为 4～8 年，具备了一定的工作经验，培养了较强的研究能力，积累了一定理论和实践成果。中级辅导员职业标准除涵盖初级辅导员的职业标准内容要求外，在各项职业功能上有更高要求，详见表2-2。

表2-2 中级辅导员职业能力标准

| 职业功能 | 工作内容 | 能力要求 | 相关理论和知识要求 |
|---|---|---|---|
| 思想政治教育 | （一）组织、协调班主任、思想政治理论课教师和组织员等共同做好经常性的思想政治教育工作 | 能与班主任、思想政治理论课教师和组织员等工作骨干做好沟通交流，充分发挥所有从事大学生思想政治教育人员的育人作用 | 心理学 |
| | （二）参与思想道德修养、形势与政策教育等课程教学 | 能深入了解国情、民情、社情；能根据教学的需要和学生的特点，采取灵活多样的教学方式开展形势与政策教育 | 政治学基础知识，课堂教学基本方法与理论 |
| | （三）为学生在理想、信念等方面遇到的深层次思想问题提供有针对性的教育咨询 | 能就学生深层次的思想问题进行沟通、挖掘、分析与辅导 | 伦理学相关知识，社会学相关知识 |

(续表)

| 职业功能 | 工作内容 | 能力要求 | 相关理论和知识要求 |
|---|---|---|---|
| 党团和班级建设 | （一）开展党员教育管理服务工作 | 具备丰富的党建团建工作经验与扎实的理论功底；能指导党支部书记开展党员教育培训，拓展教育途径；能指导党支部书记开展组织生活和组织关系管理；能指导党支部书记关爱帮助学生党员，保障党员的民主权利 | 中华人民共和国史，中国共产党史，党的建设理论，大型活动组织管理和大型活动组织的方法与原则，课堂教学方法 |
| | （二）指导学生党支部和班团组织开展主题党、团日等活动 | 能抓住重大节庆日、重要活动、重要节点，指导党团组织开展主题活动<br>能指导学生组织开展丰富多彩的校园文化、艺术、体育等活动 | |
| | （三）参与学生业余党校、团校建设，讲授党课、团课 | 能组织开展院系级党校、团校的相关工作；能讲授具有一定理论水平、深受学生欢迎的党课、团课 | |
| 学业指导 | （一）帮助学习困难学生适应大学学习生活，激发学习兴趣，掌握科学的学习方法 | 能通过侧面了解、谈心谈话、组织相关人员集体讨论等方式分析学生遇到的困难和应对措施，指导学生有效调整学习习惯和学习方法 | 教育学相关知识，心理学相关知识 |
| | （二）研究分析学生学习状态和学习成绩变化，并针对性地开展分类指导 | 能通过召开宣讲会、谈心谈话等方式鼓励学生主动参与课外学术实践活动 | |
| | （三）指导学生开展课外科技学术实践活动 | | |
| | （四）指导学生考研、出国留学等学习事务 | | |
| 日常事务管理 | （一）违法违纪学生的教育处理 | 能准确把握国家有关法律法规和学校规章制度，对学生违法违纪行为进行严肃处理；能采用案例分析、宣传警示等形式对学生进行日常法律意识教育 | 《中华人民共和国刑法》《中华人民共和国治安管理处罚法》《国家教育考试违规处理办法》以及学校相关规章制度 |
| | （二）能熟练把握学生情感、人际交往、财经、法律等方面事务科学咨询指导的政策、方法和技巧 | 能运用法律知识、社会学知识和心理学知识指导学生对日常遇到的各种复杂问题进行全面深入的分析，探究解决问题的办法 | 经济学相关知识，法学相关知识，社会学相关知识 |

(续表)

| 职业功能 | 工作内容 | 能力要求 | 相关理论和知识要求 |
|---|---|---|---|
| 心理健康教育与咨询 | （一）心理问题严重程度的识别与严重个案的转介 | 具备三级心理咨询师资质或具有心理健康教育相关专业硕士学位，能对一般心理问题、心理障碍和精神疾病进行初步识别，了解转介到心理咨询中心或精神卫生医院的适用条件和相关程序 | 心理问题、神经症、精神病识别知识 |
| | （二）心理测验的实施 | 能根据工作需要，正确实施各种心理测验量表、问卷，并能在专业人士指导下对结果进行正确解读和反馈 | 各类测验的功能与使用范围，施测手段 |
| | （三）有效开展学生心理疏导工作 | 能与求助学生建立良好的信任关系，有效开展心理疏导工作，帮助学生调节情绪 | 教育心理学基础知识 |
| | （四）初步开展心理危机的识别与干预 | 能识别大学生心理危机的症状并进行初步评估，能协助专家开展相关的危机干预工作 | |
| | （五）相对系统地组织开展心理健康教育活动 | 能通过培养心理委员、宿舍长、班干部等方法，培养学生自我管理、自我救助和朋辈互助的能力；能有效设计相对系统的院系心理健康教育整体方案，并能指导学生社团开展形式多样的心理健康教育活动 | |
| 网络思想政治教育 | （一）综合利用传统、网络媒体，统筹协调网上、网下工作 | 能准备把握网络传播规律，有效配置整合网络资源；能对学生的网络行为进行教育引导 | 社会学的基础知识，文化学的基础知识，教育学的基础知识 |
| | （二）引导学生在网上自我教育、自我管理和自我服务，教育学生在网上自我约束、自我保护 | | |
| | （三）围绕学生关注的重点、热点和难点问题，进行有效舆论引导；丰富网上宣传内容，把握网络舆论的话语权和主导权 | 能通过博客、微博、校园交互社区、网络群组等网络平台主动发布相关内容，吸引学生浏览、点击和评论，引导网络舆情 | 网络舆情引导方法 |

(续表)

| 职业功能 | 工作内容 | 能力要求 | 相关理论和知识要求 |
|---|---|---|---|
| 危机事件应对 | （一）指导初级辅导员对危机事件作初步处理，稳定并控制局面 | 能做好第一时间现场统筹指挥工作；能把握重点人员和关键节点，有效控制事态的发展 | 《学生伤害事故处理办法》相关规定，危机事件、突发事件应对与管控的相关知识 |
| | （二）对事件相关信息做好全面汇总和准确分析并及时与有关部门沟通 | 能协调事件涉及相关部门迅速反应，筛选有效信息；能通过沟通和分析把握事件脉络并提出初步处理方案 | 公共危机管理相关知识，心理学相关知识，教育教学方法相关知识 |
| | （三）对事件发展及其影响进行持续关注与跟踪 | 能密切联系相关人员，跟踪事件的处理效果；通过网络、个别谈话等渠道掌握事件产生的影响；能进行事后集体和个体的心理疏导 | |
| | （四）组织安全教育课程学习 | 能讲授校园安全教育公共选修课 | |
| 职业规划与就业指导 | （一）帮助学生正确分析自己的职业倾向 | 能开展职业能力倾向测试并对结果进行分析、评估 | 职业生涯规划基本理论 |
| | （二）开展职业生涯规划活动，帮助学生树立正确的职业观、择业观、创业观、成才观，尽快适应社会、融入社会 | 能帮助学生认识自身的性格特点和能力，明确职业发展目标，澄清职业取向；能为毕业生提供个性化咨询指导 | 人力资源管理基本理论 |
| 理论和实践研究 | （一）攻读获得思想政治教育、教育学、管理学等相关专业博士学位；参加国内学术交流活动 | 能开展深入的科学研究；能领导管理科研项目团队；以第一作者身份在相关领域期刊发表3篇学术论文 | 教育研究方法，社会学研究方法，管理学相关知识 |
| | （二）主持或参与校级及以上思想政治教育课题或项目研究，形成具有针对性和实效性的研究成果 | | |

### （三）高级

高级辅导员一般工作 8 年以上，具有丰富的实践经验，较高的理论水平和学术修养，高级辅导员职业标准除涵盖中级辅导员的职业标准内容要求外，在思想政治教育工作某一领域有深入的研究并具备有影响力的成果，成为该领域的专家，详见表 2-3。

表 2-3 高级辅导员职业能力标准

| 职业功能 | 工作内容 | 能力要求 | 相关理论和知识要求 |
|---|---|---|---|
| 思想政治教育 | （一）主动思考研究，掌握思想政治教育的重点和一般规律，提高学生思想政治教育针对性和实效性 | 能根据党的教育方针和高等教育发展要求，结合学生的阶段特征，按照学校育人工作的总体要求，有计划、有目的地系统实施学生思想政治教育 | 思想政治教育学理论，思想政治教育方法论 |
| | （二）开展工作调查研究，调整工作思路和方法 | 能开展思想政治教育工作理论与方法的调查和研究，分析工作对象和条件的变化，及时调整工作思路和方法 | 开展科学调查研究的方法 |
| | （三）研究把握思想政治教育规律性、前沿性问题，成为思想政治教育专家* | 对马克思主义理论和思想政治教育有深入的研究，具有相关专业的学位或具有长期的丰富工作经验；能运用现代科学技术，并借鉴其他交叉学科的优势，实施思想政治教育工作；在具有影响力的学术期刊以第一作者身份发表5篇以上思想政治教育学术论文；能够熟练利用理论指导辅导员工作的开展；能讲授思想政治教育公共选修课 | 马克思主义理论，中国特色社会主义理论体系内涵及宣传教育的方法，社会主义核心价值体系内涵及宣传教育方法，思想政治道德观相关理论，思想政治教育学史，比较思想政治教育，现代科学技术在思想政治教育中的应用方法 |
| 党团建设 | 深入研究高校党建的规律性前沿性问题，成为党建专家* | 对马克思主义理论、中华人民共和国史、中国共产党史、中国特色社会主义理论、党建创新理论有深入的研究；在具有影响力的学术期刊以第一作者身份发表5篇以上党建工作学术论文；能够熟练利用理论指导初级、中级辅导员开展党建工作 | 马克思主义理论，中华人民共和国史，中国共产党史，中国特色社会主义理论体系内涵及宣传教育的方法，社会主义核心价值体系内涵及宣传教育方法，党建学相关理论，政治学相关理论 |
| 学业指导 | （一）组织学生参与专业课教师的实验或研究项目，培养学生学术爱好和研究能力 | 能深入了解学生所在专业知识，为学生提供有针对性的专业学习建议 | 心理学相关知识，教育学相关知识，学生所在专业相关知识 |
| | （二）深入研究学生学习能力、创新能力形成规律，培养学生创新思维和创造性人格 | 能应用心理学、教育学相关原理和知识指导学生学习研究 | |
| | （三）研究完善学生综合评价体系，研究健全创新人才培养机制 | 能因材施教，培养研究型、创新型人才；能够指导和组织初级、中级辅导员开展学业指导工作 | |

(续表)

| 职业功能 | 工作内容 | 能力要求 | 相关理论和知识要求 |
|---|---|---|---|
| 日常事务管理 | 积极创新学生事务管理的理念和方法，总结凝练工作经验，深入研究把握学生事务管理的规律，成为学生事务管理专家* | 具有长期丰富的事务管理工作经验；能合理运用教育学、管理学、法学相关知识，对学生事务管理工作进行服务育人体系化设计；能够熟练利用理论指导辅导员开展学生事务管理工作；在具有影响力的学术期刊以第一作者身份发表5篇以上学生事务管理学术论文 | 教育学相关知识，管理学相关知识，法学相关知识，学生事务管理相关规定和程序 |
| 心理健康教育与咨询 | 总结凝练实践工作经验，深入研究把握心理健康教育的规律，成为心理健康教育专家* | 具备二级心理咨询师资质；能进行危机评估、实施干预、妥善预后及跟踪回访；能够为学生提供心理咨询服务；在具有影响力的学术期刊以第一作者身份发表5篇以上心理健康教育相关领域学术论文；能够熟练利用理论和实际经验指导辅导员开展心理健康教育工作；能够为高校辅导员提供有效的心理健康教育培训；能讲授心理健康教育公共选修课 | 心理学相关理论，应用心理学相关理论，思想政治教育心理学相关理论 |
| 网络思想政治教育 | 熟练应用现代信息技术，结合丰富的网络思想政治教育工作经验，深入研究把握网络传播的规律、研判网上学生思想动态，成为网络思想政治教育专家* | 能结合工作经验、运用科学的研究方法对网络思想政治教育开展深入的研究；能在具有影响力的学术期刊以第一作者身份发表5篇以上网络思想政治教育学术论文；能够熟练运用理论指导辅导员开展网络思想政治教育工作 | 马克思主义理论，中国特色社会主义理论体系内涵及宣传教育的方法，社会主义核心价值体系内涵及宣传教育方法，网络思想政治教育原理与方法，现代科学技术在思想政治教育中的应用方法 |
| 危机事件应对 | （一）对危机事件进行分类分级，并做出预判 | 能根据掌握的信息对危机事件进行分类分级；能准确分析事态起因，牢牢把握发展趋势 | 危机事件应对与管控的相关知识，公共危机管理相关理论 |
| | （二）协调相关部门妥善处理危机事件，稳定工作局面 | 能摸清事态的症结，协调校内外相关部门制定对策并迅速妥善处理，恢复正常 | 管理学相关理论，社会学相关理论，心理学相关理论，伦理学相关理论 |
| | （三）总结经验，对工作进行改进，完善预警和应对机制 | 能掌握整个事件的过程，深层次研究事件原因，改进工作，提出对策 | |
| | （四）总结凝练实践工作经验，深入研究把握危机事件应对的规律，成为校园公共危机管理专家* | 在具有影响力的学术期刊以第一作者身份发表5篇以上公共危机处理相关领域学术论文；能熟练利用相关理论指导辅导员进行公共危机处理 | |

(续表)

| 职业功能 | 工作内容 | 能力要求 | 相关理论和知识要求 |
|---|---|---|---|
| 职业规划与就业指导 | 总结凝练实际工作经验，深入研究把握职业生涯规划与就业指导工作的规律，能为学生开展基本的创业指导，成为职业规划与就业指导专家* | 具备职业指导师资质；能为大学生开展团体职业咨询；能撰写职业指导典型案例，开展职业指导应用性研究，并将研究结果应用到实际工作中；能进行较为客观全面的创业环境、政策、行业前景分析；能建立健全大学生就业指导机构和就业信息服务系统，提供更高效优质的就业创业服务；在具有影响力的学术期刊以第一作者身份发表5篇以上职业规划与就业指导相关领域学术论文；能够熟练利用理论指导辅导员开展职业规划与就业指导工作；能讲授职业规划与就业指导公共选修课 | 职业生涯规划相关理论，人力资源管理相关理论，职业咨询相关理论，职业素质测评相关理论，国家鼓励创业基本政策 |
| 理论与实践研究 | （一）参加国际交流、考察和进修深造 | 能深入把握国内外学生事务工作前沿进展 | 教育研究方法，社会学研究方法，管理学相关知识 |
| | （二）主持省部级以上思想政治教育课题或项目研究；形成具有影响力和推广价值的研究成果 | 以第一作者身份在相关领域核心期刊发表10篇以上学术论文；能推动研究成果的转化应用；对中级辅导员的研究进行指导 | |

注：标*项为专家职能，高级辅导员需至少符合一项标*项

## 第四节　新时期对高校辅导员素质能力的新要求

在当代社会发展进程中，教育理念与教育方式正在发生变化，学生的思想状况、价值观念等受到多元文化的冲击，给辅导员的思想政治教育工作带来很多新的问题。辅导员的教育理念、教育方式应顺应时代与教育发展潮流及需要，不断提升职业素养和能力，为新时期的工作开展提供保障。

### 一、新时期高校辅导员应具备的素质要求

#### （一）思想政治素质

青年一代有理想、有本领、有担当，国家才有前途，民族才有希望。新时期，世界政治风云变幻，一些不良思想也伺机渗透荼毒。有调查显示，"00后"大学生表现出理想目标模糊、共产主义信念淡薄、价值选择多元的现象，对

"00后"大学生开展理想信念和价值观念教育刻不容缓。这也对新时期辅导员教师开展思想政治教育工作提出了新的挑战和要求。

给人以星火者，必怀火炬。面对各种危机形势，高校辅导员必须加强政治理论学习，厚植共产主义信念，塑造过硬思想政治素质，用先进的红色文化武装自我，坚定立场，明辨是非。辅导员在日常工作中要言传身教，帮助大学生扫除思想痼疾，引导教育广大学生学会分辨善恶美丑，树立正确的世界观、人生观和价值观，努力成为合格的共产主义接班人。

（二）专业素养

新时期、新形势，高校辅导员工作面临着一系列的新问题和新变化。"00后"大学生是自带互联网基因的一代，他们思想进步、学识丰富，这对高校辅导员开展思想政治教育工作是一个新的挑战。要实现与"00后"的顺利沟通，辅导员就要及时了解他们的思想动态，把握其心理状况，深谙他们的所需所想，以其接受的方式和语言进行沟通交流。因而，高校辅导员必须注重平日积累，广泛涉猎，积淀知识和素养，避免知识更新的速度落后于高校学生。只有以扎实的专业基础知识作为保障，辅导员才能在实际工作中游刃有余、有理有据、科学有序。

（三）人文素养

高校辅导员工作不是纯粹的说教式管理，而是教育者和管理者的思想、信念、情操、品格与涵养等人格力量的真实外化和客观表现。人文素养深厚、人格魅力突出的辅导员才能切实发挥辅导员的育人功用。"育人"必先"育己"，辅导员要通过诵读经典、名著汲取养分，提升人文素养；要在日常生活中修身养性，沉淀品性，提升气质修养；以独特的人格魅力、高尚的道德情操、坚定的意志品格陶冶学生；以优雅的仪表神态、得体的言谈举止影响学生。高校辅导员要着力塑造具有强大弥散性和渗透性的人格特质，以更加自信、更具魅力、更有说服力的人格特点影响"00后"大学生。

（四）心理素质

"00后"大学生自小衣食无忧，备受呵护，同时他们受制于中国应试教育的禁锢，在高压下成长，这就造成了他们抗挫抗压能力弱，易烦躁、焦虑等心理特点。因而做好"00后"大学生的心理健康教育工作，也是对辅导员提出的更高要求。首先，辅导员要保持积极乐观的心态。对生活乐观自信，保持阳光向上的精神面貌,是工作学习的快乐源泉。其次,辅导员要具备较好的心理调节能力。"00后"心理问题突出,辅导员应提高心理免疫力,提升突发事件应对能力,保持镇定沉着,做到工作压力内释而不外放,树立良好的教师形象。再次,辅导员要善于管理情绪。以适当方法排泄负面情绪,消化工作倦怠,善于情绪自控与气氛调节,在与学生谈心谈话时同理学生的感受和需要,有的放矢,适当引导。最后,辅导员要培养坚强的意志品质。即便学生工作困难重重,也要抱有坚强的意志力和必胜的决心,迎难而上,越挫越勇。

### (五)信息素质

提升辅导员的信息素质是顺应当下思想政治教育的内在要求。"00后"大学生生长于我国移动互联网迅猛发展的21世纪,与生俱来的互联网基因与后天长成的上网技能,使得网络成为他们生活的重要组成部分。然而互联网庞大的信息资源,对大学生充满吸引力和诱惑力,容易使自控力不强的学生沉沦网络,从而影响学业和身心健康。如何提升大学生的自控力,规避网络带来的负面影响,将网络转化为学习、工作、生活的重要工具,是辅导员老师工作的内容之一。

这要求高校辅导员必须与时俱进,提升学习速度,拓展工作技能,不断强化自身信息素质。一要广泛浏览网络信息,提高信息甄别能力,能够知道何时需要信息,并有能力获得相关信息。二要了解和熟悉网络管理有关规定,引导学生文明上网。三要主动学习新型网络用语,采用学生喜欢的沟通方式,拉近与学生之间的心理距离。四要领跑网络阵地,关注网站、BBS论坛、聊天室、留言板信息,净化网络空间;通过特色微信公众号、辅导员微博等,传播网络正能量,建立与学生思想交流的信息桥梁。

### (六)法律素质

在当前的社会环境中,法律素质已经成为高校辅导员素质结构中不可或缺的重要组成部分。辅导员需要了解法律常识,培养法律意识,树立法律信仰,遵守法律道德,具备法律素质。首先,辅导员要熟悉与高校学生管理相关的法律文件、行政法规,要充分了解与学生日常行为、学习、就业相关的法律常识;其次,辅导员要在日常工作中善于运用法律思维,贯彻法律理念。最后,辅导员应适当传播法律常识,进行预防教育,杜绝不良行为事件对学生的危害。

## 二、新时期高校辅导员应具备的能力要求

信息时代的来临使得人们学习、生活及工作方式发生了显著的变化，只有不断地学习新的知识，才能紧跟时代的步伐，不被淘汰。高校与时代接轨才能够培养出社会所需的人才，而在人才培养中担任重要职责的辅导员只有不断提高思想政治工作能力，才能顺应时代发展要求，切实提高思想政治教育的实效性，培养出符合社会主义发展需求的高等教育人才。

### （一）创新能力

习近平总书记曾提到，处理好高校思想政治工作，必须遵循因事而化、因时而进、因势而新的原则。"三因"要求是对当下高校思想政治工作尤其是辅导员工作的崭新要求。这需要高校辅导员敏锐洞察教育发展趋势，不断学习和钻研，力争形成一专多能的"T"形知识结构，用创造性的思维能力去创新工作思路和方法，积极尝试和探索解决问题的新办法、新途径。

高校辅导员要了解"00后"大学生跳脱的思维模式及心理特点和需求，抓住信息科技发展的良好时机，将现代网络信息技术引入教育管理工作，迎合网络依赖程度甚高的"00后"对转瞬即逝的新事物的兴趣，推陈出新，反复实践，积极拓展工作思路，不断创新工作方法，不断提高危机干预、生涯规划、就业指导等工作的针对性、有效性，助力大学生成长成才。

### （二）学习能力

当今社会高速发展、瞬息万变，网络媒体日新月异，新媒体形式多样、内容宽域、传播即时、操作便捷，促进大学生们的知识储备更新、更丰富，知识结构也更加合理。因此，辅导员开展大学生思想政治教育工作的难度和压力也逐渐增大。这就需要辅导员具有良好的学习能力，跟上时代的步伐，以应对不断变化的外在世界。高校辅导员要以积极、开放的心态来主动学习新媒体及网络有关的一切理论和实践知识，如新媒体的操作，信息技术的应用，信息传播的规律和特点等，努力探索网络思想政治教育的意义和价值。同时要求辅导员将工作和学习紧密结合，在实践中不断研究和思考，不断创新和突破工作方法，将实践经验整理上升为理论规律，再用理论来指导实践。在学习中实践，在实践中反思，形成良性循环，可以逐步提升辅导员知识文化素养和科研能力。新媒体时代下，如果辅导员因循守旧，不愿走出传统思政教育的条条框

框，仅凭经验主义和原有的过时理论，很难对学生进行入理入心的教育引导，辅导员自身的权威、媒体形象、影响力都会大打折扣。因此高校辅导员必须树立终身学习意识，广泛借助新媒体平台，与时俱进地整合和利用各种资源，多走出去参加培训，多学习同行的创新方法，优化自身知识结构，将自己塑造成学习能力强、职业素养高的优秀辅导员，让辅导员工作更有吸引力，更接地气，只有这样才能更好地管理和服务育人。

### （三）科研能力

辅导员不仅肩负着人才培养的使命，也担负着推动学术发展的重任。科研素质是辅导员综合素质的重要构成，科研能力是辅导员职业向纵深发展的进阶跳板。科研能力是指辅导员将大学生思想政治工作和学生管理工作的理论或实务作为研究素材，开展科学研究活动的技能和水准，包括文献检索能力、理论钻研能力、调查研究和统计分析能力，以及文字表达和写作能力。辅导员的科学研究其实就是将工作的理论和实践相结合并进行反思的过程，再将反思的理论运用于实践，形成良性循环，从而提升辅导员职业能力，实现自我发展。

为此，高校辅导员应密切关注国际国内科研领域的前沿动态，敢于探索，大胆创新，撰写优秀文章；应博学审问，多看多听，多学多思，自觉培养科研意识；应主动参加学术研讨，提升自己看待问题、分析问题、解决问题的逻辑和思维能力；应自发撰写专著、书籍，自觉申报科研项目，在反复锻炼中提升自己的科研能力。辅导员科研能力的提升既有利于不断拓展自身理论与实践研究的深度和广度，实现职业生涯的纵深发展；也将通过自己力学不倦的学习态度对"00后"大学生产生积极影响。

### （四）应急处置能力

受国内外微妙复杂的社会环境和政治环境的影响，网络世界风起云涌。有些大学生，是非辨别能力弱，热衷"小道消息"和"负面消息"，喜欢跟风，易受煽动，一旦网络"小道消息"出现，便容易"一石激起千层浪"。高校突发事件具有传播速度快、波及范围广、事态难以控制、处理棘手等特点，因此成为高校敏感而严肃的话题。高校辅导员如果缺乏必要的应急经验和专业的方案措施，容易导致校园危机事件事态严重化、夸大化。因此对突发事件的处理能力是新时期对辅导员职业能力的新要求，是衡量辅导员软实力的一个重要标尺，也是辅导员职业能力的重要体现。

# 第三章　高校辅导员队伍素质能力提升的重要意义

高校辅导员是大学生健康成长的指导者和引路人，也是高校思想政治教育工作的主力军，辅导员队伍的素质能力直接影响所培养人才的综合素质，其工作成效直接影响学生的成长成才，提升辅导员队伍素质是培养更高素质、更高层次的学生队伍的重要前提。所以，必须充分认识和深刻理解高校辅导员队伍素质能力提升的重要性，切实增强工作的紧迫感、责任感和使命感。

## 第一节　高校内涵式发展的重要抓手

加快和推进高等院校内涵式发展是党的新发展理念在高等教育领域的具体体现，也是办好人民满意教育的内在要求。辅导员队伍作为高校教师队伍的重要组成部分，在贯彻"立德树人"根本任务，推动高等教育内涵式发展进程中具有重要地位和作用。

### 一、高校提升教育质量的必要措施

在党的十九大报告中，习近平总书记明确要求"实现高等教育内涵式发展"。这是在中国特色社会主义进入新时代，在我国社会主要矛盾发生新变化的大背景下，对高等教育发展方式变革的时代要求，也是我国高等教育自身实现健康发展的内在要求。实现高等教育内涵式发展，必须把提高教育质量作为第一要务。"提高人才培养质量"是习近平总书记对教育工作的一贯要求，所以高校要培养更多拔尖创新人才，这既是国家建设和发展的历史要求，也是高校建设的核心任务，是新时期高等教育内涵式发展的迫切需求。

一个学校能不能培养出高素质的人才关键在教师，所以高校必须树立"人才资源是第一资源，人才资本是第一资本，人才发展是第一动力"的发展理念，要始终坚持把培养高素质教师队伍作为立教之本，要加强师资队伍建设，推动师资队伍优化。在党的十九大报告中，习近平总书记强调要加强师德师风建设，培养高素质教师队伍，倡导全社会尊师重教，指明了加强教师队伍建设的关键点。只有把"有理想信念、有道德情操、有扎实学识、有仁爱之心"的"四有"教师队伍建设好，中国特色、世界水平的现代高等教育才能够办好，"高等教育强国梦"才能得以实现。所以要致力于高校内部动力的提升和资源的增长，合理构建和优化人才队伍，以提升高校的核心竞争力。

辅导员是高校教师队伍的重要组成部分，是高等院校从事德育工作、开展大学生思想政治教育工作的重要力量，他们工作在学生思想政治教育工作的第一线，和学生相处的时间最多，担负着学生"人生导师"的重要职责。在高等教育改革的攻坚时期，要实现高等教育内涵式发展，必须提升辅导员队伍素质能力，这对于全面贯彻党的教育方针、加强和改进大学生思想政治教育和日常管理工作、维护高校稳定、提升教育教学质量都有着非常重要的意义。

全面提升高等教育质量要求以内涵发展为核心，以人才培养为重点，不断推进教师队伍建设。在此背景下，辅导员作为思想政治教育工作者，其传统角色必然需要转化。新时代背景下，全面提升高等教育质量对于辅导员有了新的要求。

### （一）对高校辅导员角色定位的要求

2017年颁布的《普通高等学校辅导员队伍建设规定》明确提出高校辅导员是开展大学生思想政治教育的骨干力量，是大学生日常思想政治教育和管理工作的组织者、实施者、指导者。由此，作为大学生教育、管理和服务工作队伍的生力军和核心力量，高校辅导员要积极应对新时代学生工作的新特征和辅导员工作面临的新境遇，主动调整自身角色，争做"线上＋线下"结合型的大学生思想政治教育者、"智慧型"的大学生日常事务管理者和"需求导向型"的大学生成长成才服务者，精心、精细、精准开展高校学生教育和管理以及服务工作。

扮演好这一角色，一是要坚定政治立场，严守政治纪律。要做政治上的明白人，牢固树立"四个意识"，在思想上、政治上、行动上自觉与以习近平同志为核心的党中央保持高度一致，自觉维护党中央权威，旗帜鲜明讲政治，为大学生树立榜样，引导大学生树立坚定正确的政治方向。二是要加强理论学习，提高理论素养。思想政治工作归根结底是做人的工作，是释疑解惑的过程。辅导员必须具有一定的理论素养，具有一定的马克思主义理论基础，对中国特色社会主义理论体系有一个基本把握。做到这一点，辅导员必须对中国特色社会主义理论真学真懂真信，做一个职业化、专家化的思想政治工作者。三是要注重工作研究，善于继承创新。在具体的工作实践中，辅导员不能陷于繁杂琐碎的日常事务中，必须加强工作研究，把握思想政治教育规律，把握学生成长规律，用理论指导实践。四是要讲究工作方法，强化工作实效。思想政治工作绝不是简单的说教，而是要把这个工作很自然地融入学生成长过程中的方方面面，贯穿学校教书育人的全过程，达到春风化雨、润物无声的效果。同时，要不断拓展思想政治教育途径，通过灵活有效的方式增强亲和力、感染力和可信度。

（二）对高校辅导员工作内容的要求

内涵式发展对高校来说，就是一种注重学校理念、学校文化、教育科研、教师素质、人才培养工作质量和水平等方面建设的工作思路，内涵式发展的核心是质量的提升。而要全面提升高等教育质量，实现高等教育内涵式发展必须打造一支高水平思想政治教育的专家队伍。对高校辅导员工作，也相应地提出了新要求，即更加系统化的教育、更加规范化的管理、更加个性化的服务。应该既注重数量指标，又注重质量指标，深刻把握新时代高等教育的战略定位和历史使命的必然要求，面对不断变化的现实条件作出科学的决策。

高校作为全社会创新发展的知识宝库，作为社会人才输送的"永动机"，为社会源源不断地提供着高素质人才。人才是"人"和"才"的优化组合，学生通过高考选拔进入高等院校，在这里更进一步"成人"和"成才"，辅导员在这个过程中毋庸置疑地担当起"成人"部分的重要引导角色。辅导员在高等教育中所担当起来的任务和根本宗旨没有改变，但是内容却是时变时新、复杂多变的，他们所要做的绝非简单地教育学生、管理学生、服务学生，而是在和学生打交道的过程中帮助学生成长，同时获得自身能力的锻炼、实践经验的积累、教育管理的升华，为高校整体管理工作奠定人才储备的根基。辅导员作为现当代教育的产物，极大地反映了社会的需求。每一个从高校步入社会的学生，在具备科学文化知识、专业技能的同时，必不可少的便是优秀的品质。这是社会成员所必需的，也是辅导员在高校教育中必须达到的目的。

教育的时代性对辅导员工作提出了新的要求。社会需要人才所具备的科学文化素质和思想道德素质并不是单一的，而是多元化的。学生一方面要储备相关的专业知识，并具备把知识付诸实践的能力；另一方面要有坚定的理想信念和正确的世界观、人生观、价值观，并具备能够与人为善、与人交好的社会交际能力。一个优秀的人才必然是综合能力健全、智商与情商并重的综合人才。随着科技文化的飞速发展，人的整体素质普遍提高，人才已不能再坐等被挖掘，自我推荐成为人才展示的一种重要方式。在自我推荐中，个人除了要有过硬的专业本领，还要有组织能力、表达能力、工作效率以及与之相匹配的逻辑思维能力、创新能力等多方面的素质，因此，辅导员的工作就要与时俱进，凸显时代价值所在，对大学生的日常教育和管理也要凸显综合能力的要求。

**（三）对高校辅导员队伍建设的要求**

全面提高高等教育质量，走内涵式发展道路需要推进辅导员队伍专业化、职业化、专家化进程。

首先，高校辅导员队伍"三化"建设是高校学生成长的重要前提。"00后"逐渐成为大学校园里的主要群体，该群体个体特征鲜明、思维活跃且自我意识凸显。这些新生力量对高校思想政治教育工作开展带来了诸多挑战和不确定性。高校辅导员是维护学校和谐稳定、引导大学生健康成长不可或缺的中坚力量，他们能精准把握学生的动态，在开展学生思想政治工作过程中，直接或间接地帮助学生树立相对正确的人生观念，及时疏导学生的心理问题，帮助学生解决困惑或打消疑虑，对学生自我发展产生深刻的影响。因此，加强高校辅导员队伍"三化"建设是提升学生工作质量的重要途径，也是高校学生健康成长的重要前提。

其次，高校辅导员队伍"三化"建设是辅导员个人职业能力提升的主观需求。相对于行政管理人员和高校专职教师，高校辅导员群体的职责定位较为模糊。我国大部分高校辅导员身兼数职，存在人员流动较大，队伍稳定性差，高校辅导员队伍来源的非专业化问题突出，职业素质不足，生涯规划意识较淡薄，事务工作较多，思政教育聚焦度较多等问题。高校辅导员"三化"建设，为辅导员职业能力的提升提供了充分的外在条件，同时也在很大程度上提高了高校辅导员的主观需求和工作认同，增强了辅导员开展思政教育工作的能力，可确保高校辅导员队伍的稳定性，有效减少辅导员队伍人才流失。高校辅导员队伍"三化"建设是加强高校辅导员职业稳定性的关键因素。高校辅导员职业稳定性较低主要有以下三方面原因：一是高校辅导员的社会认同度不够高，辅导员这一职业尚未在《中华人民共和国职业分类大典（修订版）》中列示，导致高校辅导员缺少社会认同感，社会对高校辅导员的整体认识是工作待遇水平不高、发展潜力有限；二是高校辅导员的专业性不够强，从事高校辅导员工作的人群专业来源多样，且大多数辅导员入职前未受过行业训练，导致高校辅导员的专业水准有限，工作节奏紧张也导致高校辅导员缺少合适机会进一步提升专业能力和素养；三是辅导员队伍的职业定位不够清晰，一般来说，高校辅导员岗位职责包含学生日常事务管理、学生思政工作、党团建设、学生就业指导、学生心理疏导等各方面，基本涵盖专业课程以外的其他学生工作内容，导致辅导员缺乏清晰明确的职业定位。因此，增强高校辅导员社会认同感和自身成就感、壮大辅导员队伍、持续提升职业稳定性都要求加快高校辅导员队伍的"三化"建设，这也是高校实现内涵式发展的要求。

## 二、高校落实"立德树人"根本任务的重要保障

习近平总书记在全国高校思想政治工作会议上从"培养什么样的人，如何培养人以及为谁培养人"这个根本问题的高度为"立德树人"赋予了新的理论内涵，强调"提升大学生思想政治工作的关键在于做好思想政治工作"，"高校立身之本在于立德树人，要坚持把立德树人作为中心环节"。习近平总书记还指出我国高等教育要坚持正确的政治方向，坚持为人民服务，为中国共产党治国理政服务，为巩固和发展中国特色社会主义制度服务，为改革开放和社会主义现代化建设服务。党的十九大确立了习近平新时代中国特色社会主义思想的指导地位，提出了十四条基本方略，更加强调牢牢把握意识形态工作领导权，培育、践行社会主义核心价值观，加强思想道德建设，落实立德树人根本任务，培养德智体美劳全面发展的社会主义建设者和接班人。这是全面贯彻党的教育方针，进一步落实"立德树人"的最新要求。

党的十九大报告还明确提出，"加快一流大学和一流学科建设，实现高等教育内涵式发展"，"要全面贯彻党的教育方针，落实立德树人根本任务，发展

素质教育，推进教育公平，培养德智体美劳全面发展的社会主义建设者和接班人"。这是事关当代教育发展的、具有里程碑意义的论述，深刻诠释了内涵式教育的本质使命是培养大学生成为全面发展的、合格的社会主义事业接班人，所以在新形势下如何发挥教育的立德树人功能，已成为当前高校发展亟须解决的重要问题。高等教育内涵式发展是新时期教育体制改革发展的要求，它以新时代中国特色社会主义思想为指导，把立德树人作为教育的根本任务，坚持教育为社会主义现代化建设服务、为人民服务，对全面提高教育质量，深化教育领域综合改革，实施素质教育和培育社会主义核心价值观具有积极的意义。

作为培养人才的系统工程，高等教育要始终紧紧围绕立德树人这个中心，思想政治教育更要紧紧抓住立德树人这个根本。古人言："人以德立，邦以德兴"；"德者，才之帅也"。立德树人，不仅是中国为了教育行业的发展而作出的必然选择，也是对民族教育历史的传承。著名的教育家怀特海曾经提出，大学除了要教授学生知识，还要培养锻造他们的力量，让他们内化自己所学的知识，成为一个有力量的人。高校辅导员作为培养学生道德和思想政治素养的主要实施者，是高等院校组织结构中重要的部分，是高校"立德树人"最具体最直接的组织者、参与者和执行者，担负着重要的使命。

《普通高等学校辅导员队伍建设规定》明确要求，高等学校要始终贯彻落实"立德树人"根本任务，明确加强辅导员队伍建设的重要性。该规定进一步强调高校辅导员队伍建设，并对辅导员的定位和职责作出明确规定：高校辅导员队伍，是高校实现立德树人目标的重要依托，是实现大学生价值引领的骨干力量。在高校思想政治工作体系建设中，高校辅导员是一支比较特殊的队伍，既是良师，又是益友；既具有教师的身份，又担负管理者和服务者的角色。他们直接面对和接触学生，最了解学生的思想、心理、学习和日常生活，能够直接听到学生呼声、懂得学生关切，最能了解学生实际困难、掌握学生思想动态。这些"天然"条件，决定了高校辅导员在高校思想政治工作中具有不可替代的重要作用。

一方面，在"立德树人"的形势下，辅导员必须要掌握住意识形态的主动权，做好学生的人生导师。首先是做好学生的政治引领，引领学生自觉运用习近平新时代中国特色社会主义思想武装头脑，并将习近平新时代中国特色社会主义思想作为行动指南，坚定走中国特色社会主义道路。牢固树立道路自信、理论自信、制度自信、文化自信。其次是做好学生的道德引领，引领学生做社会主义核心价值观的坚定信仰者、积极传播者、模范践行者。加强道德修养，形成良好的道德行为习惯并成为引领社会公德的中坚力量。最后是做好文化引领，引领学生弘扬中华优秀传统文化、革命文化和社会主义先进文化，增强学生的文化自信和爱国情怀。

另一方面，辅导员在"立德树人"工作中承担了大量的具体工作，发挥着重要作用。高等院校的辅导员既要做好职责内的工作，又要从事思想政治学科的任教工作，负责讲授思想道德修养与法律基础、大学生生涯规划、就业及创业指导等公共课课程。区别于专职授课讲师，辅导员通过管理学生的日常事务、指导学生的实践活动等方式来承担工作职责。在这个过程中，他们需要帮助学生养成良好的思想道德素质和积极向上的健康心态，促使他们全面发展。

所以基于辅导员队伍在"立德树人"工作中的重要性，高校辅导员制度和队伍建设，必须按照高质量、高水准和后继有人、源源不断的要求，从战略高度定位，由入口到出口进行全环节整体思考。高校辅导员必须做到政治过硬、对党忠诚、敢于担当、业务胜任。专职辅导员的选聘工作应尽快建立相关专业课教师与辅导员队伍打通使用的有效机制，逐步提升高级职称教师在辅导员队伍中的比例，形成年龄、知识和专业结构更加合理的辅导员梯队。同时，对辅导员队伍要严格管理、明确责任，确保其履职尽责，还要制定退出机制，必须采取多途径、多出口的办法，为他们打造多元化的职业发展路径，让辅导员成为一个能够吸引优秀人才的岗位。

## 第二节　大学生成长成才的客观要求

大学生是新时代的建设者，高校辅导员在青年学生成长成才的道路上扮演着重要角色，在大学生培养工作中发挥着重要作用。高校辅导员只有不断提升自身素养、提高理论水平，才能更好助力大学生成长成才，为推进素质教育奠定坚实基础。

### 一、高校辅导员要做好学生思想政治教育

高等教育进入新时代，必须坚持习近平新时代中国特色社会主义思想为指

导，充分发挥中国特色社会主义的育人优势和高等教育办学特色，以立德树人为根本，以全面提高人才培养能力和培养能够担当民族复兴大任的时代新人为根本目的。正如习近平总书记指出的，大学就是要培养社会发展、知识积累、文化传承、国家存续、制度运行所需要的人，而高校辅导员是学生管理的实施者、道德修养的指导者、校园活动的组织者，是学生的亲密朋友，是学生成长的人生导师。辅导员的主要任务，就是贯彻党的教育方针、有效开展思想政治教育、培养学生具有较高思想政治觉悟的直接实践者和政策执行者。由于辅导员的工作与大学生的理想信念、道德认知、价值追求和行为方式等密切相关，对大学生树立正确的政治方向起到了引导的作用。所以，辅导员在学生成长中角色定位的意识及其行动方式的选择决定了思想政治工作质量，这对立德树人根本任务的实现有着重要影响。

《普通高等学校辅导员队伍建设规定》指出，辅导员是开展大学生思想政治教育的骨干力量，是高校学生日常思想政治教育和管理工作的组织者、实施者和指导者。新时代新征程赋予高校辅导员新的历史使命和新的历史担当。辅导员在学生成长成才过程中首先必须要起到思想政治教育的主体作用，应该承担好学生政治发展的领航员、理想信念的教导员、价值观念的引领员，这是帮助学生成长成才的第一步。加强高校大学生的政治意识和政治规矩是高等教育办学特色，也是中国特色社会主义的制度优势，辅导员要时刻关注学生的思想动向，确保其正确的政治方向。

### （一）高校辅导员应该成为学生政治发展的领航员

高校必须明确"培养什么人，怎么培养人，为谁培养人，靠谁培养人"的办学宗旨。人是政治性的社会存在，因此，学生成长过程既是社会化的过程也是政治化的过程；既需要认同社会规则也需要认同政治发展方式，二者同向并行，缺一不可。同样，加强高校大学生的政治意识和政治规矩是高等教育办学特色，也是中国特色社会主义的制度优势。

第一，辅导员要引导学生坚定信仰。信仰决定人的思维方式、行为方式，影响着人生态度、人生价值和人生目的。所以，辅导员要引导学生坚定共产主义信仰，学生就会不断坚定为人民谋福利的信念，为学生未来的政治取向奠定基础。

第二，辅导员要引导学生坚持中国共产党的绝对领导。要从历史的、现实的和民族发展的角度，帮助学生认识中国共产党领导中华民族伟大复兴的重要地位和核心作用，坚决做到"两个维护"，确保中华民族伟大复兴的组织力量和核心力量不断壮大。

第三，辅导员要引导学生坚定"四个自信"。只有坚定中国特色社会主义道路自信、理论自信、制度自信和文化自信，才能做一名社会主义制度运行的忠诚维护者、践行者。中国特色高等教育必须注重培养中国特色社会主义制度运行所需要的合格接班人。这是中国特色社会主义事业发展的需要，是实现中华民族伟大复兴的需要，也是市场经济发展的需要，更是决胜全面建成小康社会的需要。为实现"两个一百年"的奋斗目标，辅导员必须努力承担起学生政治发展的领航员角色，为民族复兴提供人才支撑。

### （二）高校辅导员应该成为学生理想信念的教导员

人既是一种物质存在，又是一种精神存在。人不仅需要物质资料以维持自身的物质生活，而且需要理想信念以充实精神生活。理想信念是人的特殊精神现象，决定人的人生境界和生活境界，也决定民族发展的合理性和必要性。国家的发展、民族的进步必须有共同的理想信念作支撑。我们要在全党全社会持续深入开展中国特色社会主义宣传教育，不断增强道路自信、理论自信、制度自信和文化自信，让理想信念的明灯永远在全国各族人民心中闪亮。

当代大学生的理想拥有与时代同步的特质。随着改革开放，社会迅猛发展，大学生承担起新时代赋予的新使命，这就要求大学生群体，一要具有执着的信念，坚定个人理想必须紧密依托社会理想，个人奋斗必须符合社会发展需要，必须紧紧围绕中国特色社会主义建设事业的需要。二要立鸿鹄之志，坚信"志不立不成才"的奋斗精神，立高远之志，走务实之路，不怕困难，永不言败，展现新时代青年学生的特有志向。针对学生的诸多特点，辅导员要把握角色定位，在适当时机，运用恰当方法引导学生、教育学生，帮助学生树立理想信念，确立自身发展方向，体现辅导员的作用和价值。

### （三）高校辅导员应该成为学生价值观的引领者

价值观念是人的一种特殊观念。观念，一般表示一切形式的思想、认识、看法，是指客观事物在人脑中的主观反映。人的价值观念不是生来就有的，而是在一定的社会环境、社会活动中形成的。马克思、恩格斯提出，"思想、观念、意识的生产最初是直接与人们的物质活动，与人们的物质交往，与现实生活的语言交织在一起的。人们的想象、思维、精神交往在这里还是人们物质行动的直接产物"。可见,价值观念的形成必须具备两个前提:人的需要和自我意识。而人的需要千差万别,自我意识因人而异。价值观念在需要的驱动下,在自我意识的引导下,在价值活动中逐步形成。其归根结底形成于人的现实生活条件和物质生活状况以及物质交往形式。

同样,生活在校园环境中的大学生的价值观念势必受到与其紧密联系的辅导员的影响和引导。辅导员的言行举对学生的情感、心理、思想和价值取向具有直接的影响作用。一是辅导员对大学生政治价值观念的引领作用。所谓政治价值观念,是指对政治的价值取向的观念。辅导员坚定党的政治信念、政治要求和政治追求,就能够通过日常交往方式,潜移默化地影响学生的相关价值追求,帮助学生塑造正确的政治价值观念,从而引导他们不断在行动上与党的方针政策相向而行、同向发力,形成统一的政治价值行动,担负起复兴民族的重任。二是辅导员对大学生生活价值观念的引领作用。生活价值观念,意指对生活的价值取向和价值追求。在师生交往活动中,辅导员的生活态度、生活追求可能直接影响学生的生活态度和追求。辅导员对物质生活和精神生活的不同追求,展现出不同的人生境界,将直接影响学生的内心世界和生活价值观念。三是辅导员对大学生学习价值观念的引领作用。学习价值观念,意指对学习态度、学习价值具有的观念、意识或向往。辅导员善于学习,能够做到终身学习,把学习作为一种生活方式,等等,都会影响学生对学习的内心感受和价值追求。辅导员善于开展专业课学习的启发工作,就能较好地带动学生主动学习、自觉学习,为学生良好价值观念的形成起到引领作用。

## 二、高校辅导员要做好学生全面成长的引领

就大学生校园生活而言,一方面需要专业导师在学业上的支持,帮助大学生逐步走入专业化领域,成为拥有专业素养的人才;另一方面也需要人生导师在思想层面的引导。大学生不仅要有专业学术技术上的成长,而且需要有思想、价值观方面的成长,从而成为更全面的人才。辅导员是学业导师工作开展的有效助力,能够让学生端正态度,更好地应对学业与生活上的问题,得到个人的成长。辅导员教会学生做人做事的道理,可以让学生针对自身的生活状态去应对问题,合理运用自身的条件与资源,成就自己与他人,得到自身价值的提升。

### (一) 高校辅导员要成为博学多能的人生导师

《高等学校辅导员职业能力标准》中关于辅导员的职业定义这样表述，辅导员是大学生政治思想教育的"主力军"，在社会发展中具备重要的作用。对于大学生来说，他们处于人生中一个特殊的阶段，在度过了紧张繁忙的高中生涯后，迎来相对自由轻松的大学生涯，学生在此过程中，难免面临着一些困惑、迷茫和无措。在此背景下，高校辅导员需要在某一领域具备较高的职业技能和教学经验，同时也需要具备相应的教育心理学知识、系统化的力量体系和专业的制度建设能力。这种教育模式是现代教育制度下转型升级的必然趋势，也使得越来越多的高校辅导员开始提高自己的职业技能，通过增强自身知识技能储备，加速对学生管理实践技能的优化和融合。由此可见，高校辅导员所具备的不单单是狭义的技能教学，还包含着对学生思想、心灵、性格的塑造，是真正意义上的"精神导师"。

### (二) 高校辅导员要成为情感疏导的心理专家

随着网络的发展以及自媒体时代的到来，大学生的思想情感受到了多方面的影响。越来越多的大学生开始在网络中寻找发泄情绪的渠道，通过游戏、论坛等形式，利用互联网的虚拟之便来表达自己的观点，宣泄自己的情感。但是这种在现实世界之外的情感表达，既有一定的益处，也存在相应的弊端。在复杂的社会背景下，大学生同样面临着各种心理突发状况，而高校辅导员所需要做的就是为心理素质较差、思想出现偏差的学生做好心理辅导。在面临学生存在心理障碍时，高校辅导员应该做好疏导情感的心理专家。这一人生导师角色对于学生来说，能够起到重要的作用，在无形之中帮助学生强化心理健康教育。辅导员应以科学的心理辅导和德育辅导，帮助学生做好学习规划，解决他们在人际交往、生活学习、社会情感中存在的各种问题。以此提高学生的思想道德素养，让他们能够保持稳定的思想状态，始终坚持主流价值的方向，最终成为中国特色社会主义事业的合格建设者和接班人。

### (三) 高校辅导员要成为规则意识养成的引导者

规则意识是人的社会化产生的必然结果，是人在社会交往中自觉自愿地接受规则的约束意识。高校辅导员应该成为大学生遵守规则的引导者。作为社会性存在的人，只有具备规则意识才有可能被人所接纳、所认可。没有规则意识，就无法形成有秩序的社会。人们遵守规则是形成社会秩序、促进社会发展的前提和基础。"在社会秩序中，理念与利益、文化价值和动机是相互渗透的。"所以，我们在开展规则意识的思想政治教育时，辅导员的引导性作用就不应被忽视。

首先，辅导员要以身作则带头培养规则意识，成为遵守规则的带头人和模范执行者。辅导员在管理和教育学生的过程中，在执行各项制度的过程中，都要时刻体现出规则意识，例如课堂考勤制度、学生资助制度、评奖评优制度、组织发展制度、党团活动制度等。

其次，要善于宣讲规则意识、法律意识，在日常生活中引导学生崇尚宪法、尊崇法律；在校园活动中，鼓励和嘉奖遵规守纪的学生，形成遵守规则者获益，违背规则者受惩的公平正义的氛围。辅导员的工作特点体现在众多方面，其中有三个方面值得高度重视。一是体现在管理育人方面，辅导员需要针对学生的学习管理、生活管理、行为管理等加强引导与规范，通过每一项管理逐步培养学生的规则意识。二是体现在资助育人方面，资助工作是一项复杂而又烦琐的工作，期间蕴含着运用资助制度规范学生的受助行为，教育学生用诚实守信的心理接受资助，偿还贷款，让制度执行的意蕴涵养学生的规则意识；用规则意识推进资助制度体系的良性发展；让辅导员的制度阐释、制度执行引发学生制度信赖的规则意识生成。三是体现在服务育人方面，辅导员工作实际上表现在处处适时为学生成长成才提供服务等方面上。学生在学习、生活、交际等活动中，都需要辅导员的帮助、引导，帮助学生形成良好的学习习惯、生活纪律和交际准则等，促进学生在生活学习中自觉地生成规则意识、规则行为。辅导员通过多方面的工作，净化育人环境，完成育人任务。

## 三、高校辅导员要当好学生的知心朋友

在当代教育学的发展视域中，高校辅导员在开展学生管理时，必须要经历一个思想交流的过程，包含信息的发送者、传递者和接受者三个重要元素。通过实施多向的活动，在教师和学生中搭建一个有效的教学载体。教师在职业角色的转换上，要立足学生的实际情况，真正学会说话、学会沟通、学会倾听、学会理解，以此达到教育个性和教育共性的相互统一。

第一，高校辅导员在沟通的过程中，要把握时机。要本着"防患于未然"的想法，真正设身处地为学生着想、为学生考虑，通过精细化的管理，提前注

意到学生所面临的各项问题。尤其是在学生受到挫折、面对困难的时候，辅导员应该仔细观察学生的思想动态，用适当的方式安慰学生，尤其是对于发生重大变故的学生，辅导员更应该给予适当的鼓励，帮助学生从磨难中站起来，学会坚强面对。让学生能够从内心感受到辅导员对他的帮助，让辅导员脱离传统的职业认知，成为学生的知心朋友。

第二，高校辅导员需要熟练掌握相应的沟通方法，大学生自我意识较强、思维敏感、情感起伏较大。辅导员在和学生进行沟通的同时，需要基于学生日常管理的各项事务，以强烈的主动性和责任性，了解学生内心深处的想法和看法。应通过多种形式的沟通，体会学生的优势和缺点，还应该了解他们的性格心理、家庭情况和学习目标，拉近师生之间的距离，让学生能够乐于和辅导员沟通交流。

第三，高校辅导员在与学生沟通交流时，应该注重倾听的艺术。用心倾听的过程中，不能掺杂任何的个人情感色彩，而是要密切注意学生在讲话时所表现出来的一些细节，包括说话者的语音、用词、节奏和情感的变化，等等。通过细节上的分析，实现融洽的双向互动，使倾诉者能够充分表达自己的立场，做一个合格的倾听者。

第四，辅导员应具有良好的教育背景与丰富的知识涵养。面对学生随时可能出现的各种常见问题，如心理问题、情感困惑问题等，辅导员应具备一定的专业技能为学生提供帮助。因此，辅导员应掌握一定的心理学、管理学、社会学、教育学等知识，甚至还应了解一定的生理学、医学等常识。辅导员还需对学生有充分的了解，做学生的"知音"。只有了解学生，才能在学生遇到困难时更好地帮助其解决困难，更好地帮助学生树立正确的世界观、人生观与价值观。

## 第三节　高校辅导员自身发展的内在需求

高校辅导员队伍素质能力提升对于辅导员的自身发展来说也是内在的需求。素质能力的提升不仅是高校辅导员践行使命担当的工作需求与客观要求，也是提升个人职业能力的发展需求，更是辅导员走向幸福人生的内心需求。

## 一、高校辅导员践行使命担当的工作需求

为实现习近平总书记提出的中华民族伟大复兴的"中国梦",需要高校为国家输送优秀的人才,但这些人才的"德"首先要过关,在这方面起到最关键作用的就是广大的辅导员队伍。辅导员工作在大学生思想政治教育的第一线,是高校教师队伍的重要组成部分,他们和正处于"拔节孕穗期"的大学生朝夕相处,肩负着完成好"立德树人"根本任务、当好学生的"人生导航"、培养出理想信念坚定的社会主义合格建设者和可靠接班人的重要使命,其重要性不言而喻。

### (一)宏观层面上对高校辅导员践行使命担当的工作要求

国家于 2012 年开始举办"辅导员职业能力大赛",启动"辅导员在职攻读博士计划"以及"辅导员工作精品项目评选活动",其目的在于推动我国高等学校辅导员队伍的职业化与专业化发展,并逐渐依托我国发展形势培养出辅导员队伍中的专家型思想政治工作者。高校辅导员队伍的素质能力提升,对于全面贯彻党的教育方针、加强和改进大学生思想政治教育和日常管理工作、维护高校稳定、推动高等教育事业内涵式发展具有十分重要的意义。

1. 高校辅导员是社会主义核心价值体系的践行者和教育者

自社会主义核心价值体系提出之始,党和国家就明确指出:要切实把社会主义核心价值体系融入国民教育和精神文明建设全过程。在高校学生社会主义核心价值体系教育过程中,辅导员是教育工作的主力军,其素质和能力水平直接影响教育的现实效果。辅导员是社会主义核心价值体系的践行者、校园文化建设的促进者、学生思想政治教育和日常生活的指导者和组织者,能够准确把握学生的思想状况和实际需求,在引导大学生学习实践社会主义核心价值体系,帮助大学生形成正确的世界观、人生观、价值观等方面有重要作用。

2. 高校辅导员是培养高素质人才思想教育主阵地上的基层指导员

推动高等教育内涵式发展,提高人才培养质量是关键。高等教育的根本任务是培养适应社会主义建设需要的高素质人才,高校思想政治教育工作紧紧围绕培养高素质人才的目标进行。辅导员是思想教育主阵地上的基层指导员,对大学生的成长和成才起着至关重要的作用。我国正处于转变经济发展方式、建设创新型国家的关键时期,社会经济发展对高素质人才的需求越加迫切,创新

人才培养模式、提高人才培养质量成为辅导员的重要使命。

3.高校辅导员是提升高等教育质量的重要推动者

内涵式发展必须是有质量的发展，《国家中长期教育改革和发展规划纲要（2010－2020年）》确定了提高教育质量的重要方针，这也是当前我国教育改革发展最核心、最紧迫的任务之一。十八大报告提出"着力提高教育质量，培养学生的社会责任感、创新精神和实践能力"的新要求，突出强调了辅导员在高等教育质量提升过程中的重要地位。一位好辅导员会成就一批学生的美好未来，一支优秀的辅导员队伍能促进高校思想政治教育质量提升，利于推进高等教育内涵式发展进程。师资队伍是教育的第一资源，是学校内涵式发展的根本，是决定教育质量的关键。因此，建设一支高素质、科学化的辅导员队伍至关重要。

### （二）微观层面上学生对高校辅导员发挥功能的诉求

高校辅导员"立德树人"根本任务能否完成好、学生"人生导师"的使命能否承担好，关键还要看学生"买不买账"，接不接受。实践证明，高校辅导员的个人魅力是发挥好育人功能的重要基础，而个人魅力是建立在良好的个人职业素质基础之上的。

经过与部分学生访谈，了解到他们认为"优秀"辅导员的品质和能力，归纳起来包括以下几个方面：第一，关心学生，爱护学生，与学生有比较好的沟通，能够平等地对待学生，具有一定的亲和力和威信；第二，具有较强的组织能力，能够组织学生开展有意义的活动，并且具有较强的驾驭能力；第三，能够知人善任，培养学生的能力，善于挖掘学生各方面的潜力；第四，要掌握政策规定，有一定的临危处事能力，遇到学生出现问题和状况时，能够临危不乱，当机立断；第五，具有优秀的道德素质，能与学生打成一片，与学生亦师亦友。

在访谈中了解到，学生最不喜欢的辅导员，归纳起来包括以下几个方面：第一，对学生冷漠，很少出现，学生有事经常找不到辅导员，只能通过电话联系，甚至电话有时也打不通；第二，做事没原则，不公正，不公平，对有关系的同学特别关照，在评优评先中不能一视同仁；第三，不能以身作则，要求学生做到的，自己却没有做到。

可见，高校辅导员想要在工作中受到学生的欢迎，提升自己的信服力，就需要持续提升个人职业素质能力，以个人魅力作为支撑来不断吸引学生，从而保证高校辅导员思想政治教育的开展质量。这样的辅导员对大学生会产生深远而持久的影响，成为学生楷模，进而提升高校思想政治教育的实效性。

1. 高校辅导员要强化职业道德，做到以德服人

良好的职业道德是辅导员人格魅力提升的基础。"德"是一个人内心对自己的要求，辅导员要有坚定正确的政治信仰，要有正确的世界观、人生观和价值观，还要做到人品过硬、作风正派。其中政治要求是底线，底线高了，"品"自然提高，"德"自然形成。"打铁还需自身硬"，只有辅导员自身无懈可击，才能让学生心悦诚服。

作为辅导员，要有较高的精神境界。陶行知说："捧一颗心来，不带半根草去。"在大学生的成长中，只要与学生相关的工作，都是辅导员的工作内容。因此，辅导员要善于通过具体的工作，以德示众，以德服众，以德修身，以德育才。无声的行动比有声的语言更让学生觉得可亲可敬。辅导员要用正确的世界观、高尚的人生观和科学的价值观，塑造大学生良好的品行、高尚的人格和可贵的精神，像"时代楷模"大连海事大学辅导员曲建武一样，敢于向学生喊出"向我看齐"的口号。辅导员是塑造人的灵魂的职业，要树立崇高的职业理想，具有浓厚的家国情怀和无私奉献的精神，自己首先就应该成为"贤人"，要具有先"修身齐家"后"治国平天下"的襟怀，把培养学生成为对社会有用之人作为自己终身的使命，这样才能让学生肃然起敬。

2. 高校辅导员要提升专业技能，做到育人有道

扎实的专业技能是辅导员人格魅力提升的关键。辅导员要博览群书，扩充知识储备，优化知识结构，尽可能涉猎多学科知识，因为对知识的融会贯通有利于做好学生管理工作；辅导员要提高组织能力、领导能力、沟通表达能力、学习能力、决策能力、创新能力等，各项能力出色，才会在学生出现问题时找到有效的解决办法，也才更会让学生信服。

辅导员要树立终身学习的理念，不能止步不前。要勇于创新，乐于钻研和探索，向先进学习，向模范学习。除了要达到教育部规定的辅导员职业能力标准，还要培养多种爱好，通过共同的兴趣和爱好加深与学生之间的情感沟通，在潜移默化中做好学生的思想工作。

**3. 高校辅导员要巧妙运用心理学效应，做到育人有法**

要把握教育对象的心理特点，恰当运用心理学效应。例如，运用"罗森塔尔效应"可以善于发现学生的闪光点，通过有声或是无声的语言，赞美、激励、鞭策学生，给他们以精神上的正能量，进而帮助他们树立合理的目标，以实现自身的价值。事实上，每个个体都会享受别人对其真诚的信任，并会为此积极作出响应。"南风效应"体现的是温情教育，体现在人性化的管理和富有人情味的暖言之中。因此辅导员要时时关心学生、爱护学生、宽容学生，以自己的人格魅力影响和感化学生，把自身的优秀品行在一次次有爱的经历中展现在学生面前。"蝴蝶效应"则体现在细节之中。辅导员真正的魅力在于对学生人生的高度负责，即使是看似平常的小事也要高度重视、认真负责。学生事，无小事。会让学生产生意见的事再小也不能做，认真对待无数件小事就是辅导员人格和威信积累的过程，威信积累到一定程度就是威望，人格魅力自然就显现出来。

**4. 高校辅导员要提高"情商"，做到师生和谐**

心理学家研究认为，情商水平的高低是影响一个人成就的重要方面。辅导员的情商很大程度上影响着辅导员的人格魅力。辅导员要能较好地管理自己的情绪，对待学生要严如父兄、亲如兄妹、密如挚友，不能因为学生的错误和冷言冷语而动辄批评和指责；也不能在出现突发状况时，如坐针毡，坐立不安；要喜怒不形于色，常以微笑示人，给人以亲和力；要提高识别学生情绪的能力，要走进课堂，走进寝室，走进学生的生活中，观察学生们的喜怒哀乐，正确地识别并理性作出判断，提升学生工作的效果。

辅导员情商的提高要与积极心理学的教育理念有效结合，重视人际关系的互动对于和谐师生关系的重要性。良好的师生关系离不开有效的沟通，辅导员要选取最适合学生、最能让学生接受又奏效的语言与学生沟通；要真诚沟通，避免空洞说教，要认真倾听学生的意见，真正帮助学生解决实际问题，这样的师生关系才会有根基。有人说过："两个人的亲密程度取决于两个人之间拥有的共同秘密。"如果辅导员希望学生敞开心扉，就需要以真诚的沟通作为前提。同时，辅导员也要将情商教育融入思想政治教育之中，在解决学生的思想问题时，借用自己的亲身经历和经验教训，设身处地地帮助学生实实在在解决他们遇到的问题，使学生感受到真诚和爱心。这样，辅导员的人格魅力自然会体现出来，从而被学生接受和传播，这更有利于与学生建立和谐的师生关系。

5.高校辅导员要提高解决实际问题的能力，做到尽职尽责

实实在在地解决和处理青年学生在学习生活中出现的各种问题，是辅导员人格魅力的升华。辅导员的人格魅力不仅体现在辅导员自身的言行、修为，还体现在从学生健康成长和发展的角度出发，处理和协调好诸方面关系，使学生信服、认同。要以教育部《高等学校辅导员职业能力标准》作为提高辅导员自身专业发展水平的行为准则，提高思想政治教育能力、党团和班级建设能力、学业指导能力、日常事务管理能力、心理健康教育与咨询能力、网络思想政治教育能力、危机事件应对能力、职业规划与就业指导能力和理论与实践研究能力。不断更新理念，积累实践经验，深入科学研究，用辅导员职业化、专业化的职业形象，来确立辅导员在学生心中作为指导者和引路人的角色，真正成为大学生健康成长的人生导师和知心朋友。

## 二、高校辅导员提升职业能力的发展需求

辅导员职业化是指辅导员在贯彻各级方针政策、执行学生相关管理工作过程中，要不断地提高个人的职业素养和从业能力，从而更好地完成本职工作。辅导员职业化要求在个人条件能够符合该职业的从业标准基础上，进一步把辅导员工作当成一种长期的事业来认真对待，使得辅导员进一步成为高校思政教育、就业指导、心理健康咨询等方面的专业化人才，在其工作岗位上做到服务学生、奉献社会，力求最终实现自己的个人价值。因此辅导员只有努力提升职业能力，做到职业化，才能更好地实现职业生涯发展。

### （一）高校辅导员的职业生涯发展具有特殊性

通过对高校辅导员、职业及职业生涯概念的理解，我们可以得出高校辅导员职业生涯发展的概念内涵。高校辅导员这一职业是随着大学生思想政治教育的社会需要而产生的，高校辅导员的职业生涯发展是辅导员通过制定个人与学校组织发展目标相匹配的职业生涯发展目标，经过个人、学校、社会的共同努力，实现个人职业成长、组织发展和有效履行国家意志的过程。高校辅导员职业生涯发展内涵丰富，既包括辅导员职业道德、职业能力、职业规划、职业路径等方面的内容，也包括学校和教育主管部门组织层面政策制度、职业环境、体制机制方面的内容。高校辅导员职业生涯发展既是辅导员自我发展的过程，

也是辅导员与学校共同发展的过程，同时也是辅导员、学校、社会和国家等各方面综合因素共同发展的结果。

1. 职业生涯发展受政策影响较大

高校辅导员承担着履行国家意志的责任，岗位具有特殊性，因此其职业生涯发展受政策影响较大。这一职业的工作职责、工作要求、发展方向会随着国家政策导向不断发展变化，这也决定了辅导员队伍的社会贡献责任。辅导员职业生涯发展要从学校、教育主管部门角度考虑职业发展的组织管理、政策导向问题。辅导员自我价值实现与社会贡献的统一，是高校辅导员职业生涯发展的最终目标。同时，高校辅导员个体职业发展目标体现在自我职业能力的提升和职业人格的不断完善。辅导员在职业发展进程中实现其自我价值。高校辅导员群体发展的总体目标，主要体现在国家倡导的职业化、专业化发展方向上。由此可见，辅导员个体目标与辅导员群体总体目标的实现，是一个互相影响、互相作用、双向互动的过程。如果辅导员只谈自我价值、自我职业生涯发展目标的实现，辅导员职业将失去其存在的社会价值；而如果只谈社会贡献、只关注总体目标的实现，辅导员自身将丧失主体性，也会影响其职业发展目标的实现。高校辅导员职业生涯发展的目的在于辅导员自我实现和社会贡献的统一，这有助于提升高校思想政治教育工作水平，有助于高校履行立德树人的使命。

2. 内外职业生涯始终持续动态发展

职业生涯可以分为内、外两种：内职业生涯是指在职业生涯发展中通过提升自身素质与职业技能而获取的个人综合能力、社会地位及荣誉的总和，它是别人无法替代和窃取的人生财富；外职业生涯是指在职业生涯过程中所经历的职业角色及获取的物质财富的总和，它依赖于内职业生涯的发展。

高校辅导员职业生涯发展是一个持续的动态过程，受辅导员个人能力、社会环境、服务对象影响较大。一是高校辅导员的专业知识、实践技能、人格发展、职业道德等随着自我教育和组织的培训培养而不断提升，发生变化，因此辅导员的内职业生涯一直处于动态的发展过程中。二是辅导员职业生涯发展的体制机制、政策环境、人文环境等，也随着社会发展、组织优化发生变化，比如国家关于辅导员队伍政策的陆续出台，对辅导员群体职业定位、工作标准、发展方向的不断明晰，学校对辅导员职业发展的体制机制在逐步完善，等等。社会及组织人文环境的不断优化，给辅导员的外职业生涯也带来发展变化，辅导员外职业生涯发展也是一个持续的动态发展过程。三是高校辅导员工作对象的持续变化。大学生是辅导员工作的主要对象，当代大学生有着鲜明的时代特点，他们的价值观更加多元化，思维行为方式也更加活跃，工作对象的变化促使社会对辅导员的职业要求也发生了新的变化。

由此，辅导员的职业生涯发展伴随着内、外职业生涯的发展变化，始终处于动态变化之中。辅导员职业生涯发展与社会环境、组织环境、工作对象、辅导员个体等息息相关，既体现个体发展的动态过程，同时也是外在价值引领下的持续发展过程。

3. 职业生涯发展具有特定周期规律

任何职业群体在职业发展过程中，都会形成一定的周期规律，这种规律对个人职业生涯发展有着显著影响。高校辅导员职业生涯发展同样也呈现出一定的周期规律性，按其发展规律可划分为入职适应期、能力成长期、职业倦怠期、稳定维持期。

入职适应期一般是辅导员入职的第一至二年，这个阶段是辅导员适应岗位、明确职业定位的探索阶段，辅导员工作积极性高、有工作热情，但是职业能力尚显不足，职业人格尚未形成，工作实践经验不足。能力成长期一般是辅导员工作的第二至五年，这一时期辅导员已经度过了入职适应期，入职时的压力与不适基本消失，职业能力和实践经验不断提升，职业理念和职业人格初步形成，职业发展目标和路径基本明确，辅导员能够比较自如地驾驭本职工作，其职业能力在这一阶段不断改进和提高。职业倦怠期一般在辅导员工作的第六至十年，辅导员长期处于相对成熟的工作模式中，工作激情有所减退，个人成就感缺失，职业发展动力不足，职业能力提升困难，职业发展进入瓶颈期，由此产生职业倦怠，职业选择容易动摇。稳定维持期是辅导员突破职业倦怠期之后，通过对辅导员职业的反思和重估，明确了辅导员职业终身发展方向，这一阶段的辅导员一般在工作领域中已经拥有一席之地，具有坚实的理论基础、丰富的实践经验、相对成熟的职业人格和较强的反思能力，职业发展目标坚定。

辅导员职业生涯发展周期具有规律性和普遍性，但是因为辅导员个体的不同，高校辅导员职业生涯发展周期并非完全遵循上述工作年限的限定，而且每一个发展阶段与下一个阶段也不是必然衔接，辅导员只有不断突破才能保持职业生涯的持续发展。

**（二）高校辅导员以素质能力的提升满足职业发展的要求**

在职业化视角下，高校辅导员的职业能力就是从事其职业活动必须具备的本领，是成功地进行职业活动所必须具备的知识、技能、态度和个性心理特征的整合。辅导员的职业能力是其从业的基础和关键，加强高校辅导员的职业能力建设，就是期待其形成自身独特的职业能力，并在此基础上不断努力，在职业化的道路上实现自身的持续发展。"打铁还需自身硬"，辅导员职业能力的提升虽然需要外部工作环境进行保障，但是更取决于辅导员自身。

1. 高校辅导员要适应新时代的发展，主动对接新要求

高校思想政治辅导员的根本任务是进行思想政治教育，培养学生的思想政治意识。辅导员职业能力提升的首要任务是适应新时代的发展，主动对接新要求，不断提高自身的思想政治觉悟。辅导员要时刻牢记习近平总书记提出的"着力增强思想政治教育的时代性和感召力"的号召，立足实际，教育引导大学生主动适应新时代的发展要求，筑牢思想防线，使习近平新时代中国特色社会主义思想深入大学生内心，鼓励大学生勇于担当时代责任和历史使命。

2. 高校辅导员要创新方式手段，提高新媒体运用能力

网络背景下，辅导员单纯依靠理论教育、政治课等传统的思想政治教育方式无法满足新时代高校思想政治教育工作需要。这对辅导员开展思想政治教育的创新性和有效性提出了新的挑战。辅导员要创新思想政治教育方式方法，因势而新，利用新媒体技术，创新大学生思想政治教育载体，丰富思想政治教育的形式，增强大学生思想政治教育的时效性。

当代大学生出生在网络信息爆发的年代，他们能够熟练运用自媒体平台，如微博、抖音、哔哩哔哩等，积极参与社会互动，提出自己的意见和建议，同时展现自我、释放压力。因此，一方面，辅导员应学会利用学生关注的平台构建大学生思想政治教育阵地，加强与学生在网络上的互动交流，以学生喜闻乐见的方式潜移默化地影响学生，提高学生自律、自觉、自制、自辨等心理能力，引导大学生正确运用网络工具，全面提升大学生的思想道德修养。另一方面，辅导员要认识到新媒体平台的双刃剑效应。由于部分大学生对新媒体中的一些负面消息的判断和认识不够正确，容易在网络中迷失方向。

因此，辅导员在深入研究新媒体教育手段的同时，更要加强自身运用新媒

体的能力，善于对大学生的网络意见进行研判，密切关注网络舆情，及时引导学生做到不传谣、不信谣，以大学生的特点为导向，和大学生进行良好的交流互动，以大学生喜闻乐见的形式开展工作，提高学生的参与度和认同感。

3. 高校辅导员要发挥自身的能动作用，提高育人管理能力

辅导员职业能力提升的关键在于辅导员本身。因此，辅导员能力提升的持续性取决于其能否充分发挥自己的能动作用，通过交流学习、加强实践，在实践中不断反思总结，提出新的工作思路，以达到提升自身育人管理能力的目的。辅导员要始终保持开放的状态，树立终身学习的理念，加强与其他辅导员和广大学生的交流，密切关注社会发展的脉搏，增强自身解决实际问题的能力。同时，选定专攻方向，针对此方向进行深入研究，争做术业有专攻的辅导员，更好地实现个人职业发展。

### 三、高校辅导员提升职业幸福感的内心需求

职业幸福感是人们在从事某种职业时，需要得到满足、潜能得到发挥、力量得以增长所获得的一种持续的快乐体验。职业幸福感是衡量个体工作生活质量的重要指标，是职业生活的重要内容，它不仅与工作积极性密切相关，而且是促进个体专业发展的动力源泉。

#### （一）"幸福感"的内涵

关于"幸福"，不同领域的学者从不同层面、不同视角作出了不同界定，虽然众说纷纭，但其核心属性基本一致。幸福是指自己身心舒适快乐，在社会实践中自身内在需求能够得到满足，人生价值能够得到实现，有成就感，整个过程伴有愉悦体验的精神健康状态和内心感受。

幸福感归属心理学范畴，包括生活满意度、积极情绪和消极情绪等维度，是个体对生活质量的总体评估。20世纪50年代，心理学家Diener开创了主观幸福感时代。主观幸福感结合了心理学中的情绪幸福感模型和社会学中的认知幸福感模型形成了现代的主观幸福感研究取向，这是一种综合型的心理学模型，成为现代幸福感研究之主流。现代的幸福感是一种主观体验，包括对幸福的认知水平、情感态度等方面，是个体对现实工作生活的在内在需求、价值、情感等方面的主观感受，它与周围客观环境联系密切。具体就是指个体根据自定标准对其整体生活质量所作出的认知性和情感性评价。

## (二)辅导员的职业幸福感

职业幸福感是人在参与工作当中对自身工作表现作出的评价。一般情况下,职业幸福感是职业人员情感上对工作的认可以及内心的工作动力。辅导员的职业幸福感就是在学生思想政治教育工作中能够积极解决学生的思想问题,为学生日后的学习和工作打下坚实基础,内心感到满足,是在学生工作中所体现出的愉悦感、满足感和成就感,包括对工作性质的满意度,对生活状况和情感需求等方面的满意度。

职业幸福感是辅导员愿意持续担任辅导员职务、承担学生思想政治教育工作的精神支柱。幸福感高的辅导员能够将工作视为提升职业价值的途径,以良好的心态和满腔的热情投入到学生的成长发展中,从而体会到履行立德树人工作使命、收获学生成长成才的快乐。拥有职业幸福感,辅导员才能积极主动地去探索和改进工作方法而非被迫接受学校、领导安排的任务;体会到职业幸福感,辅导员才会将工作视为一生追求的事业而非谋生挣钱的手段。

职业幸福感是辅导员保持专业学习和自我完善的前提基础。对学生的日常思想政治教育与管理,满足了辅导员的情感需求,使其可以在工作中拥有积极的情感体验,促进其不断进取探索、谋求职业发展,从而更好地解决学生问题,这将是辅导员自我成长的动力之源。

## (三)辅导员职业幸福感的影响因素

随着党和国家对高校思想政治教育工作的高度重视,辅导员逐渐从"传话筒""保姆"转变为"思想政治工作者""学生事务管理者""高校育人服务者",他们的社会地位、角色认同及物质待遇得到较大提高,从而展现出自信、阳光和美好的精神面貌;对辅导员队伍职业化、专业化、专家化的建设目标,更为广大高校辅导员指明了专业发展的未来和希望,但同时也对辅导员的职业能力和素养提出了更高的要求。

美国心理学家克雷顿·奥德弗(Clayton Alderfer)在马斯洛需要层次理论的基础上提出了 ERG 理论。该理论认为人总共有三种不同的需求:一是生存(Existence)需求,也就是个体对生活和工作的物质条件的需求;二是关系(Relatedness)需求,就是个体与他人进行人际交往的需求;三是成长(Growth)需求,体现为个体在工作生涯中不断追求进步,使其行为对他人与社会具有价值的需求。ERG 理论认为,即使较低层次的需求没有得到充分满足,人们也会追求更高层次的需求，这三种需求可以同时对个体产生作用。譬如辅导员在工资待遇不高的情况下，仍然愿意与学生交往，促进学生成长，从中追求人际交往的高层次需求。一旦辅导员在工作中能同时满足三种需求时，就会产生一系列的愉悦情绪，充分体验到职业幸福感，并提升工作效率。反之，如果辅导员在工作中三种需要都没有得到满足，将难以体验职业幸福感。

1. 生存需求之困

马克思主义认为，人们为之奋斗的一切，都同他们的利益有关。辅导员获得与其工作付出相匹配的工资待遇是其职业幸福感的重要保障。高校辅导员工作涉及思政教育、学风建设、学生党建、心理健康、资助、评优评奖、招生就业、寝室文化、征兵、安全、班级管理与班干部队伍建设等方面。除此之外，辅导员还需要对一些突发性的问题和工作进行指导和处理。工作内容多且繁杂、工作压力大。

高校中，科研与教学是发展主线，辅导员的角色定位与工作内容导致他们较少参与科学研究，更少有科研项目经费。与专业教师相比，辅导员工作繁忙且工资水平低，尤其是未担任相关行政职务以及刚入职的辅导员。同时受事业单位编制紧张的影响，许多辅导员尤其是新入职的辅导员只是人事代理或者是合同工，难以享受到学校的相关福利政策，如员工福利活动政策、奖励经费分配政策以及外出培训和继续深造的政策。当辅导员难以享受学校相关的福利政策时，会产生强烈的不公平感，严重影响其工作的积极性和幸福感。较大的工作压力与较低的工资待遇、难以享受福利政策与繁忙的工作内容，成为许多辅导员转行或者辞职的重要因素。

2. 人际关系紧张

人际关系是人与人之间在活动过程中直接的心理上的关系或心理上的距离，它反映了个人或群体寻求满足其社会需要的心理状态。构建良好的人际关系是高校辅导员队伍建设的重要内容，对于辅导员开展工作具有重要的意义。

（1）工作中辅导员与上级领导更多是一种上下级的行政关系，领导负责发布工作命令与任务，辅导员负责具体执行。学校分管学生工作的领导更关心任务的完成，辅导员对于领导安排的任务几乎没有商量的余地，更难以参与领导对工作的具体安排与任务分工。有调查显示，56.7%的辅导员认为领导在政策制定与任务安排时未征求其意见，只要能完成领导交代的任务就行。辅导员与领导之间没有太多的情感交流，彼此之间对于工作的认同感不一样。甚至一些辅导员由此产生敷衍应付的态度，工作的主动性与创造性受到压制。

（2）辅导员之间缺乏有效的沟通，辅导员更多是采用单干式工作模式来完成学生工作，与同事之间分享信息、交流经验的时刻很少；与此同时，辅导员与任课教师之间由于工作任务与时间安排不同，导致彼此之间缺乏合作，辅导员更多负责学生工作的育人环节，而专业课教师则扮演教书的角色，辅导员对于学生的学习情况与学业成绩了解不够。专业任课教师不会向辅导员汇报学生的学习情况，辅导员也不会主动去向专业教师了解学生的学习动态。

（3）辅导员与学生之间缺乏平等交流的信任感。在大学生的成长过程中，辅导员是与其接触最多的群体，良好的人际关系既能让辅导员顺利完成学生工作任务，获得成就感，也能让学生得到锻炼，获得进步。但有调查发现，辅导员与学生之间往往缺乏平等交流的渠道，彼此之间不够信任。有研究发现："大学生对辅导员信任的影响因素首先是他们的人际信任水平，其次是辅导员的个体差异，我们要建立起大学生对辅导员的信任。"辅导员在进行学生工作时往往存在一个无奈的困局：当与学生关系过于平等时，凡是咨询学生建议时，学生就觉得辅导员没有权威，对于辅导员安排的任务不会及时完成；当辅导员过于专断时，学生就会觉得辅导员很冷漠，也不会主动帮助辅导员完成任务。这种无奈的处境让辅导员与学生之间缺乏平等交流的机会，彼此之间信任感不够，不利于学生工作的顺利开展，更难以让辅导员在工作中体验到幸福感。

3. 成长空间有限

（1）参加各级各类学习和培训是辅导员促进自身专业化发展的有效路径，在学习和交流过程中也能增强辅导员的职业成就感和幸福感。2017年新修订的《普通高等学校辅导员队伍建设规定》提出，省级教育部门应当根据区域内现有高等学校辅导员规模数量设立辅导员培训专项经费，确保每名专职辅导员每年参加不少于16个学时的校级培训，每5年参加1次国家级或省级培训。但各高校在具体的执行过程中面临着诸多现实困难，难以达到国家规定的要求。一方面，参与培训的名额有限，尤其是一些有针对性的高级别培训活动，并不是所有辅导员都能参加；另一方面，辅导员压力重重，事务繁忙，很难抽身去参加各种系统的培训和学习，不得不放弃学习机会。

（2）教育部令第43号也指出高等学校要鼓励辅导员在做好工作的基础上攻读相关专业学位，为辅导员提升专业水平和科研能力提供条件保障。但高校在具体执行过程中却存在偏差。通过调查发现，超六成辅导员认为要继续深造面临着辞职的风险。脱产就读的要求、无法脱身的工作、辞职的风险及高额的学费，使辅导员的深造之路困难重重。

（3）辅导员渴望在工作中能够有更好的发展，得到晋升，实现自我价值。教育部令第43号明确指出高校辅导员具有教师和干部的双重身份，可"双线晋升"教师专业技术职务和行政职务。但各高校在执行过程中仍有很大困难，辅导员的"双线晋升"渠道在现实中往往演变为单线，而且要获得晋升不仅受到诸多的限制，还需要更多的业绩成果。在现实中辅导员的晋升空间窄化，晋升之路漫长，使得辅导员在工作中看不到希望，更遑论体验到职业幸福感。

因此，提高辅导员队伍的能力和素养，有利于提高辅导员解决学生思想政治问题的能力，提高工作成就感和个人价值感，特别是学生的成才与进步对社会文明与自由的推动使辅导员的职业认同感、职业幸福感也普遍提升。因此高校辅导员能力素质的提升是其职业向纵深发展、实现自我价值、获得幸福人生的进阶步骤。

## 第四节　高校辅导员队伍"三化"建设的重要途径

2005年，教育部《关于加强高等学校辅导员班主任队伍建设的意见》（教社政〔2005〕2号）提出："要统筹规划专职辅导员的发展，鼓励和支持一批骨干攻读相关学位和业务进修，长期从事辅导员工作，向职业化、专家化方向发展。"这是教育部首次以"明文规定"的形式提出了高校辅导员队伍的职业化问题。2006年7月颁布的《普通高等学校辅导员队伍建设规定》（教育部令第24号），对辅导员的要求与职责、配备与选聘、培养和发展、管理与考核作了非常明确具体的规定，并且还将高校辅导员队伍的职业化纳入《2006—2010年普通高等学校辅导员培训计划》。2007年11月，教育部思政司在湖南省长沙市召开高校辅导员队伍建设研讨会。与会代表主要围绕三个问题进行了热烈的讨论：一是关于辅导员专职化、专业化的必要性及其含义；二是关于辅导员队伍的培养和培训工作；三是关于辅导员专业技术职务的评聘工作。

这一系列会议的召开和政策文件的推出，让如何建设一支素质较高、能力较强的专职化、专业化、专家化的辅导员职业化队伍，开始成为研究者十分关注的问题。强化高校辅导员队伍的"三化"建设可以促进辅导员自身的成长与发展，同时也是保障其职业稳定与长久发展的动力，而持续提升辅导员队伍的素质能力无疑是实现高校辅导员队伍"三化"建设的重要途径。

### 一、高校辅导员队伍职业化建设的必由之路

高校辅导员队伍素质能力提升是辅导员队伍职业化建设的必由之路。只有实现辅导员队伍素质能力的持续提升，才能不断推进和完善高校辅导员队伍职业化建设。职业化建设推动着辅导员队伍专业化、专家化建设进程，是完成高校大学生思想政治工作的关键所在。

#### （一）高校辅导员队伍职业化建设的内涵

专职与兼职相对，职业化指的是某项工作职业程度与品质的不断提升，并最终形成一种职业的动态化发展过程。对高校辅导员队伍的职业化建设而言，其含义就是通过辅导员工作职业化程度与职业品质的日益提升，使辅导员变成一种稳固职业的整个过程。要实现辅导员队伍的职业化建设，全方位、多角度提升辅导员综合素质与能力是必由之路，这样才能使其承担起高校学生综合事务管理与思想政治教育的工作，并履行其相应的职能，包括对于学生的服务职能、指导职能、管理职能、教育职能等。

#### （二）高校辅导员队伍职业化建设正深入推进

当前高校辅导员队伍的职业化已然成为必然趋势，且其职业化程度在不断加深。学术界在高校辅导员职业内涵的解读上各有不同，从职业属性来看，其核心在于辅导员的工作内容与队伍的长期性与稳定性。此处，长期性与稳定性指的是辅导员的社会分工与角色普遍被社会认可而稳定长久地存在下去。现如今实际情况是，高校辅导员已然发展成了一种稳固的职业，其职业化建设已基本完成，并且职业化的条件支撑在于以下三点：其一，教育部通过政策文件的形式对这一职业进行了确定；其二，高等院校、社会正逐步高度认同辅导员这一职业；其三，大批优秀人才均非常推崇辅导员这一职业。

#### （三）高校辅导员队伍职业化建设存在的问题

高校辅导员队伍职业化建设是基础工作，同时也是重点和难点。要进一

步促进辅导员队伍职业化建设，就要不断完善高校辅导员队伍职业化建设目标。当前，高校辅导员队伍的职业素养有了一定的提高，但仍然存在诸多明显的问题。

1. 高校辅导员队伍职业认可度不高

对高校辅导员开展有关职业认可的调查，调查问卷结果显示，对总体工作的满意度仅有39.26%的辅导员认为较强或强，对总体生活的满意度仅有40%的辅导员认为较强或强，可见高校辅导员大多数对自身工作和生活满意度不高，占中等偏下水平。《普通高等学校辅导员队伍建设规定》中明确了高校辅导员职责，说明国家已经对辅导员这一职业给予认可，但这一认可度仅仅限于各所高校范围内。同时，教育部令第43号中给出了辅导员教师和管理人员的双重身份，有些人对此"错误解读"，将辅导员认定为教师或管理人员，将辅导员的职业定位置于尴尬位置。大多数高校在教学和科研等建设工作中，简简单单将辅导员看作是教育辅助的位置，认为辅导员只是辅助任课教师管理课堂的管理人员，忽视了辅导员可以作为学生思想政治教育教师的地位。从教育部令第43号中关于辅导员工作的基本条件中可以看出，要求辅导员应掌握思想政治教育相关学科的基本理论。但各高校往往只重视辅导员处理解决学生的危机事件和一些简单的说服教育工作，这又从侧面说明，高校并没有像对待思想政治教育任课教师那样同等对待并高度认可辅导员队伍的教师身份。

由于多数高校将辅导员定义为管理人员，因此辅导员承担了太多的学生事务性工作，并且非常繁杂，涉及教学、后勤、公寓等多个方面，这在很大程度上导致辅导员无暇顾及自身的职业生涯规划。另外，由于部分高校没有对辅导员进行系统的入职培训，新辅导员只是受过老辅导员的"经验教育"，处理学生具体事务工作时，往往带有经验主义的思想。这些问题大多数发生在新入职的年轻辅导员身上，他们认为自己只是学生的"保姆"，甚至是"高级伴读书童"。这说明辅导员对自身的职业认识出现了严重偏差，在工作岗位上"水土不服"，也违背了教育部令第43号赋予辅导员的"双重身份"，与辅导员任职的基本条件完全不相匹配，同时其自身的职业生涯得不到较好发展。

2. 高校辅导员队伍结构不合理

调查问卷结果显示，在被调查的905名辅导员中，35岁以下的辅导员所占的比例为81%，35～45岁的辅导员所占的比例为12.7%，45岁以上的辅导员只有少数，所占的比例为 6.3%。由此可见，辅导员队伍年龄结构比较年轻。目前辅导员的年龄多数在 40 岁及以下，自身社会工作经验较为匮乏，实际的学生思想政治工作经验尚浅，这在一定程度上制约着专家化辅导员队伍职业化、专业化、专家化建设。此外，辅导员队伍结构缺乏合理性的一个间接原因就是流动性大，大量人才流失。辅导员队伍更新过于频繁，致使学生的思想政治工作缺乏连续性。辅导员队伍流动性大的原因是多方面的，既有自身职业规划的不确定、工作压力太大、职业幸福感低等主观原因，也有社会认同较低、个人利益难于得到保障等客观原因。

3. 高校辅导员队伍职业技术能力参差不齐

从调查问卷结果中，我们可以发现，辅导员队伍的职业技术能力参差不齐。具体来讲，辅导员的教师和管理人员的双重身份，要求辅导员既要负责学生日常行为管理等工作，又要承担学生的思想政治教育工作。因此，辅导员既要在业务能力上掌握管理学等相关学科处理事务的方式方法，又要在专业知识上了解政治学、法学、心理学等相关学科背景知识。高校在招聘辅导员时特别关注其政治面貌、学历、有无学生干部经验等条件，往往忽视了应聘者是否具有思想政治教育等相关学科背景。这说明高校并没有将教育部令第 43 号的规定严格落实，既导致了目前辅导员学科背景的"杂乱无章"，又使得辅导员队伍建设在最开始的时候就没有打下坚实的基础。新聘辅导员在入职之后，事务性工作杂、多，加之高校人力资源部门没有后续完善的培养制度，从而导致辅导员在自我摸索、经验主义等环境中"成长"。长此以往，辅导员个人的理论素养、业务能力没有得到显著的提升，长期得不到稳定发展，还常常显露出身心疲惫之态。这就导致很多辅导员骨干不断"跳槽"的现象出现，使得辅导员整体队伍缺乏稳定性，辅导员的职业精神得不到传承。没有传承，就没有经验，更不可能形成系统的职业发展技能。高校在辅导员选聘条件的不完善，不符合当前高校辅导员岗位职业的具体相关要求，应当在招聘时重点考虑有思想政治教育等学科背景的应聘者。以上种种凸显出高校辅导员队伍职业发展缺乏规范性。

（四）推进高校辅导员队伍职业化建设的重要意义

大学是每位大学生进入社会前必须经历的，学生在高校接受教育的过程中，他的思想、职业生涯规划等深受辅导员的影响，辅导员队伍的素质能力直接影响育人质量。教育部在 2018 年 11 月印发的《新时代高校教师职业行为十项准则》中明确了新时代教师的职业规范，这同样适用于广大高校辅导员。基于上述高校辅导员队伍职业化建设存在的问题，每所高校必须正确面对问题，并且要通过辅导员队伍素质能力的持续提升，不断推进和完善高校辅导员队伍职业化建设。职业化建设推动着辅导员队伍专业化、专家化建设进程，是提升高校大学生思想政治工作的关键所在。

## 二、高校辅导员队伍专业化建设的主要抓手

高校辅导员队伍素质能力提升是辅导员队伍专业化建设的主要抓手。只有不断推进辅导员专业素质能力的提高，才能推进整个辅导员队伍的专业化建设，从而稳固辅导员的社会地位，使专业化辅导员管理与培养制度得以形成。

### （一）高校辅导员队伍专业化建设的内涵

我们可从两点来解读"专业化"：第一，专业化指的是某一普通职业与专业标准日渐吻合而变成一种专门职业和得到对应地位的过程。第二，专业化指的是某一职业发展状态及专业性质的水平与情况。所以，我们既可将专业化视为一种发展状态，又可将其理解成一种职业发展的过程，即某一群体为实现自我成长而不断努力提高自身素质能力并最终吻合专业标准的过程。由此可知，我们就不难理解高校辅导员队伍的专业化建设了，即在高等学校的专职辅导员队伍建设中具备稳定专业地位、得到较强专业素养以及形成鲜明专业标准的过程。

### （二）高校辅导员队伍专业化建设已形成规模

现如今，高校辅导员队伍的专业化建设正在初步形成规模。虽然不同的人可以从不同的视角对辅导员的专业理论及专业化内涵、特性作出不同的解读，可不管如何解读，两者均是以专门技能知识、专业化行业组织与管理以及专业化培养训练等为前提和基础的。

高校辅导员的专业化建设平台已逐步形成。首先，为高校辅导员提供了持续且系统的专业技能知识的培训。其次，针对高校辅导队伍的专业化建设已成立了专门的行业组织。最后，高校辅导队伍的专业化建设专业刊物已公开出版与发行。在 2009 年，安徽师范大学推出了《高校辅导员学刊》，它主要刊载辅导员的工作成果，其中涉及多个相关学科，包括心理学、教育学、思政教育等，

并对大学生思想政治教育过程中这些学科理论所发挥的作用与原理进行了描述与解读。在教育教学层面上，主要涉及的内容有：个别谈话、专题教育、主题班会、网络教育、党的建设、思想道德修养及法行建基础课、生涯规划与就业指导课、心理健康教育课、形势和政策课教研等；在学生管理上，主要内容涉及：班级管理、寝室管理、奖勤贷助补、安全稳定、团学工作素质拓展训练、社团活动指导、社会实践、创业园地、大学生生涯规划、就业指导等；在心理与交往上，主要涉及大学生心理健康与人际交往教育、指导、干预、咨询；在案例调研上，主要涉及辅导员在大学生中较具管理意义与教育意义的各类事例；在队伍建设方面，主要涉及辅导员队伍的建设、发展、管理，相关探索和研究等；在人物专访方面，主要涉及学生工作的领导者、全国优秀的辅导员和管理人员等；在咨询平台方面，主要涉及辅导员工作动态、有效做法、先进理念、成功经验、论坛、重要会议等。此外，中国高等教育学会辅导员工作研究会也推出了《高校辅导员》会刊，并选择山东大学作为试刊点，试刊完成后，现如今已经正式出版发行，这些均很好地证明了我国高校辅导员的专业化建设平台正逐步建设完成。

**（三）高校辅导员队伍专业化建设存在的问题**

不断加强和改进高校辅导员队伍建设，打造一支政治立场坚定、工作能力强、理论素养高的专业化的辅导员队伍，是高校贯彻落实立德树人根本任务，促进高校人才培养稳步建设的一项重要任务。目前，辅导员队伍专业化建设在其职业化发展逐步完善的基础上，进入了一个上升期，但也遇到了建设瓶颈。认真分析辅导员队伍专业化建设突出的问题，能够有效促进高校辅导员队伍专家化建设。

1. 高校辅导员队伍专业理论知识基础不足

从高校辅导员的九大工作职责可以看出，高校辅导员队伍需要掌握扎实的专业学科理论，但现实中辅导员在处理学生实际问题时，往往表现出专业基础知识欠缺，大多数是靠工作经验解决问题，不能给予学生科学、规范、专业的指导。工作方法也是各式各样，处理一些问题也是就事论事，不能形成经验沉淀。导致这些问题出现的原因就是辅导员自身没有受到系统的专业指导。学生事务管理专业已经在美国开设了很长的时间，哥伦比亚大学甚至开设了学生事务管理专业的硕士学位，而且各美国高校对从事学生事务管理的人员在学生管理领域的工作经验、专业地位有着非常高的条件，要求多数必须具有硕士、博士学位，并且专业必须涉及管理学、心理学、学生事务管理等相关专业。而在我国各高校并没有像美国高校那样开设类似于学生事务管理的专业，现实状况是高校辅导员队伍呈现出人员学科背景多样，相关专业理论知识薄弱，导致了自身学生管理业务能力不足，直接影响了辅导员专业化建设进展。

我国部分高校开设的思想政治教育专业往往是为思想政治教师服务的，就算用在日常的学生思想政治工作中，也只是提供了一些简单的理论支撑，与实际问题的联系不大，从而导致在进行学生思想政治教育时缺乏科学专业的指导，根本无法从专业理论方面给予学生提供专业的咨询，类似问题的屡屡出现，严重制约着辅导员队伍的专业化建设。以上情况充分说明了高校在建设辅导员队伍上不重视辅导员的理论水平，并且对辅导员的工作岗位职责认识不清晰，在推进高校辅导员队伍专业培养方面缺乏一定的积极性。随着社会的快速发展以及外围敌对思想的渗透，导致我国广大青年的思想受到了极大的冲击。因此，我们务必重视高校辅导员队伍在学生思想政治教育引导中发挥的作用。在确保高校辅导员职业化建设稳步发展上如何有效推动辅导员队伍专业化建设，并且形成一定的专业理论，这是我们应该深思熟虑的问题。我们在学习西方专业理论的同时，需要结合发展现状，制定出适合我们学科专业建设的发展体系，并且有效推进学科专业稳步建设发展。

2. 高校辅导员队伍专业技能不足

针对学生开展的思想政治工作，高校辅导员主要采取以下方式：面对面谈心谈话、召开班会、班级活动等。场地和方式根据所遇到事情的实际情况而定，缺乏专业的工作技能和专业的工作视点。对学生来说，这些都是简单直接的谈话交流方式，往往是就事论事，只解决表面上的问题，无法从根本上给予学生思想政治理论上的教育引导。在西方一些发达国家地区，成立了具有不同岗位职责的辅导员队伍。并且由于当地的社会工作专业发展比较成熟，专业的社区工作人员从校外也可以对学生进行思想上的帮扶。我国高校辅导员在日常的学生管理工作中，容易出现以点概面的工作思维，又因学生人数多、场地局限、时间有限等，缺乏对学生个案的思考研究，加之经验主义思想"作怪"，工作模式和解决方式大致相同，对学生的思想教育无法产生实际效果。

3. 高校辅导员队伍专业管理经验不足

高校在招聘辅导员时，应聘者往往大多数是应届毕业生，缺乏一定的学生管理经验。虽说部分应聘者在上学期间或多或少担任过学生干部，但因自身角色的转变，学生管理学生的那一套方式，用在现在作为辅导员身份管理学生上就显得不太合适了，而且在实际操作时会显得专业工作经验不足。另外，应聘者往往直接从一所高校到另一所高校，缺少社会实践环节，对当前社会的认知不够深入。因此，在指导学生就业、缓解学生心理压力等方面缺乏专业的判断，这就又显示出辅导员在解决和指导学生专业性问题上的不足。再者，高校辅导员在处理学生日常管理工作中，事务性的工作占据了很多的时间，根本没有多余时间对辅导员的九大工作职责一一进行实操，那就更谈不上经验的积累了。如此循环，导致多数高校辅导员专业工作经验的欠缺。

（四）推进高校辅导员队伍专业化建设的重要意义

在学生的思想政治教育中，高校辅导员不仅是行政管理人员，还是高校教师。学生的成长和成才受到辅导员的教育引导，包括他们的道德品质、学习生活以及职业生涯规划的制订、自身创新能力的培养等。因此，各高校应着力培养辅导员队伍扎实的思想政治教育理论素养，构筑扎实的学科专业理论，构建畅通的专业发展渠道，从而高质量推进高校辅导员队伍专业化建设。

### 三、高校辅导员队伍专家化建设的重要基础

高校辅导员队伍素质能力提升是辅导员队伍专家化建设的重要基础。推进辅导员队伍专家化建设，关键是促进辅导员个体的专家化成长，没有辅导员个体的专家化，就不会有辅导员群体的专家化。而辅导员个体的专家化又是以辅导员自身素质能力的持续提升为基础的。通过个体的专家化，带动整支队伍的专家化，从而推动辅导员队伍的"三化"建设。

（一）高校辅导员队伍专家化建设的内涵

所谓专家，指的是在某个或者多个领域具备高深造诣的专业人士，主要体现在其能力知识及专业性上。高校辅导员队伍专家化也是进行专业化与职业化建设所追求的终极目标。与此同时，专家化的实现基础则是专业化与职业化。所谓高校辅导员队伍的专家化建设，指的是通过对高校辅导员队伍的专业化与职业化培育，使其发展成为在高校各项学生工作方面的专家。培育内容包括就

业指导、心理咨询、教育管理、思想工作、政治工作等方面，目的是使高校辅导员具备专业的管理学知识、心理学知识以及思想政治教育学科知识等，从而切实提高其组织管理、心理沟通以及文字表达的水平与能力，将其发展成高等学校学生工作的专家及师资力量中的重要组成部分。可见，高校辅导员素质能力提升是实现辅导员队伍专家化建设的重要基础。

### （二）高校辅导员队伍专家化建设成效凸显

多年来，在全国高校辅导员年度人物评选活动中，涌现出了一大批在为人师表、爱岗敬业、无私奉献等方面有突出表现，广受师生好评的辅导员先进典型，对凝聚辅导员职业理想，引领辅导员走职业化、专业化道路，最终成为专家型辅导员，起到了十分重要的示范作用。

学术界在高校辅导员队伍专业化与职业化理解上争议不断，各学者纷纷从不同的角度与层面出发提出了不同的观点，形成了比较丰富的研究成果。相比而言，学术界对专家化这一概念的理解与认识上是非常模糊和粗浅的。某些研究者将专业与专家视为等同理念，这是非常片面的。在我国《现代汉语词典》当中，"专家"一词的定义和解释是：在某一学问上具备专门研究或者对某一技能十分擅长的人。根据其解释，不难抓住其关键点：专家有两大特性，即擅长与研究特性。专家就是指在某一领域擅长且有研究之人，通常为该领域高层次的专门人才。从这一解读与认识出发，2015年起教育部在每一年均会选出30名高校辅导员去英国接受专题培训，以此来帮助其更好地提高能力，扩大视野。为更好地促进辅导员队伍的专家化，北师大等很多高校还专门开通了高级的研修班以供全国辅导员骨干学习和研修，并实施"2+1"模式来促进辅导员专业能力与素养的有效提高。通过不断地摸索与实践，各种举措办法的实施均取得了良好的成效，同时我国在专家型辅导员的认识与理解上也更加深入和充分了。国家和高校对辅导员队伍建设的专家化越来越关注和重视，专家化建设的成效也逐步凸显出来。

### （三）高校辅导员队伍专家化建设存在的问题

高校辅导员队伍中的专家，就像学科专业中的负责人一样，是在辅导员职业这一领域有绝对话语权的人。但目前我国高校辅导员队伍的专家化建设还处于起步阶段，主要是因为辅导员队伍的素质能力水平，尤其是科研能力还不够高，队伍的专业化建设保障机制还不够完善。另外高校又普遍不够重视辅导员队伍的专家化建设，从而制约了辅导员队伍的专家化建设。

1.高校辅导员队伍科研能力偏弱

制约辅导员队伍专家化建设的主要原因之一，就是辅导员队伍的科研能力偏弱。调查问卷结果显示，辅导员的关键能力（包括组织协调能力、表达能力、人际交往能力、学习能力、调查研究能力和创新能力）中各项子能力评价达到"比较符合"和"完全符合"的按高低排序，依次为人际交往能力（97.8%）、学习能力（91.3%）、表达能力（82.7%）、组织协调能力（80.5%）、创新能力（73.9%）、调查研究能力（71.7%）。综上可见，辅导员的人际交往能力和学习能力较强，而创新能力和调查研究能力较弱。

调查问卷结果显示，在接受调查的辅导员当中，博士研究生占4.5%，硕士研究生占66.4%，大学本科毕业生占29.1%。虽然近几年高校辅导员队伍的整体学历层次呈上升趋势，但思想政治教育相关学科的高学历辅导员数量较少。这就造成了辅导员在研究思想政治教育领域的内容时普遍缺乏专业学科背景的支撑，也难以灵活运用科学的研究方法，在具体研究中感到无能为力，从而深深影响了自身科研能力的提升。同时，辅导员的日常工作对实操的要求非常高。"实践是检验理论的唯一标准"，但目前多数辅导员只有实际操作，没有专业理论支撑，呈现出"瘸腿"走路的现象。辅导员往往靠经验解决问题，没有形成经验积累，更谈不上上升到理论高度。造成这种现状的主要原因就是在招聘辅导员时没有加上学科专业的限制，这也间接导致辅导员科研能力偏弱。另外，即使辅导员有思想政治教育等相关学科的背景，但他们缺少学生思想工作的经验，理论和实践没有有效结合，就很难形成科学、规范的学生管理体系。虽然经验做事有时也能取得一定的效果，但实践能力强并不能弥补自身科研能力的不足，也就达不到专家化辅导员的水平。

2.高校辅导员队伍教学水平不高

高校辅导员虽然也有担任诸如"形式与政策"等思想政治教育学科类的课程教学，但从授课的形式和内容上来看，呈现出不太专业的现象。这其中一个重要的原因就是高校辅导员自身的教学水平不高。虽然部分高校也安排了集体备课，但因为自身专业理论欠缺，又没有掌握专任教师的那套教学方式，在具体授课时给学生造成了一种像在开班会的印象，在教学过程中，不仅无法形成教学经验的积累，还导致自身教学水平停滞不前，甚至越来越弱。另外，高校在管理辅导员队伍时,弱化了辅导员教师的身份,辅导员在进行学生管理工作时也不能很好地与教学管理工作相互融合,从而造成了学生管理和教学管理以"平行线"方式运行,这也导致辅导员在教学管理方面没有深刻认识,间接制约了辅导员教学水平的提升。

3. 高校辅导员队伍科学研究团队匮乏

确保建设高校辅导员基本队伍和辅导员科学研究团队稳步进展的条件之一,就是辅导员队伍的基本稳定。因此,在保障辅导员基本队伍稳定的前提下,再经过培养、考评,选拔出辅导员骨干进入科学研究团队,这样才能在一定的程度上促进队伍专家化的建设。

但实际情况是,各高校在辅导员队伍的入职、培养、考评等制度方面的不完善,造成了辅导员业务能力、个人职业规划、社会认同感、个人职业幸福感等方面普遍偏低。因此,辅导员的思想就容易波动,"跳槽"的想法就愈演愈烈。再者,高校辅导员日常工作较杂且多,如果每个辅导员的实际工作量在考核时得不到真实有效的反映,那么就更加重了辅导员队伍的不稳定性,根本无法形成稳定的科学研究团队。我们知道,研究一个科研项目需要 1~2 年甚至更长的时间,如果研究团队成员换来换去,那么研究项目很难有效开展,会造成科学研究项目断断续续,这在很大程度上严重减缓了辅导员队伍专家化建设进程。

### (四)推进高校辅导员队伍专家化建设的重要意义

当前社会正在逐步认识和接受高校辅导员队伍的职业化、专业化建设,辅导员"专家化"也呼之欲出,但还面临着诸多问题。在高校辅导员队伍职业化、专业化建设的进一步推动和巩固的前提下,深入探究辅导员队伍专家化的建设路径,激励一批有情怀、有专业背景、有创新能力的辅导员安心在学生思想政治教育一线,潜心育人,从而推进高校辅导员队伍"三化"建设的全面有效开展。

# 第四章　高校辅导员队伍素质能力现状的问卷调查与分析

高校辅导员是开展大学生思想政治教育的骨干力量，对大学生的成长和成才起着重要的引导作用。加强高校辅导员队伍的能力建设，对于培养中国特色社会主义事业的合格建设者和接班人具有重要的现实意义。但目前高校辅导员队伍素质能力现状并不乐观，很多方面有待提升。为此，可采用调查问卷形式，对辅导员的基本情况、工作现状、素质能力及其培养现状、自身的未来职业发展方面进行调查，并作出详细的调查分析。

## 第一节　高校辅导员队伍素质能力调查问卷设计

我国在高校辅导员队伍的建设和发展过程中经历了长时间的探索与实践，不仅取得了成绩，也积累了经验，辅导员的职业发展走向和专业成长目标趋于明确。然而，实现这一目标首先要发现和解决当前辅导员素质能力的现存问题，只有全面、准确地了解和掌握当前高校辅导员素质能力的现状，才能为下一阶段继续提升辅导员素质能力提供针对性的建议和改进措施。

本节主要介绍实证调研的基本情况，并对辅导员职业素质能力及其培养现状进行梳理和统计分析。

（一）调查目的

本研究基于人的身心发展理论、职业能力理论及辅导员专业化理论，以高校辅导员为对象开展调查研究，本研究采用问卷调查法，对全国5省25所高校的部分辅导员进行调查，同时在文书的撰写期间对资深的辅导员和学生工作管理领导进行了访谈。保证调查结果能够达到了解和掌握当前辅导员素质能力、素质现状这一真实情况的目的。主要研究以下四方面内容：一是了解高校辅导员的队伍构成，对辅导员的基本情况、基本素质及其队伍的稳定性获得初步认识；二是通过调查高校辅导员职业素质能力现状，对辅导员工作水平进行总体评价；三是了解辅导员自我培养及学校培养的具体情况，探索培养过程中的不足及原因；四是根据调研结果总结辅导员职业素质能力培养的经验和教训，推广有益经验，并对辅导员素质能力培养中存在的问题提出有效建议。

（二）调查对象概况

本次调查共选取了分布在5个省份的25所高校。截至2021年11月9日，累计回收调查问卷合计960份，其中有效问卷分别为：905份（辅导员）、50份（高校领导）。有效率为98.5%。在被调查的905名辅导员中，男性有145人（16%），女性有760人（84%）；本科以上学历占比89.22%；辅导员工作年限高于三年的占67.32%；35.89%的辅导员为党员；已婚的占35.62%。辅导员的学历专业广泛，以工商管理（17%）、行政管理（12%）、会计（8%）、职业教育及管理（4%）、法学（3%）、计算机（3%）为主。辅导员的年龄主要分布在22～30岁之间，随着年龄增长，辅导员的人数逐渐减少。

（三）调查内容及方法

为了全面了解高校辅导员素质能力培养的真实情况，本调查借鉴相关文献研究成果和《高校辅导员素质能力标准（暂行）》对辅导员九方面工作职能的能力要求，并结合辅导员的有关工作状况，确定了调查内容。同时，在进行问卷调查的基础上，收集文本资料，开展跟踪访谈，分别对部分辅导员和高校行政管理人员进行深度访谈。在访谈的基础上设计并校正了"高校辅导员素质能力提升研究"的调查问卷。本调查采取的是开放式和封闭式相结合的方法，试题形式涵盖单项选择、多项选择、问答题等题型，题目设置大致按照辅导员的基本情况、工作现状、职业能力及其培养现状、自身生存发展的顺序安排。调查问卷在对10名辅导员进行了小样本测试的基础上，在具有丰富思想政治教育经验的专业老师和多年从事学生工作的辅导员的指导下不断修改完善，选项的设置尽量避免鲜明引导性和是非判断，力求使调查对象根据个人真实情况作出选择。

1. 调查问卷设计原则

在对高校辅导员工作的直接观察、对相关文献资料分析和对资深辅导员进行访谈的基础上，我们总结出影响高校辅导员素质能力的主要原因，从而构建出比较完整的高校辅导员的素质能力现状调查分析表。《高校辅导员素质能力提升研究》调查问卷所包含的素质特征指标体系，应该较为准确全面地体现出被测样本的特征。为此，在设计"高校辅导员素质能力提升研究"调查问卷时，我们遵循以下几项基本原则：

（1）科学性原则。《高校辅导员素质能力提升研究》调查问卷作为一种测评体系，其设定的指标应该是科学的、符合实际的，不能进行主观的理解判断。设计问卷时，每一个特征项目都应该仔细研究和讨论，确保不同特征项目的逻辑联系及其实际意义。要保证问卷的效度和信度，以确保问卷科学、正确。

（2）系统性原则。《高校辅导员素质能力提升研究》调查问卷受到工作环境、工作条件以及工作岗位的综合影响，作为一种严格的测量指标体系，在调查问卷的设计过程中要考虑到影响辅导员工作绩效的各项因素，确保能够全面、完整地反映辅导员的工作特征，要设计一些重复性的问题，来排除外在因素的影响。在设计《高校辅导员素质能力提升研究》调查问卷的过程中，我们综合运用管理学、统计学、社会学等相关学科知识，结合前期学者的研究成果，全面寻找影响高校辅导员的工作效率的各种因素，希望能够全面地、系统地对高校辅导员的素质进行评价和测评。

（3）独立性原则。在编制《高校辅导员素质能力提升研究》调查问卷时，为了确保被调查人员的态度和感觉一致，尽可能避免特征项目之间重复率高的现象。

（4）可操作性原则。《高校辅导员素质能力提升研究》调查问卷是为了在以后的工作中进行实践运用，要求素质特征项目要尽可能全面、系统，并且要有可操作性。在设计问卷过程中，应当尽量使各素质特征项目的描述准确，简单明了，没有歧义，并且信息和数据具有可操作性，简单易行。

2.调查问卷的编制

为了调查辅导员和学生对于目前辅导员队伍素质能力现状的看法。本次问卷设计包括5个阶段，分别是查阅相关文献、草拟调查问卷条目、调查问卷条目筛选修改、调查问卷专家效度检测修改、调查问卷信效度分析。

（1）查阅相关文献

采用深入图书馆及浏览网页等形式查阅足够的文献资料，充分认识了解影响辅导员队伍素质能力现状的各种因素,以此作为研究的理论基础,确定问卷的主体调查框架。

(2)草拟调查问卷题目

本问卷围绕辅导员的基本情况、辅导员工作现状、辅导员素质能力及其培养现状、辅导员对自身职业能力的认识、辅导员自身的生存发展等问题展开。在调查问卷总设计时,涵盖社会、高校、辅导员自身及学生四个维度,从5个省份的25所高校辅导员中选择最具有代表性的个体作为样本进行数据调研。同时,在调查对象的选择过程中,设计内容涵盖辅导员的年龄、性别、学历及职称等信息,确保各相关因素的均衡,降低信息片面化带来的误差影响,提高访谈结果的科学性及代表性。本研究采用立意抽样法,于2020年1月进行调查,除了开展在职人员的调研,还采用电话及微信等形式联系已离职辅导员,结合两类人员数据,对问卷问题的结构、提法和可能的回答作了初步的认识,设计了问卷初稿。

(3)调查问卷条目筛选修改

根据调查目的的设定,项目组拿到了曾经在学校工作过的辅导员信息,通过电话及微信等形式与2018年后离职的辅导员进行了交流沟通,通过分析整理,掌握他们离职的关键因素。同时也与在职辅导员进行了深入交流,了解他们继续坚守岗位的真正原因,以提高调研的可信度。经过沟通了解,慎重地对问卷条目进行了两次修改。在最终确定调研问卷前,项目组还向相关高校人事处及学生管理部门多位老师征集了意见,形成了初步的调查问卷。

(4)调查问卷专家效度检测修改

根据问卷设计编制流程,在形成初步调查问卷后,项目组邀请了5位专家进行效度检测。他们在人力资源管理和辅导员素质能力提升方面经验丰富,可以针对调查问卷给出优化建议。根据他们的打分情况,可以直观地看出调查问卷初稿的内容和结构效度,进而调整调查问卷的设计内容,形成问卷定稿。统计5位专家对问卷的打分情况得出,结构效度平均得分为8.84,内容效度平均得分为8.78,详见表4-1。

表4-1 调查问卷效度检验评价统计表

|  | 1号专家 | 2号专家 | 3号专家 | 4号专家 | 5号专家 | 平均值 |
|---|---|---|---|---|---|---|
| 结构效度得分 | 8.6 | 8.8 | 9.0 | 8.7 | 9.1 | 8.84 |
| 内容效度得分 | 8.7 | 8.9 | 8.6 | 9.1 | 8.6 | 8.78 |

（5）调查问卷信效度分析

①信度分析

信度是指量表工具所测得结果的稳定性与一致性，量表的信度愈大，其测量的标准误愈小。在 Likert 量表的使用中，通常使用 Cronbach α 系数进行信度检验。Cronbach α 系数是目前社会科学研究领域使用最多的信度分析数据，该系数愈高，即工具的信度愈高。量表的 α 系数在 0.8 以上（分量表在 0.6 以上）表示量表有高的信度，而低于 0.6 则为低信度，需要重新编制或修订研究工具。我们对本问卷中第二部分进行信度分析，Cronbach α 系数在 0.804～0.964 之间，量表内部一致性高，详见表 4-2。

表 4-2 信度分析

|  | Cronbach α 系数 | 测验题目数 |
| --- | --- | --- |
| 专业能力 | 0.958 | 27 |
| 关键能力 | 0.829 | 6 |
| 职业能力 | 0.964 | 33 |
| 自我培养 | 0.804 | 6 |
| 学校培养 | 0.885 | 6 |
| 能力培养 | 0.893 | 12 |

②效度分析

效度即有效性，它是指测量工具或测量手段能准确测出所需测量的事物的程度。为保证调查的有效性，本问卷的设计经过查读相关文献、草拟、问卷条目筛选修改、专家效度检测修改等各环节后最终定稿。通过观察问卷主体的双向分析，可以看出问卷内容具有良好的逻辑性。专业能力方面相关的调查问题占比 60%，关键能力方面相关的调查问题占比 13%，自我培养能力方面相关的调查问题占比 14%，学校培养方面能力相关的调查问题占比 13%。

同时，为了验证调查表的逻辑效度，项目组将各维度计分与总分作了进一步的相关性分析（见表 4-3），发现各部分与总分的相关系数都达到了 0.7 以上，具有显著正相关。说明本问卷内部效度良好，设计科学合理。

表 4-3 各维度与总分的相关性分析

|  |  | 专业能力 | 关键能力 | 自我培养 | 学校培养 |
| --- | --- | --- | --- | --- | --- |
| Pearson 相关性 | 总分 | 0.851** | 0.833** | 0.880** | 0.791** |
| 显著性（双侧） | 总分 | 0.000 | 0.000 | 0.000 | 0.000 |

### 3. 调查问卷的内容

问卷主体分为以下五部分：

第一部分为辅导员的基本情况调查，主要包括性别、年龄、类型、学历层次、所学专业、身份、职称、职务及任职年限等内容。

第二部分为辅导员工作现状的调查，主要包括辅导员的工作状态、职业认同、薪酬满意度、工作困惑、工作压力等内容。

第三部分为辅导员素质能力及其培养现状的调查，主要包括辅导员职业专业能力、关键能力、自我培养及学校培养等内容。

第四部分为辅导员自身的未来职业发展的调查，主要包括培训提升、晋级、工作目标、最迫切需要解决的问题、最大压力、工作的困难程度等方面的内容。

第五部分是为深入了解高校辅导员对自身职业能力的认识，探寻提升职业能力的对策，在前面封闭式问题的基础上，补充了开放性问题，如"您认为高校辅导员素质能力如何？对进一步提高辅导员素质能力有何建议？"等。

本研究采用 SPSS 18.0 对调查结果进行统计分析，主要方法有信度检验、描述统计、独立样本 T 检验、单因素方差分析和相关分析等。

### 4. 问卷的回收

为了确保调研的严谨性和科学性，在调查过程中，本次调查问卷共发放 969 份，回收 960 份，其中有效问卷 955 份，有效率为 98.5%。向高校辅导员发放问卷 905 份，其中男性辅导员 145 人（16%），女性辅导员 760 人（84%），女性比例明显高于男性。向高校领导共发放问卷 50 份，回收 41 份，其中有效问卷 41 份，有效率为 100%。其中男性领导 24 人（58.5%），女性领导 17 人（41.5%），男女比例大体均衡。

通过对收回调查问卷的整理，运用 SPSS 18.0 统计分析软件进行详细的分析。为了更直观地体现调查结果，根据工作满意度及组织承诺调查的几个维度，在后续的调查结果分析中将使用图表等形式进行展示。

# 《高校辅导员素质能力提升研究》调查问卷

尊敬的辅导员老师：

您好！

此次问卷调查采用无记名方式，请您在合适的答案上打"√"，所有的信息将会严格保密，请您根据实际情况放心作答。

## 一、基本信息

1. 您的性别（    ）

A. 男　　B. 女

2. 您的年龄段（    ）

A. 20～25 岁　　B. 26～30 岁　　C. 31～40 岁　　D. 40 岁以上

3. 您的最高学历（    ）

A. 本科及以下　　B. 硕士或硕士在读　　C. 博士或博士在读

4. 您的职称（    ）

A. 未定级　　B. 助教　　C. 讲师　　D. 副教授　　E. 教授

5. 您的职务（    ）

A. 未定级　　B. 科员　　C. 副科级　　D. 正科级　　E. 副处级　　F. 正处级

6. 您从事辅导员职业的年限（    ）

A. 1 年以下　　B. 1～3 年　　C. 4～8 年　　D. 8 年以上

7. 您是（    ）

A. 专职辅导员　　B. 教师兼职　　C. 研究生兼职（实习生）

8. 您的专业是（    ）

A. 教育心理学　　B. 人文社科类　　C. 医学类　　D. 理工类　　E. 其他

## 二、辅导员工作现状

9. 您所带的学生人数（    ）

A. 150 人以下　　B. 150～200 人　　C. 200～250 人　　D. 250 人以上

10. 您选择辅导员职业的原因是（    ）

A. 真心热爱这项工作　　B. 为进高校，把辅导员岗位作为跳板

C. 辅导员岗位更能锻炼自己的能力　　D. 其他原因

11. 您认为辅导员的地位如何（　　）

A. 地位比教师、行政人员高

B. 地位一般，与教师、行政人员一样

C. 地位低于教师和行政人员

12. 您对自己目前的薪酬水平作何评价（　　）

A. 满意　　B. 基本满意　　C. 不满意

13. 您今后的职业规划（　　）

A. 长期从事辅导员工作　　B. 学生管理工作领导

C. 到其他部门从事管理工作　　D. 转岗任专职教师　　E. 考公务员或事业单位

14. 您平时的工作状态如何（　　）

A. 很享受工作过程，精力充沛

B. 完成工作任务很有成就感，工作更有动力

C. 整日工作后，精疲力竭

D. 面对新的工作任务会产生抵触心理

15. 您觉得辅导员工作压力主要来自（　　）

A. 领导　　B. 学生　　C. 家庭　　D. 自身　　E. 其他

16. 您认为贵院辅导员考核工作的标准如何（　　）

A. 完全科学，符合工作实际　　B. 很科学，基于工作实际

C. 基本科学，个别指标脱离工作　　D. 不科学，流于形式

17. 您对辅导员工作的熟悉程度（　　）

A. 非常熟悉　　B. 熟悉　　C. 比较熟悉　　D. 不熟悉

18. 您对高校辅导员队伍建设的总体状况的看法（　　）

A. 非常好　　B. 良好　　C. 一般　　D. 不好

### 三、辅导员素质能力及其培养现状

19. 您是否可以通过网络平台对学生关注的时事热点进行有效舆论引导？（　　）

A. 是　　B. 否

20. 您是否可以了解学生思想动态，并对其开展及时有效的教育引导？（　　）

A. 是　　B. 否

21. 您是否可以熟练使用微博等新媒体技术对学生开展思想教育工作？（　　）

A. 是　B. 否

22. 您是否关心国家时事政治情况，并做好形式与政策教育工作？（　　）

A. 是　B. 否

23. 您是否了解党和国家对大学生思想政治教育的基本要求？（　　）

A. 是　B. 否

24. 您是否能胜任思想政治教育相关课程的教学工作？（　　）

A. 是　B. 否

25. 您是否可以有效开展学生骨干的遴选、培养和激励工作？（　　）

A. 是　B. 否

26. 您是否可以有效指导学生党支部和班团组织建设？（　　）

A. 是　B. 否

27. 您是否可以有效开展学生入党积极分子的培养教育工作？（　　）

A. 是　B. 否

28. 您是否了解学生所学专业基本情况，注重培养其专业认同和学习热情？（　　）

A. 是　B. 否

29. 您是否经常组织开展学风建设，为学生营造浓厚的学习氛围？（　　）

A. 是　B. 否

30. 您是否能为学生考研、出国留学等学习事务做好服务工作？（　　）

A. 是　B. 否

31. 您是否能对学生课外科技学术实践活动进行针对性指导？（　　）

A. 是　B. 否

32. 您是否能客观公正地开展学生评优评先工作？（　　）

A. 是　B. 否

33. 您是否能做好家庭经济困难学生的资助工作？（　　）

A. 是　B. 否

34. 您是否能有效帮助新生熟悉、接纳并适应大学生活？（　　）

A. 是　B. 否

35. 当学生遇到心理问题时，您是否能开展针对性的教育疏导工作？（　　）

A. 是　B. 否

36. 您是否能有效开展形式多样的学生心理健康教育活动？（　）

A. 是　B. 否

37. 面对突发事件，您是否能沉着冷静，稳定学生情绪，维护学校安全稳定？（　）

A. 是　B. 否

38. 您是否能有效开展丰富多样的学生安全教育活动？（　）

A. 是　B. 否

39. 您是否能有效帮助学生树立正确的职业观、就业观？（　）

A. 是　B. 否

40. 您是否能有效开展学生的就业指导和信息服务工作？（　）

A. 是　B. 否

41. 您是否能为学生提供针对性的职业咨询？（　）

A. 是　B. 否

42. 您是否可以通过和学生、同事进行沟通交流，获得良好的人际关系？（　）

A. 是　B. 否

43. 您是否可以努力寻找学习机会，获取新的专业知识和能力？（　）

A. 是　B. 否

44. 您是否可以即使有难度，也有信心将自己的想法表达得很到位？（　）

A. 是　B. 否

45. 工作中，你是否可以表现出很强的组织策划能力和资源整合能力？（　）

A. 是　B. 否

46. 您是否可以大胆尝试新的工作方法，并能从中得到满足？（　）

A. 是　B. 否

47. 在实践工作的基础上，您是否可以认真开展学生教育管理工作的相关研究，发表论文或承担课题？（　）

A. 是　B. 否

48. 您认为职业能力提升是否对顺利开展学生工作起到重要作用？（　）

A. 是　B. 否

49. 您是否热爱学生工作，为作为一名基层辅导员感到自豪？（　　）

A. 是　　B. 否

50. 您是否能清晰地认识自己工作的不足，并积极采取行动进行改善？（　　）

A. 是　　B. 否

51. 您是否关注国家和学校开展辅导员素质能力培养的相关举措？（　　）

A. 是　　B. 否

52. 您是否拥有明确的职业生涯规划，合理设置阶段目标稳步提高？（　　）

A. 是　　B. 否

53. 完成日常工作后，您是否有充足的时间、精力进行自我提升？（　　）

A. 是　　B. 否

54. 学校是否为辅导员制定了明确的岗位职责？（　　）

A. 是　　B. 否

55. 学校是否为辅导员开展学术研究提供有效支持？（　　）

A. 是　　B. 否

56. 学校是否提供内容丰富、效果良好的职业培训？（　　）

A. 是　　B. 否

57. 学校辅导员工作考评是否科学合理？（　　）

A. 是　　B. 否

58. 学校是否为辅导员进行学位攻读和业务进修提供良好的政策保障？（　　）

A. 是　　B. 否

59. 您是否对辅导员工作的激励晋升机制很满意？（　　）

A. 是　　B. 否

## 四、辅导员自身的生存发展

60. 您认为高校辅导员岗位（　　）

A. 经过基本的培训，人人都能做，干几年再换人，常变常新

B. 辅导员工作内容和特点决定了很少有人愿意一直从事这个工作，即使收入很高

C. 有必要学习国外经验，向岗位职责细分、专业化方向发展

61. 您是否因为日常工作繁多而没有时间进行专业提升？（　　）

A. 是　　B. 否

62. 您认为在辅导员这一岗位上自己的才能是否能够得到发挥？（　　）

A. 充分发挥　　B. 未充分发挥　　C. 没有发挥

63. 您认为辅导员专业化中急需改进的是（　　）（可多选）

A. 学校领导的重视　　B. 工资待遇的提高　　C. 晋升通道的多元化

D. 职称评定的多元化　　E. 明确清晰的职责定位　　F. 增加培训、进修的机会

G. 提供专业支撑，搭建科研平台　　H. 形成校内校外各岗位人才互动

64. 您在辅导员工作中有短期或者长期的工作目标吗？（　　）

A. 有　　B. 无

65. 您在辅导员工作中最大的压力是什么？（　　）

A. 跟学生的代沟　　B. 晋升困难　　C. 能力不足　　D. 其他

66. 您从事辅导员工作遇到的困惑主要来自哪些方面？（　　）（可多选）

A. 个人职业生涯与晋升不明　　B. 职称评定困难　　C. 工作压力大

D. 得不到学校和领导的重视　　E. 职责不明确、事务性工作比重大

F. 工资待遇不高　　G. 队伍流动性大，没有职业归属感

H. 已出现职业倦怠　　I. 专业化培训、进修机会少

## 五、开放性问题

1. 请您谈一下您是怎么进入高校辅导员这个工作岗位的。

2. 请您谈一下现在的辅导员工作和您以前想象中的一样吗。

3. 请您谈一下您现在带的青年大学生有什么特点。

4. 请您谈一下您学校对辅导员工作的职责是怎样规定的。

5. 请您谈一下自己未来的发展方向。

6. 请您谈一下您是否想过离开辅导员这个岗位。

7. 请您谈一下学校和学生对您的期望。

8. 请您谈一下辅导员对青年大学生的成长和成才重要吗。

9. 请您谈一下您目前工作中哪些方面比较重要。

10. 请您谈一下自己在日常工作中的得和失。

11. 请您谈一下您和青年大学生的关系如何。

12. 请您谈一下目前工作遇到的最大的困难是什么。

13. 请您谈一下您在参加工作前有高校辅导员兼职的经历吗。
14. 请您谈一下辅导员的工作性质是什么。
15. 请您谈一下辅导员应该具备哪些最基本的素质。
16. 请您谈一下您日常工作在哪些事情上用的时间较多。
17. 请您谈一下自己日常工作中哪方面做得比较好,又有哪方面做得不好。
18. 请您谈一下您喜欢辅导员这个工作吗。
19. 请您谈一下你们学校现行辅导员管理体制上存在什么问题,对辅导员队伍的建设和发展有哪些影响。
20. 请您谈一下您认为你自己是否存在职业倦怠现象,应该怎么样去应对。
21. 请您谈一下目前您学校有关辅导员的管理制度。
22. 请您谈一下您认为高校辅导员素质能力如何。
23. 请您谈一下对进一步提高辅导员素质能力有何建议。

## 第二节 高校辅导员队伍素质能力调查问卷分析

调查问卷分析是问卷调查研究成果的一种表现形式。它是通过文字、图标等形式将调查的结果表现出来,以使人们对所调查的问题有一个全面系统的了解和认识。它是调查活动的综合体现,是调查成果的集中表现,是调查与分析成果的有形产品。通过问卷调查分析,透过数据现象分析数据之间隐含的关系,使我们对事物的认识能从感性认识上升到理性认识,从而更好地指导实践活动。

为了更好地掌握高校辅导员队伍素质能力,本次问卷调查选取的调查对象为 5 个省份 25 所高校的在职和离职的辅导员及领导。共计发放调查问卷 969 份,回收 960 份,回收率为 99%,所回收的问卷中有 955 份为有效问卷,现对调查问卷统计分析如下:

### 一、高校辅导员基本情况统计分析

年龄、工作年限、职称以及最终学历等对高校辅导员队伍整体职业素质能力有着直接的影响,对辅导员基本情况进行统计分析,具体如下:

(一)高校辅导员性别及年龄段统计分析

根据调查问卷结果显示,在接受调查的辅导员中,女性工作者人数为 760

人，所占比例为84%，男性工作者人数为145人，所占比例为16%。男女教师性别比例处于严重失衡的状态，学校里缺乏男教师会对学生的发展产生不利的影响。根据调查问卷结果，辅导员年龄段分别为：35岁以下、35～45岁、45岁以上三个年龄段。调查统计结果见表4-4。

表4-4 高校辅导员队伍年龄结构表

| 年龄 | 比例/% |
| --- | --- |
| 35以下 | 81.0 |
| 35～45岁 | 12.7 |
| 45岁以上 | 6.3 |

根据调查问卷结果显示，在被调查的905名辅导员中，35岁以下的辅导员所占比例为81%，35～45岁的辅导员所占比例为12.7%，45岁以上的辅导员所占比例较小，仅为6.3%。可见，随着年龄的增长，辅导员岗位上的人数越来越少，年轻人居多，转岗人员居多。

（二）高校辅导员最后学历和职称统计分析

高校辅导员作为大学生日常事务管理以及思想政治教育的主要承担者，应该能够在学历和专业技术职称上有所体现，因此我们对高校辅导员的最后学历和职称也作了统计分析。调查结果见表4-5。

表4-5 高校辅导员最后学历和职称调查统计表

| | 类别 | 比例/% |
| --- | --- | --- |
| 最后学历 | 本科 | 29.1 |
| | 硕士研究生 | 66.4 |
| | 博士研究生 | 4.5 |
| 职位职称 | 教授 | 0 |
| | 副教授 | 3.2 |
| | 讲师 | 1.0 |
| | 助教 | 14.9 |
| 职级 | 处级及以上 | 3.2 |
| | 副处 | 11.9 |
| | 科级及以下 | 65.9 |

调查问卷结果显示，在接受调查的辅导员当中，在学历结构上，辅导员队伍体现出高学历特征，主要以硕士和本科为主。硕士占66.4%，本科占29.1%，合计达95.5%，博士为4.5%，拥有硕士学历的辅导员已经成为高校辅导员队伍的主力军。由于高学历教育不断扩容，硕士毕业生充足，从多年前高校就明确要求新进辅导员必须达到硕士学历。同时，早期进入学校工作

的老辅导员，也都通过学历进修从专科或本科层次提升至本科或硕士学历。学历的高低必然在一定程度上影响着辅导员素质能力的大小。聘用学历要求越来越高，准入机制越来越完善，对学生和学校的发展是个好兆头。

根据调查问卷结果显示，在职位职称统计信息中，具有教授职称的辅导员占调查人数的0%，具有副教授职称的辅导员占调查人数的3.2%，具有讲师职称的辅导员占调查人数的比例接近1%，具有助教职称的辅导员占调查人数的14.9%；管理系列中，处于处级及以上职位的比例仅为3.2%，副处职位所占的比例为11.9%，科级及以下职位所占比例高达65.9%。职称和职务上，辅导员的级别都比较低，跟整体队伍的年龄和晋升困难都有关系。在高校，辅导员的职称职务往往与其待遇挂钩，职称职务普遍偏低意味着辅导员的薪资福利待遇状况不甚理想，且说明辅导员高层次的职业晋升通道相对狭窄，不利于激发辅导员的工作积极性，对其职业能力提升起到一定的负面作用。

### （三）高校辅导员工作年限和对本职工作的熟悉程度调查结果统计分析

根据调查问卷结果显示（见表4-6），所调查的辅导员中，工作在3年及以下的比例为38.3%，工作4～5年的比例为35.8%，工作6～10年的仅占总数的25.9%，工作10年以上人数为0。由以上数据可以看出，高达74.1%的辅导员工作年限在5年及以下，辅导员的工作年限普遍偏低，辅导员岗位流动性较大。

调查问卷结果显示（见表4-6），对辅导员本职工作非常熟悉的占比为36.7%，熟悉的占比为18.2%，比较熟悉的占比为28.6%，不熟悉的占比为16.5%。说明辅导员工作难易程度适中，可较快熟悉起来。

表4-6 高校辅导员工作年限和对工作熟悉程度的统计结果

|  | 类别 | 比例 / % |
|---|---|---|
| 工作年限 | 3年及其以下 | 38.3 |
|  | 4～5年 | 35.8 |
|  | 6～10年 | 25.9 |
|  | 10年以上 | 0 |
| 熟悉程度 | 非常熟悉 | 36.7 |
|  | 熟悉 | 18.2 |
|  | 比较熟悉 | 28.6 |
|  | 不熟悉 | 16.5 |

## 二、高校辅导员素质能力现状统计分析

首先，我们来了解一下辅导员素质能力的总体情况。将辅导员素质能力分为两个维度来进行考察：一是专业能力，二是关键能力。分别从具备相关领域内的专业知识，掌握沟通的理论与技巧和具有良好的个人修养能力几方面进行分析。评价标准为"完全符合=5""比较符合=4""一般=3""比较不符合=2""完全不符合=1"。符合程度越高，表示辅导员对自身工作能力的认可度越高，即职业能力越强。根据这两种能力的具体内涵，将其所包含的下属能力的分值加总并进行平均值运算，分别得出此两种能力的分值。

根据调查问卷结果显示（见表4-7），本次调查的辅导员素质能力按均值大小排序，依次为专业能力（4.23）和关键能力（4.15）。两者大小都处于4（比较符合）～5（完全符合）之间，说明辅导员素质能力整体水平较高。

表4-7 高校辅导员素质能力总体情况

|  | 极小值 | 极大值 | 均值 | 标准差 | 程度排序 |
| --- | --- | --- | --- | --- | --- |
| 专业能力 | 2.68 | 5.00 | 4.23 | 0.509 | 1 |
| 关键能力 | 2.83 | 5.00 | 4.15 | 0.554 | 2 |

同时，我们又对辅导员的专业能力和关键能力进一步进行频数分析，根据调查问卷结果，辅导员认为自身专业能力"比较符合"和"完全符合"的人群占91.3%（见图4-1），关键能力"比较符合"和"完全符合"的占89.13%（见图4-2），说明绝大部分的辅导员能够较好地胜任工作。

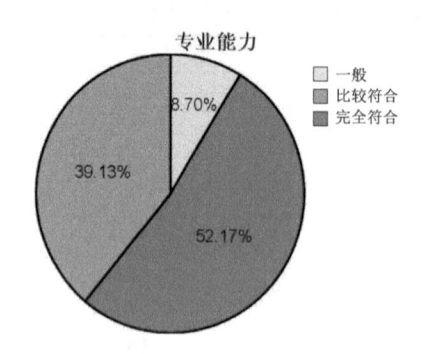

图4-1 专业能力频数分布情况

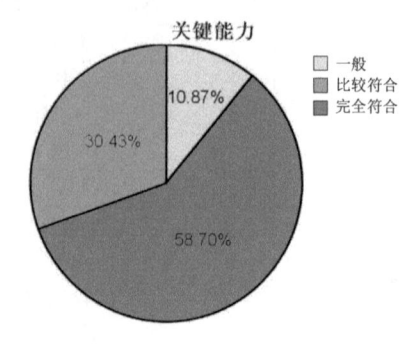

图4-2 关键能力频数分布情况

## （一）专业能力分析

专业能力由大学生思想政治教育能力、党团和班级建设能力、学业指导能力、日常事务管理能力、心理健康教育能力、危机事件应对能力和职业规划与就业指导能力等能力组成，得分为各子项目加总分值的平均数。

调查问卷结果显示（见表4-8），本次调查的辅导员专业能力中各子能力的均值都在4.1～4.6之间，从大至小排序为：日常事务管理能力4.57、党团和班级建设能力4.28、危机事件应对能力4.22、学业指导能力4.17、心理健康教育能力4.15、思想政治教育能力4.13和职业规划与就业指导能力4.12，这表示辅导员专业能力整体水平良好。

表4-8 高校辅导员专业能力调查情况

|  | 均值 | 程度排序 | 完全不符/% | 比较不符/% | 一般/% | 比较符合/% | 完全符合/% |
|---|---|---|---|---|---|---|---|
| 日常事务管理能力 | 4.57 | 1 | 0 | 2.2 | 0 | 32.6 | 65.2 |
| 党团和班级建设能力 | 4.28 | 2 | 0 | 2.2 | 15.2 | 30.4 | 52.2 |
| 危机事件应对能力 | 4.22 | 3 | 0 | 0 | 8.7 | 50.0 | 41.3 |
| 学业指导能力 | 4.17 | 4 | 0 | 0 | 15.2 | 39.1 | 45.7 |
| 心理健康教育能力 | 4.15 | 5 | 0 | 0 | 4.3 | 54.3 | 41.3 |
| 思想政治教育能力 | 4.13 | 6 | 0 | 0 | 10.9 | 54.3 | 34.8 |
| 职业规划与就业指导能力 | 4.12 | 7 | 0 | 2.2 | 19.6 | 47.8 | 30.4 |

同时，我们又对辅导员的专业能力进一步进行频数分析，根据调查问卷结果，各项子能力评价达到"比较符合"和"完全符合"的按高低排序，所占比例依次为：日常事务管理能力97.8%、心理健康教育能力95.6%、危机事件应对能力91.3%、思想政治教育能力89.1%、学业指导能力84.8%、党团和班级建设能力82.6%、职业规划与就业指导能力78.2%。各项能力的强弱存在差异，其中日常事务管理能力和心理健康教育能力较强，而党团和班级建设能力及职业规划与就业指导能力较弱。

1. 思想政治教育能力分析

对大学生进行思想政治教育，是产生辅导员这个职业的初始原因。时至今日，虽然辅导员工作的内容越来越多元化，但在思想政治领域对大学生进行教育引导还是在学生工作中占据着重要地位。

我们进一步对辅导员的思想政治教育能力进行频数分析，结果详见表4-9。辅导员思想政治教育能力在各项能力中处于中等水平，这说明，虽然大家都知道大学生思想政治教育的重要性，但重视程度还不够，相关活动开展的效果有待提高。

我们在调查中专门针对辅导员的思想政治教育能力设计了6道问题，即19～24题。由高至低，各子项目的均值排序题号为：19（4.35）、20（4.26）、21（4.15）、22（4.07）、23（4.04）、24（3.89），具体情况如表4-9所示。

表4-9 高校辅导员思想政治教育能力调查情况

| 题号 | 答题情况 | 均值 | 程度排序 | 完全不符/% | 比较不符/% | 一般/% | 比较符合/% | 完全符合/% |
|---|---|---|---|---|---|---|---|---|
| 19 | 我能通过网络平台对学生关注的时事热点进行有效舆论引导 | 4.35 | 1 | 0 | 2.2 | 6.5 | 45.7 | 45.7 |
| 20 | 我了解学生思想动态，并对其开展及时有效的教育引导 | 4.26 | 2 | 0 | 0 | 8.7 | 56.5 | 34.8 |
| 21 | 我能熟练使用微博、微信等新媒体技术对学生开展思想教育工作 | 4.15 | 3 | 0 | 4.3 | 17.4 | 37.0 | 41.3 |
| 22 | 我关心国家时事政治情况，并做好形式与政策教育工作 | 4.07 | 4 | 0 | 0 | 26.1 | 41.3 | 32.6 |
| 23 | 我了解党和国家对大学生思想政治教育的基本要求 | 4.04 | 5 | 0 | 0 | 30.4 | 34.8 | 34.8 |
| 24 | 我能胜任思想政治教育相关课程的教学工作 | 3.89 | 6 | 0 | 2.2 | 37.0 | 30.4 | 30.4 |

根据调查问卷结果显示，辅导员能够很好地运用新媒体技术和网络平台对大学生开展思想政治教育活动，了解学生思想动态，并对其开展及时有效的教育引导。当前网络技术发达，不少大学生都乐于在微博、微信等平台上发表个人想法，分享生活经历。思想教育是一项全面而深入的工作，辅导员应当紧跟时代步伐，善于利用大学生们喜闻乐见的交流方式关注其生活点滴，结合实际开展新时代中国特色社会主义思想政治教育。如此，才能一改往日"大而空"的论道，使思想教育深入人心。然而，值得注意的是，第23和24题中，选择"一般"及以下程度的辅导员都超过了30%。说明在辅导员队伍中，还有不少人不是十分了解党和国家对大学生思想政治教育的要求，这将严重影响思政教育的方向及效果。同时，开展思想政治教育相关课程是提升大学生思想道德修

养,帮助大学生了解国家和国际形势政策的重要途径。为有效进行大学生思想政治理论教育,辅导员相关课程的胜任能力亟须进一步提升。

2. 党团和班级建设能力分析

党团和班级建设是进行集体主义教育的重要形式。不少大学生离开家乡,外出求学,在大学生活学习的过程中,渴望感受到来自集体的关心与温暖。因此辅导员的党团和班级建设能力成为其专业能力的重要组成部分。

根据调查问卷结果显示(见表4-10),辅导员党团和班级建设能力中各子项目的得分均在4.2以上。结合频数分析,可以发现做得最好的是学生骨干的遴选、培养和激励工作。在实际工作中,辅导员通常负责整个年级学生的教育管理与服务工作,学生人数在100~200人之间。要完成如此大的工作量,只靠辅导员个人及几名班主任的辅助配合是远远不够的。这时,学生干部的培养就产生了重要的作用。通过有效的遴选、激励措施,培养高素质的学生干部,不仅能够辅助辅导员有效开展班级工作,还有利于增强整个班级的凝聚力,为学生们建立一个温馨的大家庭。党团组织建设及党员的培养发展是有效促进大学生思想政治教育的重要途径之一。通过将优秀大学生引进党的队伍,不仅能够为我党的发展增添新鲜血液,还能从另一方面充分发挥学生党员的先锋模范作用,增强基层学生党组织的战斗力。

但是,通过跟踪访谈我们也发现,部分辅导员的党组织建设和党员发展工作流于形式,只在上层党组织进行检查时才突击工作,汇总材料开展党团生活。这部分辅导员需要增强党建意识和工作责任心,提升大学生党团建设能力。

表4-10 高校辅导员党团和班级建设能力调查情况

| 题号 | 答题情况 | 均值 | 程度排序 | 完全不符/% | 比较不符/% | 一般/% | 比较符合/% | 完全符合/% |
|---|---|---|---|---|---|---|---|---|
| 25 | 我能有效开展学生骨干的遴选、培养和激励工作 | 4.37 | 1 | 0 | 2.2 | 4.3 | 47.8 | 45.7 |
| 26 | 我能有效指导学生党支部和班团组织建设 | 4.26 | 2 | 0 | 0 | 21.7 | 30.4 | 47.8 |
| 27 | 我能有效开展学生入党积极分子的培养教育工作 | 4.26 | 2 | 0 | 2.2 | 15.2 | 37.0 | 45.7 |

3. 学业指导能力分析

调查问卷结果显示(见表4-11),辅导员的学业指导能力在专业能力各子项目中处于中等水平。第28至30题的均值得分在4.2以上,选择"比较符合"

及以上程度的所占比例超过78%，说明绝大多数的辅导员注意培训学生的专业认同和学习热情，积极为学生营造良好的学习氛围，并做好学生考研、留学等学习事务的服务工作。而辅导员在大学生的课外科技学术实践活动中的指导能力较为薄弱，均值得分仅为3.8，选择"一般"及以下程度的人数占41.3%，超过2/5。

表 4-11 高校辅导员学业指导能力调查情况

| 题号 | 答题情况 | 均值 | 程度排序 | 完全不符/% | 比较不符/% | 一般/% | 比较符合/% | 完全符合/% |
|---|---|---|---|---|---|---|---|---|
| 28 | 我了解学生所学专业基本情况，注重培养其专业认同和学习热情 | 4.35 | 1 | 0 | 2.2 | 15.2 | 28.3 | 54.3 |
| 29 | 我经常组织开展学风建设，为学生营造浓厚的学习氛围 | 4.30 | 2 | 0 | 0 | 15.2 | 39.1 | 45.7 |
| 30 | 我能为学生考研、出国留学等学习事务做好服务工作 | 4.22 | 2 | 0 | 0 | 21.7 | 34.8 | 43.5 |
| 31 | 我能对学生开展课外科技学术实践活动进行针对性指导 | 3.80 | 4 | 0 | 8.7 | 32.6 | 28.3 | 30.4 |

我们进一步对辅导员的学业指导能力进行均值分析，问卷结果显示（见图4-3）：学业指导能力与辅导员的学历存在必然联系。具有博士学历的辅导员其学业指导能力远远高于具有硕士和本科学历者，均值达到4.6以上。获得博士学历的辅导员拥有更长的学习生涯，对于如何学习积累了更多的经验。同时，其攻读更高学位的做法也体现了这些辅导员对学习的重视。由此可以推断，高学历辅导员通常更加关注对学生的学业进行指导，且指导更加得力。对于学业指导能力有待提高的辅导员们，可以考虑通过进修学习提升学历的方法增强职业能力。

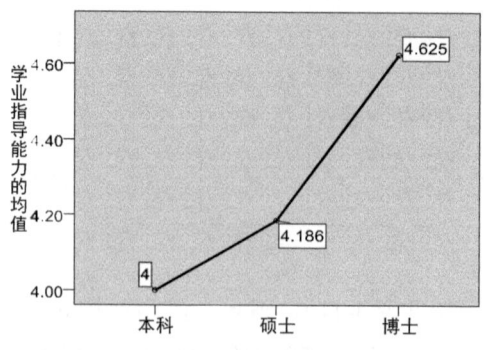

图 4-3 不同学历高校辅导员的学业指导能力调查情况

### 4. 日常事务管理能力分析

学生日常事务的处理是学生工作的基本内容，且其专业性相对较弱。在大量工作实践中，辅导员们大多熟能生巧，锻炼出了较强的日常事务处理能力。

根据调查问卷结果（见表4-12），辅导员的学生日常事务处理能力的各子项目的能力评价得分都接近4.5，整体水平较高。学生日常事务工作繁复杂乱，要做好这些工作，除了耐心，更需要辅导员们具备一定的责任心。其中，不少问题关系着学生的切身利益，辅导员们必须秉着客观公正的态度进行处理。

表4-12 高校辅导员日常事务管理能力调查情况

| 题号 | 答题情况 | 均值 | 程度排序 | 完全不符/% | 比较不符/% | 一般/% | 比较符合/% | 完全符合/% |
|---|---|---|---|---|---|---|---|---|
| 32 | 我能客观公正地开展学生评优评先工作 | 4.67 | 1 | 0 | 2.2 | 0 | 26.1 | 71.7 |
| 33 | 我能做好家庭经济困难学生的资助工作 | 4.59 | 2 | 0 | 2.2 | 4.3 | 26.1 | 67.4 |
| 34 | 我能有效帮助新生熟悉、接纳并适应大学生活 | 4.59 | 2 | 0 | 2.2 | 2.2 | 30.4 | 65.2 |

### 5. 心理健康教育能力分析

我们对辅导员的心理健康教育能力进一步进行频数分析，结果显示（见表4-13）：辅导员的心理健康能力处于各项专业能力中的上游水平。对于学生心理问题的疏导工作，辅导员的评价均值达到4.35，选择"比较符合"及以上程度的人数比例高达95.6%。这是因为，随着高校对大学生心理健康问题的不断重视，高校针对辅导员开设了更多有关如何做好学生心理工作的讲座与培训，帮助辅导员做好大学生心理健康教育工作。

表4-13 高校辅导员心理健康教育能力调查情况

| 题号 | 答题情况 | 均值 | 程度排序 | 完全不符/% | 比较不符/% | 一般/% | 比较符合/% | 完全符合/% |
|---|---|---|---|---|---|---|---|---|
| 35 | 当学生遇到心理问题时，我能开展针对性的教育疏导工作 | 4.35 | 1 | 0 | 0 | 4.3 | 56.5 | 39.1 |
| 36 | 我能有效开展形式多样的学生心理健康教育活动 | 3.96 | 2 | 0 | 0 | 23.9 | 56.5 | 19.6 |

良好的心理素质能够帮助学生更好地适应大学生活。面对日益增长的学业、交友、就业压力等，辅导员需要及时了解学生的心理动态，通过倾听、谈心谈话、开展主题班会、发动同学互助等多种形式帮助问题学生进行心理调

适，走出心理困境。辅导员的心理健康教育活动开展能力的评分为 3.96，应当继续加强。如适当运用讲座、设计宣传板等方式对学生进行心理健康方面的宣传教育，并积极组织学生参加素质拓展等课外文体活动，帮助学生陶冶情操、磨炼意志。

6. 危机事件应对能力分析

大学生们知识丰富，安全意识却稍显薄弱。近期出现的多起女大学生失联事件，令大家悲痛惋惜。哀伤之余，我们更应当加强重视学生的安全教育。

我们进一步对辅导员的危机事件应对能力进行分析，结果显示（见表4-14）：辅导员危机事件应对能力的各项子指标得分分别为4.28和4.15，选择"比较符合"及以上程度的人数分别占89.1%和80.5%，总体水平良好。在处理危机事件时，辅导员应当灵活应对，注意协调事件涉及的相关部门，并切实保护学生的人身财产安全。平时，注意加强学生群体安全知识的普及，并组织各级学生干部学习初步应急常识，建立基层应急队伍，完善危机事件的应急处理措施。

表 4-14 高校辅导员危机事件应对能力调查情况

| 题号 | 答题情况 | 均值 | 程度排序 | 完全不符/% | 比较不符/% | 一般/% | 比较符合/% | 完全符合/% |
|---|---|---|---|---|---|---|---|---|
| 37 | 面对突发事件，我沉着冷静，稳定学生情绪，维护学校安全稳定 | 4.28 | 1 | 0 | 2.2 | 8.7 | 47.8 | 41.3 |
| 38 | 我能有效开展丰富多样的学生安全教育活动 | 4.15 | 2 | 0 | 0 | 19.5 | 45.7 | 34.8 |

我们进一步对辅导员的危机事件应对能力进行均值分析，结果显示，随着年龄的增长，辅导员队伍中40岁以上的人员处理危机事件的能力更强，其均值达到4.5（见图4-4）。随着生活阅历的积累，年长的辅导员通常处事更加稳重，在遭遇危机

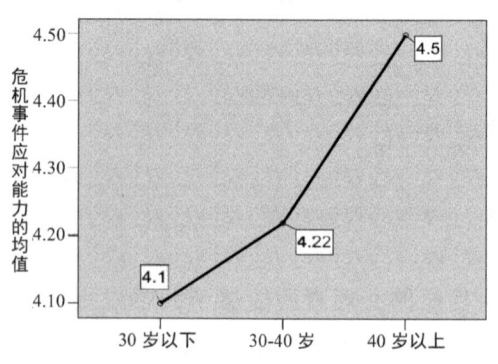

图 4-4 不同年龄高校辅导员危机事件应对能力调查情况

事件时，能够充分根据以往经验迅速反应，把握重点人员和关键节点，有效控制事态的发展。且事件结束后，更加注重组织学生进行反思学习，对深受影响的学生进行必要的心理疏导。年轻辅导员需要多向年长者交流请教，借鉴学习，不断提升危机事件应对能力。

7. 职业规划与就业指导能力分析

高校辅导员的职业规划与就业指导能力是各项专业能力中最为薄弱的一项。通过调查问卷，我们发现，这是由于不少辅导员在毕业后直接从事高校学生工作，社会历练少，职业经验不足，对学生的指导上也就必然缺乏实效性。其中表现突出的是在对学生进行针对性的职业咨询上，均值得分为3.96，选择"一般"及以下程度的占30.5%（见表4-15）。

表4-15 高校辅导员职业规划与就业指导能力调查情况

| 题号 | 答题情况 | 均值 | 程度排序 | 完全不符/% | 比较不符/% | 一般/% | 比较符合/% | 完全符合/% |
|---|---|---|---|---|---|---|---|---|
| 39 | 我能有效帮助学生树立正确的职业观、就业观 | 4.26 | 1 | 0 | 0 | 13.0 | 47.8 | 39.1 |
| 40 | 我能有效开展学生就业指导和信息服务工作 | 4.15 | 2 | 0 | 2.2 | 17.4 | 43.5 | 37.0 |
| 41 | 我为学生提供针对性的职业咨询 | 3.96 | 3 | 0 | 2.2 | 28.3 | 41.3 | 28.3 |

我们又针对不同性别的辅导员进行独立样本的T检验，根据调查结果可以发现：辅导员的职业规划与就业指导能力在性别上存在显著差异，且男性辅导员的均值高于女性。这可能是受到我国的传统文化因素的影响，在当前的家庭分工中，通常男主外、女主内。男性的职业发展诉求要远远高于女性，这要求男性学习更多有关职业规划的知识技能，并为如何找到更好的工作进行充分的准备。因此男性辅导员的职业规划与就业能力强于女性，在对学生进行相关活动的指导过程中也更加得心应手。

（二）关键能力分析

高校辅导员关键能力包括组织协调能力、表达能力、人际交往能力、学习能力、调查研究能力和创新能力。

根据调查问卷结果（见表4-16），可以看出，关键能力中各子项目的均值处于3.8~4.5之间，从大至小依次为：人际交往能力（4.43）、学习能力（4.39）、表达能力（4.17）、组织协调能力（4.07）、创新能力（3.98）和调查研究能力（3.87）频数分析显示，各项子能力评价达到"比较符合"和"完全符合"的按高低排序，所占比例依次为：人际交往能力（97.8%）、学习能力（91.3%）、表达能力（82.7%）、组织协调能力（80.5%）、创新能力（73.9%）、调查研究能力（71.7%）。综上所得，辅导员的人际交往能力和学习能力较强，而创新能力和调查研究能力较弱。

表4-16 高校辅导员关键能力调查情况

| 题号 | 答题情况 | 均值 | 程度排序 | 完全不符/% | 比较不符/% | 一般/% | 比较符合/% | 完全符合/% |
|---|---|---|---|---|---|---|---|---|
| 42 | 人际交往能力：通过和学生、同事进行沟通交流，获得了良好的人际关系 | 4.43 | 1 | 0 | 2.2 | 0 | 50.0 | 47.8 |
| 43 | 学习能力：努力寻找学习机会，获取新的专业知识和能力 | 4.39 | 2 | 0 | 2.2 | 6.5 | 41.3 | 50.0 |
| 44 | 表达能力：即使有难度，我也有信心将自己的想法表达得很到位 | 4.17 | 3 | 0 | 2.2 | 15.2 | 45.7 | 37.0 |
| 45 | 组织协调能力：工作中，我表现出很强的组织策划能力和资源整合能力 | 4.07 | 4 | 0 | 2.2 | 17.4 | 52.2 | 28.3 |
| 46 | 创新能力：大胆尝试新的工作方法，并乐于从中得到满足 | 3.98 | 5 | 0 | 2.2 | 23.9 | 47.8 | 26.1 |
| 47 | 调查研究能力：在实践工作的基础上，我认真开展学生教育管理工作的相关研究，发表论文或承担课题 | 3.87 | 6 | 0 | 8.7 | 19.6 | 47.8 | 23.9 |

## 三、高校辅导员素质能力培养现状分析

高校辅导员素质能力的培养目标在于获得职业能力的提升，以使辅导员胜任工作岗位并获得长期的职业发展。通过对辅导员素质能力的现状分析，可以发现辅导员的专业能力和关键能力的培养效果良好。以下将对辅导员素质能力的培养途径与方法进行着重分析。

辅导员素质能力的提升不是由某个单一因素决定的，而是个体和外在环境相互作用的结果。从内外因相结合的理论出发，本研究对辅导员素质能力的自我培养和学校培养两方面进行调查。按照"完全符合"（5分）、"比较符合"（4分）、"一般"（3分）、"比较不符合"（2分）、"完全不符合"（1分）等五个程度进行评分，分数越高，表示培养措施实施的情况越好，就越有利于促进辅

导员素质能力的提高。根据这两类培养措施的具体内容，求其所包含的子项目加总分数的平均值，分别得出各培养措施的分值。根据调查问卷结果显示（见表4-17），辅导员素质能力培养措施按均值大小排序，依次为自我培养（3.92）和学校培养（3.50），都未达到"比较符合"（4）的程度，说明培养措施的落实情况有待提高。

表4-17 高校辅导员素质能力培养总体情况

|      | 极小值 | 极大值 | 均值 | 标准差 | 程度排序 |
| --- | --- | --- | --- | --- | --- |
| 自我培养 | 2.50 | 5.00 | 3.92 | 0.682 | 1 |
| 学校培养 | 1.67 | 5.00 | 3.50 | 0.821 | 2 |

同时，我们进一步进行频数分析，结果显示，辅导员评定的自我培养措施"比较符合"和"完全符合"的占80.4%（见图4-5），学校培养措施"比较符合"和"完全符合"的占54.4%（见图4-6）。说明绝大部分的辅导员对职业能力培养比较重视，懂得主动提升个人工作水平，而对学校实施的培养举措满意程度一般，认为需要进一步完善。

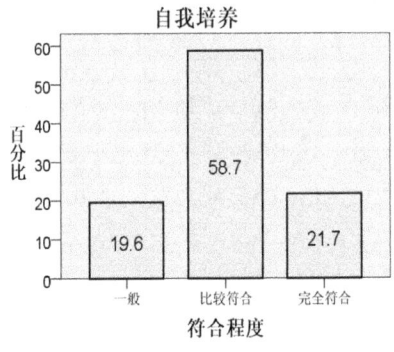

图4-5 自我培养措施的频数分布 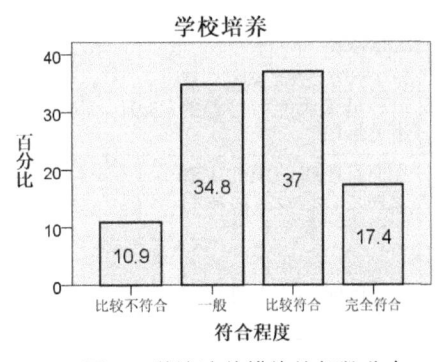　　图4-6 学校培养措施的频数分布

## （一）自我培养能力分析

本研究从认识、情感及行动等几个方面对辅导员自主提升职业能力的措施进行调查。根据调查问卷结果分析显示（见表4-18），在认识层面，均值得分最高的为4.48，且评价为"比较符合"及以上程度的所占比例为94.5%，说明绝大多数辅导员都认识到提升职业能力的必要性。排在第二位的是情感方面，均值得分为4.13，评价为"比较符合"及以上程度的所占比例为80.4%，表明大部分辅导员对学生工作有着深厚的情感，这为辅导员提升职业能力以更好地完成工作任务提供了良好的精神动力。

与认识和情感相比，辅导员增强职业能力的行动就稍显不足，表现在三个方面：一是不够关心国家和学校开展辅导员素质能力培养方面的举措。二是缺乏明确的职业生涯规划。在第52题中选择"一般"及以下程度的辅导员所占比例为43.4%，超过总人数的2/5。三是时间精力不足。第53题的均值得分仅为3.28，选择"一般"及以下程度的所占比例高达56.6%，比总人数的一半还多。

表 4-18 自我培养调查情况

| 题号 | 答题情况 | 均值 | 程度排序 | 完全不符/% | 比较不符/% | 一般/% | 比较符合/% | 完全符合/% |
|---|---|---|---|---|---|---|---|---|
| 48 | 我认为职业能力提升对顺利开展学生工作起到重要的作用 | 4.48 | 1 | 0 | 2.2 | 4.3 | 37.0 | 56.5 |
| 49 | 我热爱学生工作，为作为一名基层辅导员感到自豪 | 4.13 | 2 | 2.2 | 2.2 | 15.2 | 41.3 | 39.1 |
| 50 | 清晰地认识自己工作的不足，并积极采取行动进行改善 | 4.07 | 3 | 0 | 0 | 23.9 | 45.7 | 30.4 |
| 51 | 我关注国家和学校开展辅导员素质能力培养的相关举措 | 3.91 | 4 | 2.2 | 4.3 | 15.2 | 56.5 | 21.7 |
| 52 | 我拥有明确的职业生涯规划，合理设置阶段目标稳步提高 | 3.61 | 5 | 4.3 | 6.5 | 32.6 | 37.0 | 19.6 |
| 53 | 完成日常工作后，我有充足的时间精力进行自我提升 | 3.28 | 6 | 10.9 | 17.4 | 28.3 | 19.6 | 23.9 |

同时，我们又进一步进行差异分析，结果显示，不同任职年限的辅导员在职业能力自我培养中的子项目"认识工作不足，进行改善"和"关注职业能力培养举措"上存在显著差异（见表4-19）。透过均值图（见图4-7），我们能够更加清晰地看到，工作1年以内的辅导员得分最高，工作1～3年的辅导员分数有所回落。随着工作年限的增长，工作4～8年的辅导员得分又有所提高，而工作8年以上的则出现下降。这可能是由于，刚参加工作的年轻辅导员们工作热情，积极性高。在工作熟悉度不够的情况下，希望通过个人努力不断获得进步。因此，在面对工作中的问题和不足时，能够经常反思总结，并通过实际行动改善工作能力，更好地完成工作任务。

同时，为了得到更好的职业发展，也会经常关注国家和学校对辅导员素质能力培养的相关举措，尽可能地充分利用外部环境中的有利因素促进职业成长。而工作 1～3 年的辅导员们处于工作波动期，在了解了学生工作的基本情况后，发现理想与现实存在差距，由此在一定程度上影响了自我提升的积极性。当辅导员获取正确认识之后，又开始客观理性地看待工作，为谋求个人发展而提升职业能力。对于在辅导员工作岗位上服务了 8 年以上的员工而言，职业倦怠情绪和人至中年的生活压力对其产生了负面影响，所以其增强职业能力的步伐又开始放慢。

表 4-19 不同任职年限高校辅导员在自我培养上的差异分析

| 任职年限 | 均值 | 标准差 | $F$ | sig. |
| --- | --- | --- | --- | --- |
| 1 年以内 | 4.93 | 0.642 | 7.639** | 0.000 |
| 1～3 年 | 3.55 | 0.522 | | |
| 4～8 年 | 4.26 | 0.653 | | |
| 8 年以上 | 3.82 | 0.751 | | |

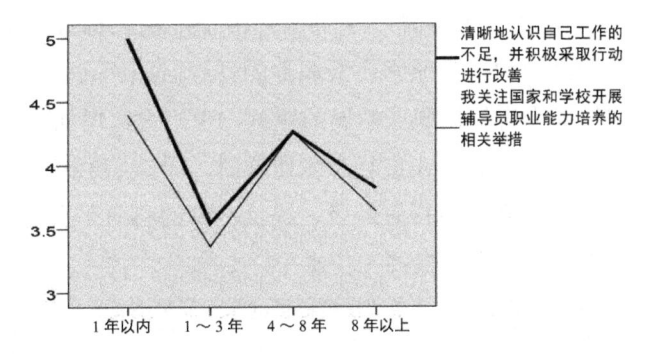

图 4-7 不同任职年限辅导员在自我培养上的调查情况

### （二）学校培养能力分析

学校作为辅导员队伍的"管理者"，理应对辅导员的职业能力培养负责。通过调查，我们发现，学校的培养措施与辅导员的整体期待有所偏差。除了"学校为辅导员制度了明确的岗位职责"一项获得了"比较符合"的评价以外，其他方面的得分都处于 3.5～3.2 之间，认可程度一般。根据频数分析，55 到 59 题中选择"一般"及以下程度的所占比例依次为，56 题 45.6%、55 题 52.2%、57 题 54.4%、59 题 58.7%、58 题 60.9%，均接近甚至超过总人数的一半。说明此部分的培养措施亟待改善。

表 4-20 学校培养调查情况

| 题号 | 答题情况 | 均值 | 程度排序 | 完全不符/% | 比较不符/% | 一般/% | 比较符合/% | 完全符合/% |
|---|---|---|---|---|---|---|---|---|
| 54 | 学校为辅导员制定了明确的岗位职责 | 4.13 | 1 | 0 | 6.5 | 17.4 | 32.6 | 43.5 |
| 55 | 学校为辅导员开展学术研究提供有效支持 | 3.50 | 2 | 2.2 | 13.0 | 37.0 | 28.3 | 19.6 |
| 56 | 学校提供职业培训，内容丰富，效果良好 | 3.50 | 3 | 2.2 | 13.0 | 30.4 | 41.3 | 13.0 |
| 57 | 辅导员工作考评科学合理 | 3.33 | 4 | 8.7 | 10.9 | 34.8 | 30.4 | 15.2 |
| 58 | 学校为辅导员进行学位攻读和业务进修提供良好的政策保障 | 3.33 | 5 | 2.2 | 15.2 | 43.5 | 26.1 | 13.0 |
| 59 | 我对辅导员工作的激励晋升机制很满意 | 3.22 | 6 | 8.7 | 15.2 | 34.8 | 28.3 | 13.0 |

同时，调查问卷结果分析显示（见表 4-21），不同职称的辅导员对于"学校为辅导员开展学术研究提供有效支持"选项的评价存在显著差异。其中，获评中级职称者均值最低，为 3.14。两两比较后，发现中级与副高职称者的均值差为 1.57（0.012）存在显著差异。这可能是由于中级职称者的下一个职业目标就是争取获评副高职称，而通常高级职称的评选名额相对较少，对获评人员的要求更高，这便成为讲师们职业发展的瓶颈，也给大家增加了不少压力。

因此，中级职称的辅导员在进行学术研究时，希望能够从学校获得更多的支持与帮助，例如给予充足的科研经费、提供良好的科研平台等，从而提升学生工作方面的调查研究能力，提高工作水平。

表 4-21 不同职称高校辅导员在"学校提供的学术研究支持"上的差异分析

| 职称 | 均值 | 标准差 | $F$ | sig. |
|---|---|---|---|---|
| 未定级 | 4.20 | 0.837 | 2.686* | 0.045 |
| 初级 | 3.60 | 0.910 | | |
| 中级 | 3.14 | 1.062 | | |
| 副高 | 4.71 | 0.635 | | |
| 其他 | 3.33 | 0.577 | | |

注：* $p<0$

## 四、高校辅导员未来职业发展统计分析

本节主要从高校辅导员工作满意度、薪酬体系满意度、未来职业发展倾向、组织承诺满意度进行数据分析。

## （一）工作满意度分析

工作满意度分析是辅导员未来职业发展统计分析基础分析项目，根据调查问卷结果（见表4-22），通过对高校辅导员的调查和走访，这些高校辅导员大部分对自身工作和生活满意度不高，占中等偏下水平，具体如表4-22所示。

表4-22 工作满意度汇总表

| 序号 | 内容 | 强 | 较强 | 一般 | 较弱 | 弱 | 平均值 | 标准差 |
|---|---|---|---|---|---|---|---|---|
| 1 | 总体工作 | 28.25% | 11.01% | 6.41% | 47.82% | 6.51% | 3.82 | 0.84 |
| 2 | 总体生活 | 25.47% | 14.53% | 7.36% | 44.46% | 8.16% | 3.64 | 1.04 |

根据调查问卷结果（见表4-23），高校辅导员工作满意度中的挑战性因素得分最高，其次是工作胜任度，低于平均值的是职责匹配度。通过工作满意度汇总表可以看出，近54%的被访辅导员就工作挑战性持满意或比较满意的态度，也有接近20%的人是中立态度，有近27%的人满意度曲线在平均值下游。持有不太满意以下态度的辅导员认为自身工作职责界限不清，没有明确的工作任务和分工，使他们忙于处理各种学生管理事务，包括学习上的、生活上的，堪称学生的保姆。这造成他们就自身职业认可度不高，工作岗位上不容易获得满足感，容易产生职业倦怠，严重影响高校辅导员队伍的稳定性。

表4-23 工作满意度汇总表

| 序号 | 内容 | 强 | 较强 | 一般 | 较弱 | 弱 | 平均值 | 标准差 |
|---|---|---|---|---|---|---|---|---|
| 1 | 工作挑战性 | 9.76% | 43.90% | 19.51% | 19.51% | 7.32% | 3.29 | 1.11 |
| 2 | 工作胜任度 | 10.3% | 41.46% | 13.41% | 25.61% | 9.15% | 3.18 | 1.19 |
| 3 | 职责匹配度 | 9.76% | 34.15% | 4.88% | 30.49% | 20.73% | 3.18 | 1.19 |

## （二）薪酬体系满意度分析

薪酬是员工工作满意度的重要考量，在调查高校辅导员工作满意度时，也将其列为重要维度来设计调查，包含了薪酬高低、晋升和福利水平等因素，满意度见表4-24。

表4-24 薪酬体系满意度汇总表

| 序号 | 内容 | 强 | 较强 | 一般 | 较弱 | 弱 | 平均值 | 标准差 |
|---|---|---|---|---|---|---|---|---|
| 1 | 薪酬水平 | 12.83% | 32.9% | 6.15% | 24.97% | 23.15% | 2.86 | 1.41 |
| 2 | 薪酬晋升 | 10.35% | 33.56% | 5.5% | 32.33% | 18.26% | 2.84 | 1.33 |
| 3 | 福利水平 | 9.75% | 34.16% | 4.86% | 30.54% | 20.7% | 2.81 | 1.37 |

根据调查问卷结果，高校辅导员中有近半数（48%）的人对现有薪酬水平

满意度低于平均值。在走访座谈部分辅导员的基础上分析得出，有很多辅导员认为他们的工资水平不高，与实际工作量不成正比，低于自己预期水平。这也严重影响高校辅导员队伍稳定性。

对辅导员考核评价体系的调查分析发现，合理有效的考核机制和评价体系，能满足一个人的尊重需求和自我实现的需求。因此，辅导员工作中一个好的考核和评价体系是十分必要的。然而，对辅导员考核评价体系的调查问卷结果显示，认为所在学校现行的辅导员考核评价机制公平公正，能起到较好激励作用的比例仅为17.6％；认为基本公正，但没有多少激励作用的比例为52.8％；同时有29.6％的人认为辅导员的考核评价体系只是形式，没有起到任何激励作用。这一数据说明，目前高校对辅导员岗位的考核评价体系仍存在诸多问题，不能正确合理地对辅导员的工作予以评价，不能够起到相应的激励作用，这不利于辅导员队伍的稳定，同时也对辅导员队伍的专业化建设造成障碍。

全面有效的奖励措施是促使一个人努力工作的动力，是每个工作岗位上都必不可少的一部分。因此，高校应制定相应的奖励措施并及时兑现。在调查最期望得到的奖励方式是什么时发现，大多数辅导员希望得到的奖励是推荐深造，其次是物质奖励和职务提拔。这一数据为辅导员岗位激励政策的制定提供了依据，有利于激励辅导员长久稳定地工作下去，是辅导员队伍专业化建设的保证。

### （三）未来职业发展倾向的调查分析

调查辅导员对目前从事工作有何打算也是辅导员未来职业发展倾向调查分析的重要指标。根据调查问卷结果显示，选择愿意继续干下去的比例为31.7％，选择一有机会就转岗或转行的比例为56.2％，转岗主要倾向于学校的党政管理干部和专业课老师。这一数据说明，目前辅导员对自己的工作岗位还是有一定热情的，但是一部分人已经有了转行的打算，因此，必须采取相应的措施稳固辅导员队伍。

在调查是否人人可以从事辅导员岗位时发现，选择经过基本培训人人都能做的比例为22.5％，选择辅导员的工作性质决定了较少有人愿意一直从事该工作的比例为31.7％，选择有必要学习国外经验，向专业化方向发展的比例为45.8％。这一数据说明，很多人已经认识到了辅导员专业化发展的必要性，但是仍然有部分人因工作内容繁重等原因不愿意继续留在辅导员岗位。在调查你认为辅导员专业化中亟须改进的是什么时发现，大多数辅导员选择的是与自身未来持续发展相关的工资待遇、晋升渠道和培训进修机会等，这说明辅导员还是希望在自身能力得到提升的保障下，能够更好地工作，在辅导员岗位上得到长足的发展。

### （四）组织承诺满意度分析

在开展高校辅导员工作满意度和组织承诺因素考量中，因为有相同的影响因素，在开展组织承诺满意度分析中，只从持续承诺、规范承诺和情感承诺三个维度进行细化分析，汇总结果见表4-25。

表4-25 组织承诺满意度汇总表

| 序号 | 内容 | 满意 | 比较满意 | 不清楚 | 不太满意 | 不满意 | 平均值意 | 标准差 |
|---|---|---|---|---|---|---|---|---|
| 1 | 持续承诺 | 6.15% | 33.49% | 25.61% | 20.7% | 4.05% | 2.98 | 1.15 |
| 2 | 规范承诺 | 9.16% | 32.92% | 23.15% | 17.10% | 17.67% | 3.0 | 1.24 |
| 3 | 情感承诺 | 13.4% | 44.52% | 13.4% | 20.7% | 8% | 3.34 | 1.46 |

持续承诺：根据调查问卷结果显示，参加调查的辅导员中近40%的人对持续承诺满意度高，中立的占比近26%，低于水平观点的辅导员约占35%。分析原因主要包含以下两个方面：一是高校辅导员的工作繁忙，地位偏低，而且工资福利等薪酬体系不完善，还处于较低水平，制约了员工持续承诺满意度。二是高校辅导员在考量离职成本时，自身所获得的收益低于工作压力，离职成本低，导致高校辅导员队伍的稳定性较低。

规范承诺：简单的理解就是员工愿意留在组织工作是因为员工对组织有责任感，认为自己获得较多，达到了自身需求，不应该离开组织。根据调查问卷结果，高校辅导员有42%的人对规范承诺持较高的认可度，持较低或低观点的约占35%。影响高校辅导员规范承诺满意度的核心因素有两个：第一，职业的使命感和责任感不高，不能获得深层次上的职业认同感和愉悦感；第二，高校辅导员作为最基层的人员，忙于从事琐碎工作，没有更多机会参与学校决策，不能更好地体现自身价值，容易产生职业倦怠。

情感承诺：情感承诺在此次调查中得分最高，情感承诺其实可以简单地理解为员工对组织的认同感和忠诚度。根据调查问卷结果显示，对情感承诺水平持满意态度的约58%，持中等观点的有13%，低于平均满意度的占比28.66%。他们觉得在高校中工作相对较轻松，工作氛围也不错，没有那么多拘束，领导和同事关系也相对融洽，和学生相处能够以朋友身份来管理他们。而高校辅导员也由于工作性质原因，日渐趋于年轻化，学校和辅导员有着相同的发展潜力。作为高校管理层，要充分把握这个有利条件，加大对辅导员的培训投入，做好感情留人，为自身发展奠定基础。

## 第三节 高校辅导员队伍建设存在的主要问题

近些年，辅导员队伍取得了长足的发展，但建设中还存在如认识不足、政策落实不到位、队伍整体水平不高的现象，制约着辅导员队伍的发展。

### 一、人员流动较大，队伍稳定性差

辅导员队伍的思想不稳定、结构欠合理、队伍年轻化这些都是导致辅导员队伍稳定性差的直接原因，而辅导员队伍建设缺乏连续、独立的专业发展标准，缺乏完善的管理体制和健全的考评与激励机制，高校对辅导员队伍建设工作的重视程度不够，辅导员的社会认同度较低等也都是导致辅导员队伍稳定性差的根本原因。

尽管长期以来各方面不断探索和努力，但离全面专业化的目标还有一段距离，与真正实现专业化的要求相比还存在较大差距。

#### （一）思想不稳定，队伍稳定性差

在各高校现有政治辅导员队伍中，有相当一部分同志，特别是中青年政治辅导员，对从事思想政治工作和学生工作缺乏应有的热情和坚实的思想基础，缺乏相应的系统理论与认识，服从组织的多，心甘情愿的少，借作跳板的多，长期安心工作的少。近几年由于高等教育改革的不断深化以及高校竞争机制的引入，辅导员担心从事政治辅导员工作影响自己以后的发展，思想压力大，有后顾之忧，于是相当一部分人准备转行从事教学、行政等工作。一批年龄小的则报考研究生、公务员、律师、会计师等，准备走转行的路子。因此，这些年来学校补充年轻的硕士、博士研究生辅导员越来越困难，也造成辅导员队伍的不稳定，直接影响了辅导员工作水平的提高。近几年来，在选留专职辅导员的过程中，还存在一些"畅销"专业的毕业生不愿意留校从事辅导员工作的现象，从而使挑选专职辅导员的面相对窄了许多，有的院系甚至没能留到辅导员，这是值得我们深思和研究的问题。

## （二）结构欠合理，队伍稳定性差

由于高校扩招，学生人数激增，现有辅导员人数已经不能满足思想政治教育的需要，而受到编制的限制，各高校都不可能给予专职辅导员足够的编制，所以高校大多采取聘用兼职辅导员的方式来解决这个矛盾。但如果整体队伍中兼职人员的比例过大，就会影响辅导员工作的整体水平。在这些兼职辅导员中，一部分是返聘的离退休老教师，他们有丰富的学生工作经验，但年龄偏大，精力、体力有限，不适宜长期从事辅导员工作；一部分是由优秀的中青年教师兼任，他们工龄相对刚毕业的大学生较长，工作经验也相对丰富，责任心较强，既有灵活性又有原则性，但由于他们还要从事教学工作，很难全身心投入到辅导员工作中；一部分是刚刚走出大学校门的年轻人，他们充满活力与朝气，易于和学生建立良好的沟通，能当大学生的"益友"，但是人生经历和工作经验的缺乏使他们有时工作起来不能得心应手，很难做学生的"良师"。我们要明确辅导员不仅仅是和学生打成一片就行，更重要的是要对他们的学习乃至人生发展方向给予指导。没有形成合理的老中青结合的辅导员队伍结构，不利于思想政治工作的开展。所以辅导员的年龄结构问题也是需要我们给予充分关注的。

调查显示，高校大多数辅导员都缺乏相关的专业背景和专业训练。高校的辅导员队伍中来源于"思政""管理""教育"专业的人很少，社会学、心理学等学科方面的更是欠缺，尤其是专业性比较强的单科性院校。而且辅导员多是毕业于本校，人员来源单一，甚至"近亲繁殖"，很难形成学科上的交融，思维上的互补。从事管理的不懂管理学，从事教育的不懂教育学，整个队伍在教育管理上缺乏活力，没有创新，不可能适应新世纪对辅导员队伍的要求。

## （三）队伍年轻化，队伍稳定性差

调查显示，辅导员年龄在30岁以下的比例高达48%，辅导员年轻化是导致辅导员流动性快的根本原因，几乎所有高校都存在这个问题。因此，目前高校专职辅导员队伍不稳定，已日益成为高校学生工作队伍建设的难题，并成为影响学生教育管理工作质量的重要因素。虽然每年学校花费巨大的精力从事新进辅导员招聘、培训工作，以及大量的岗前培训、专业技能培训等，但由于队伍年轻化，想法多，很多辅导员都无法在辅导员的岗位上有长远的职业发展规划，工作几年以后就另谋出路，离开辅导员的岗位。许多辅导员在学校规定的工作年限以后，便通过考研、考博离开学校或者转聘到其他岗位上去发展。辅导员作为临时职业或跳板的这种观念在高校教师、想进高校就业的学生头脑中已经根深蒂固。这种短期化的现象，加大了辅导员队伍的流动性和不稳定性，使学校和个人把辅导员工作作为一种过渡性工作，有机会就离开。往往刚刚熟悉工作成为辅导员队伍中的骨干，也就意味着其将要离开辅导员岗位。

辅导员工作是一个连续而系统的工作，思想理论教育、学风培养以及党团支部建设和班级管理等这些工作都是循序渐进的，与学生的感情也是逐步培养的。辅导员应有对学生了解、深入的过程。一个辅导员管理300人甚至500人，负责一个年级或者两个年级，单单从认识到熟悉每位同学都要花很长的时间。频繁地更替辅导员也会让学生很难接受新辅导员，总会与第一个辅导员作比较，新辅导员的工作难以得到学生们的支持和认可，久而久之，也会打消辅导员的积极性。如果辅导员队伍不稳定，会使相关工作面临着重新开始的困境，直接影响思想政治教育的效率和效果，间接影响学生的成长成才教育。一支稳定的辅导员队伍，可以保证辅导员工作真正实现职业化。

（四）缺乏连续、独立的专业发展标准

高校教师中只有辅导员有"出口"这一说法，就是辅导员在工作一段时间以后，都要经由这个"出口"转到其他岗位，使得辅导员岗位成为一个临时性"工种"，实行短期化的用人政策。没有专业的发展标准，转岗就是必然，这是辅导员队伍缺乏稳定性的根本原因。而解决不好辅导员的"出口"问题更加剧了辅导员队伍的不稳定性。由于高校不能给辅导员的出路问题提供有效的政策保障，辅导员缺乏对本职工作的事业心，工作劲头不足，对工作开拓不够、创新不够，既不能对大学生进行深入细致的思想政治教育，也不能潜下心来深入研究问题，导致整个队伍不能持续稳定地发展。

（五）缺乏完善的管理体制和健全的考评与激励机制

辅导员的管理体制不完善，辅导员成为"杂牌军"，人事处、学生处、团委、系党团总支等都是辅导员的领导部门，使辅导员处于多人用、少人管的状态，在组织上无归属感，缺乏凝聚力和向心力，思想归属不够稳定。

在辅导员的考评方面，由于高校针对辅导员没有独立的专业考评标准，因此辅导员的职称评定只能依附专业教师系列。而专业教师系列的考评标准是根据专业教师而非辅导员的职业特点来制定的，考评标准和辅导员的工作内容不是同一范畴，这样就加速辅导员从认识上、专业上脱离了该岗位。辅导员队伍激励机制方面存在的问题主要表现在：首先，激励力度较小。对辅导员的奖励额度低，对辅导员的影响范围小，很难吸引辅导员进而调动他们的工作积极性。其次，激励效力的广度发挥不够。对激励政策的宣传教育不够，没有将激励措施和职位晋升等实质性问题直接挂钩，不仅降低了辅导员的获奖欲望，而且难以营造良性竞争的工作氛围，难以推动辅导员队伍的可持续发展。

### （六）高校对辅导员队伍建设工作的重视程度不够

一些高校对辅导员队伍建设工作的重要性仍然没有充分的认识，没有从理性的层面和战略的高度理解辅导员队伍建设工作的"生命线地位"，有的高校的辅导员队伍建设工作仍然处在"说起来重要，忙起来不要的状态"；加之，高校之间的竞争日趋激烈，教学、科研和后勤工作千头万绪，使高校领导无暇顾及辅导员队伍建设工作，把工作的重心放在抓有形的硬件建设、竞争指标和形象工程上，从而忽视了辅导员队伍建设工作。进而使辅导员感到自己的工作得不到应有的肯定及重视，在思想稳定及工作价值取向方面出现了偏差，导致辅导员队伍人员流失和队伍不稳定。

### （七）辅导员的社会认同度较低

由于对辅导员工作特性的不了解，有些人对辅导员工作的认知存在误区，认为辅导员不需要具备任何专业技能，只有什么都干不了的人才做。还有一些人认为辅导员知识水平低，由此轻视辅导员及其工作，这严重影响辅导员对本职工作的热爱和追求，打击辅导员的工作积极性。因此辅导员的成长环境有待提高，积极性及激情需进一步激发。由于辅导员尴尬的"双重身份"，即辅导员的"教师"身份和"行政人员"身份，使得大部分辅导员在实际工作中处于学校管理结构的最底层，严重缺乏职业归属感和成就感。这些问题都严重阻碍着辅导员队伍稳定性的建设。

统计结果可以看出，认为学校领导比较重视，在学校中同管理、教学、科研人员地位大致相同的占总数的16.0%；认为在学校没有地位和有机会就跳槽的占总数的46.0%；而认为能够接受所处地位的占总数的38.0%。因此，从总体上看，辅导员队伍的地位还有待提高，队伍稳定性的问题也要引起相关部门的关注。

## 二、专业能力不足，日常工作效果不理想

辅导员的专业能力包括九大项，涉及方方面面，纷繁复杂，要经过长时间专业的培训，才能具备良好的专业能力。但目前辅导员的经历都集中在处理日常工作上，分身乏术，导致专业能力不足，日常工作效果不理想。

### （一）高校辅导员队伍岗位的非专业化思想意识浓厚

由于历史和现实的原因，人们对于思想政治教育工作的重要性和必要性认识不足，说起来都认为思想政治教育工作很重要，但实际做起来往往放在退而求其次的位置，甚至当多项工作发生冲突和矛盾的时候更觉得是可以忽略和舍弃的对象。这样的现象普遍存在，直接影响着人们对于高校辅导员这支思想政治教育工作队伍的认识和评价。在大多数人的心目中，对高校辅导员的理解和认识还过于狭窄，认为其最多只能算得上是一种工作岗位，并且还是临时性、周转性的工作岗位，并非一种专门的职业，认为其可替代性很强。调查显示，近一半的辅导员没有感受到职业的社会认同。高校辅导员还没有完全得到社会、学生以及家长的全面认可，大家对于高校辅导员工作的专业性尚未达成共识。这种思维定式使得高校辅导员工作得不到充分的肯定和支持，时常处于尴尬的境地，缺少岗位认同感，从而影响了广大辅导员的工作积极性，有的辅导员还会因此迷失工作方向，变得盲目和随意，甚至对大学生思想政治教育工作的重要性和自身价值产生怀疑，没有将此工作作为终身职业，难以满足新形势对高校辅导员队伍专业化工作的要求。

### （二）高校辅导员队伍来源的非专业化问题突出

作为专门从事大学生思想政治教育和管理工作的队伍，高校辅导员需要对学生进行思想政治教育和心理教育，需要管理学生行为规范，需要指导党团组织建设、班级建设、学生组织活动等工作。一些高校把人事改革中分流的低学历、低技能人员安排进入辅导员队伍，还有一些高校安排引进人才家属和政策性安置的部分人员担任辅导员。另外，即使招聘进来的辅导员也是什么专业都有，并不是思政教育相关专业。这些非科班出身的辅导员占整个辅导员队伍的比例较高，这是在当前国内高校中十分普遍的现象。高校辅导员队伍来源的非专业化，决定了高校辅导员开展工作多是凭着一腔热情和老辅导员的"传帮带"来进行。同时，这部分高校辅导员往往缺乏必要的敬业精神，工作的主动

性、创造性不强，基本处于被动应付的局面，服从组织安排做工作的多，心甘情愿干事业的少，将辅导员岗位作为跳板的多，安心长期工作的少。辅导员队伍的流动性大，严重影响到学生工作的连续性、稳定性和系统性。

### （三）高校辅导员队伍知识体系的非专业化严重

根据教育部有关文件要求，高校辅导员的选聘，应当具备思想政治教育学、教育管理学、心理学等与工作相关的专业学科知识。但事实上，高校辅导员当中只有为数不多的一些人具备了相关专业理论和实践技能。尽管这些高校辅导员当中也有具有硕士、博士等高学位的人，但是严格地从专业学科背景来讲，真正符合专业知识条件的辅导员却屈指可数。据调研数据显示，当前辅导员中研究生及以上学历的占70%左右，但具有思想政治教育专业背景的不足30%。绝大多数专职辅导员都是应聘后经过短期的上岗培训就加入了辅导员队伍，入职后又未继续接受全面系统的在岗培训，知识结构较为单一。这样一来，在辅导员日常工作中，往往会出现知识与技能的非专业化瓶颈，使得辅导员难以有效地处理各种情况，也难以科学地解决各种问题。知识结构的失衡和知识素养的缺失严重影响了高校辅导员工作的科学性和有效性，影响了高校辅导员队伍专业化建设的进程。

### （四）高校辅导员队伍工作职责的非专业化显著

高校辅导员工作职责主要包括两个方面：一是思想政治教育，二是学生日常管理，而前者是主要方面。但在实际工作中，辅导员的核心工作——思想政治教育并没有随着队伍的扩大而加强，反而有弱化的倾向。近年来，随着高校扩招，在校学生规模急剧扩增，辅导员需要从事的学生日常管理工作也相应增加，但凡与学生有关的工作最后都会落到辅导员的身上，高校各个部门、各院系也都可以向辅导员安排、摊派工作任务。学校未能理顺辅导员与各个职能部门之间的工作关系，也未能明确辅导员与学校各职能部门的职责划分，从而导致高校辅导员出现这种在职责分工上与其他部门或他人"错位""越位"的现象，使得辅导员整天忙于烦琐的事务性工作，没有充裕的时间和精力有的放矢地开展角色定位下的专业化工作。这样一来，学生的思想政治教育工作做得不到位，辅导员自身也不能很好地进行学习和提高，大大制约了高校辅导员队伍专业化建设的发展。

### (五)高校辅导员队伍核心能力基础薄弱

如今各高校辅导员的选聘还存在一种现象,首先,高校辅导员录取标准按照各校要求定制,筛选标准不透明、不统一。这种欠缺的录取机制使得部分高校辅导员的核心能力水平大打折扣。其次,高校辅导员对应聘者的职业素质要求是比较高的,需具备教育学、心理学、社会学等多个学科的知识和技能。而如今部分高校在选择高校辅导员时往往以学历门槛作为选择的硬性条件,部分被录取的辅导员的教育学习背景通常比较缺乏,对高校教育事业知之甚少,专业基础相当薄弱。加之平时辅导员由于工作任务压力大,常常忽视对政治理论的研究和学习,不能有效地使用理论对学生进行引导,在学生中的影响力和说服力必然降低了一个等级,这势必影响日后的教育工作质量。最后,高校辅导员入职前通常能力发展不全面,对学生工作的认识不到位,而入职后受限于繁重的工作压力,能力提升的空间又有限,使得高校辅导员的能力发展始终处于初始状态甚至出现倒退的趋势,更不用说核心能力的建设与提高。部分高校辅导员任职后,思想固化于教职工作,再加上学校院系的培训管理工作本身不到位,不能为高校辅导员进修提升提供良好的平台,使得高校辅导员的核心能力发展倦怠。高校辅导员的职业能力的建设要从教育的目的性为根本出发点,强调对学生的科学管理和热情服务意识,最终达到全面提升职业能力的目的。但就目前来看,高校辅导员核心能力结构单一,发展极其不均衡,综合培训力度不到位,辅导员核心能力提升刻不容缓。

### (六)高校辅导员队伍学术研究流于表面

首先,辅导员要负责很多事务管理工作,如学生贷款、奖学金评定、学风建设、科技活动、心理辅导、就业指导等,每一个工作都体现着辅导员服务育人、管理育人的理念,随着工作量的不断增加,辅导员工作教育空间也在不断延伸。辅导员工作多以日常教育管理为主,这就导致了辅导员学习研究的兴趣不浓,工作很忙没有时间学习。同时,辅导员在工作中重经验、重实务,忽视理论学习和科学研究,也导致思想政治工作的理论研究明显滞后于工作实践的需要。好的实践工作经验不能及时得到总结推广,在很大程度上制约了辅导员的学术研究。其次,教育部、市教委的课题较难申请,需要有职位较高、学术能力强的领导牵头,即便申请上也很难涉及基层的辅导员,这使得辅导员没有信心申请科研项目。长此以往,形成恶性循环,辅导员没有机会申请,也无法回到他们自己原来的专业发展，与直接留校做科研的教师差距一步步增大，转为专业教师的机会越来越渺小。最后，学校对辅导员科研方面没有系统的规划与指导，单单靠辅导员单打独斗，辅导员队伍难以形成思想政治理论研究的梯队。很多高校对辅导员科研不重视，科研学术氛围不浓厚，资金投入较少，相应的奖励和支持政策还没有建立或完善。高校为辅导员提供的对外交流的机会很少。访谈中，一位辅导员很郁闷地说，工作6年了，从来没遇到走出校园交流学习的机会，感觉自己像井底之蛙，思路也越来越狭窄，每次与同事交流讨论问题时，感觉大家都是老生常谈，没有新的思路。

### 三、职业素质不足，生涯规划意识较淡薄

辅导员行业虽然职位不高，但职业素质要求却很高，目前我国大多数院校的辅导员不能适应新时期对辅导员工作职业素质的要求，只将这份工作看作是一种谋生的手段，并没有努力提升自己的职业素养，也没有规划自己的职业生涯，状态较混沌。

#### （一）高校辅导员队伍自身职业素质较难适应新时期辅导员工作

当前高校思想政治教育工作面对着经济全球化、社会信息化、文化多元化的社会背景，高等教育的社会功能、管理体制、培养模式，大学生的价值取向、思维方式、行为方式等发生了很大的变化，给高校的思想政治工作带来了大量的新情况、新问题。例如，许多大学生从入校时就特别关注自己将来的就业问题，需要有人帮助其制定个性化、长远性的人生规划。同时，面对日益激烈的竞争，某些大学生的心理问题也越来越突出，他们需要辅导员在为人处世、学业、事业、个人生活诸方面提供心理帮助。那么辅导员如何适应大学生的这些新变化，成为学生的人生导师和健康成长的知心朋友，无形中也加大了辅导员的工作难度。对于处于学生工作一线的辅导员来说，其工作职责要求他们必须具备更高的素质和能力，跟上新形势，适应新要求，以胜任新时期的高校思想政治工作。而当前辅导员队伍年龄结构、学科结构状况等决定了其素质能力相对偏低。并且，大多数高校不够重视辅导员队伍的培训工作，没有为辅导员制订常规培训计划，不能为辅导员提供接受专业、正规的学习和深造的机会。再加之，因辅导员的职责不明、定位不清，大量的事务性工作挤占了辅导员学习、研究的时间，使辅导员无暇顾及理论知识的强化，进而缺乏正确指导

实践的理论依据，造成辅导员的工作只是原地踏步，缺乏创新和突破，难以有效完成新时期辅导员工作任务。

### （二）高校辅导员队伍能力缺位，工作效率低

高校辅导员统筹能力欠缺，工作效率低，主要还是辅导员对工作的胜任能力存在问题。这种问题存在的根源是能力弱化现象严重。辅导员经过长期工作后，能力不但没有强化和发展，反而有所退化。首先，高校辅导员的专业素质不足以为大学生思想政治教育实践提供主体支持，导致工作职能相对比较笼统，缺乏专业性。其次，高校辅导员的职业素质制约其实践能力，表现为思想政治工作能力、学习能力和研究能力欠缺，使辅导员工作泛化为学生事务管理。通常辅导员工作涉及面广，几乎跟所有的部门都有工作联系，学生的一切事务管理都通过辅导员，辅导员整天忙于具体事务，疲于奔波，工作陷入低水平重复之中，很难调高自身的工作质量，达不到各方面工作的协调处理。再次，辅导员队伍能力缺位的根本原因在于学习锻炼不够。辅导员的工作性质要求辅导员有广博的知识，较高的综合素质，多方面的能力，这种高要求使辅导员能力缺位现象很普遍。具有不同专业背景的辅导员多在自己的专业领域有优势，在别的领域则显得欠缺。很多辅导员知识结构单一，能力发展片面，普遍缺乏研究能力、创新能力，缺乏掌握新手段新方法的能力；教育学、管理学、心理学等方面的培训也很少得到重视；比较前沿的学科更是鲜有涉及，如网络思想教育理论与实践等，这不断形成新的能力缺口。

### （三）高校辅导员队伍职业综合素质欠缺

高校政治辅导员的工作对象是一个个进入知识殿堂求知的大学生，作为思政教育者要有丰富的专业知识和广博的知识结构。首先应具有丰富的专业知识。这里所说的专业知识是指两方面含义：一方面是指政治辅导员的理论水平，另一方面是指政治辅导员所在系开设的专业。作为一名优秀的辅导员，应该是能熟练运用这两方面知识的高手，既能解决学生在学习上提出的问题，又能解决学生在生活、工作中提出的问题。另外，作为一名优秀的辅导员，还要有广博的知识结构，掌握新时期马克思列宁主义、毛泽东思想、邓小平理论、"三个代表"重要思想、科学发展观、习近平新时代中国特色社会主义思想的基本原理，以及党的路线、方针、政策等基本理论知识；学习教育学、心理学、伦理学、管理学等知识，掌握有关教育的各种政策、法规；了解时事、

大事等，以此来不断提高政治辅导员的综合分析问题和解决问题的能力。虽然从专业结构分布来看，现有的辅导员基本上来自本专业，拥有熟悉本专业的优势，但他们在适应工作要求的政治理论、文化修养、心理素质等方面的综合能力与综合素质有待进一步提高。比如，有的学生辅导员对学生批评、训斥过多，乱施处罚，不注意方法，不注意时机和场合；处理问题的应变能力差；不敢也不能独立自主地根据实际情况采取切实有效的措施或方法，老是凭经验办事，依赖上级领导指导。此外，在实际工作中，辅导员与兄弟省区高校辅导员的工作经验交流很少，使他们思路闭塞，视野不够开阔，一定程度上也影响了队伍的政治、业务素质的提高，导致辅导员队伍职业综合素质欠缺。

### （四）高校辅导员队伍职业发展没有形成专业化

辅导员队伍职业发展没有形成清晰明了的专业化方向，大多数辅导员只把这一职业当作是进入高校的一种途径和"跳板"，未来发展走一步看一步。根据调查问卷结果，选择愿意继续干下去的比例为31.7%，选择一有机会就转岗或转行的比例为56.2%。不难看出，大多数辅导员并不看好自身在辅导员队伍中的发展，也可以说是对辅导员职业和自身发展不看好。可见，高校辅导员对辅导员队伍职业发展的信心不容乐观。在把辅导员工作当作"跳板"的人当中，有一部分人认为辅导员工作的业绩不可能像专业任课教师那样用授课工作量、科研成果进行量化考核，辅导员考核和发展难度相对较大，且人为性和不确定性占一定比例。人们普遍认为，辅导员队伍中有能力和才干的人，工作一段时间后就被提干了或者调去其他部门，提干和转岗成为衡量高校辅导员工作绩效的唯一标准，而剩下的一直从事辅导员工作的人员得不到认可和发展。另外，高校辅导员职称评定实行的是"双轨制"，即专业职称和行政职级制并行的晋升制度。特别优秀的辅导员通过晋升可以被提拔为院系主管学生工作的副书记，但是，这样的机会几年才会遇到一次，有时也不一定会从辅导员队伍中产生，导致辅导员无法从辅导员生涯中看到光明的前途，辅导员队伍职业发展受到阻碍。

### （五）高校辅导员队伍生涯规划意识较淡薄

目前在高校辅导员当中存在一个普遍的现象，即辅导员的职业生涯规划意识淡薄。首先，辅导员本身对于从事的职业没有长远规划，没有把这个职业作为一项实现自己人生价值和理想的终生事业来从事，就更谈不上精于此道，乐此不疲了。还有部分新入职的辅导员对工作处于摸索阶段，缺乏职业规划意识。而部分辅导员有规划意识，想去规划，但缺乏职业生涯规划方法、不了解发展通道和政策，不知道如何规划。部分辅导员制定了职业生涯规划，但定位不准导致规划不科学、不全面、不适合自己或学校发展需求。其次，部分辅导员对辅导员工作内容不了解，并非因热爱学生工作而入职，对辅导员工作缺乏热情，加之事务性工作较多，经常会缺乏职业生涯的主动性，抱有顺其自然的态度。由于辅导员工作的特殊性，使得大部分辅导员因长时间忙碌于一般性事务管理，而无暇读书学习，不能开阔视野，更无力对自身的职业发展提供知识上的保障。还有就是工作的重复性导致职业倦怠，出现职业"高原"现象，职业感情减弱，失去规划动机和兴趣。

### 四、事务工作较多，思政教育聚焦度较多

目前，随着高校学生人数的增多，辅导员管理的范围越来越大，辅导员的职责范围并不明确，这就导致辅导员事务工作较多，并且主要集中在思政教育，其他方面涉及的较少。

**（一）高校学生人数众多，工作繁杂**

截至2021年，全国高校大学生总量已达5000多万，相比之下，平均每位高校辅导员负责的在校学生的数量已远远超过200人。近年来各高校降低入学门槛，不断扩招学生，导致高校大学生数量不断膨胀，庞大的学生团体给高校辅导员的教育工作带来诸多挑战。高等教育体制的变化，使得招生数量扩大，学生就业压力加剧，经济困难、学习困难、心理困难的学生不断增多，导致辅导员的工作量和工作难度加大；高校后勤社会化，使大学生居住分散，加大了管理难度；收费制度导致大学生由单纯的受教育者变成了教育权利的主体。这就要求辅导员不仅要树立为大学生服务的意识，还要具备从各方面辅导和服务学生的能力。现在的大学生，大多数是独生子女，他们从小受到过多的关注，以自我为中心、感情用事、乐于享受、缺乏坚强的意志等特点在他们身上表现得比较明显。加之大学生处在青春后期，各方面发展不够稳定，很容易因为环境不适应、学习和就业压力、人际关系不协调、恋爱受挫等原因导致各种各样的问题。这些大学生群体的变化，都导致辅导员事务工作繁多复杂。

## （二）高校辅导员工作事务性强，工作表面化

现实生活中，大量繁重的事务性工作使辅导员工作表面化。不少辅导员常常是从每天早晨两眼一睁忙到晚上熄灯，整天陷入生活管理与活动组织的事务性工作当中，真正花在"导"的本职工作上的时间和精力并不多。频繁的文体比赛、各种检查评比、阶段性工作，事无巨细，只要与学生沾边的事情，辅导员都要去抓去管，唯独没有认认真真地研究教育对象的心理特点及其在不同时期的需要，更谈不上用新知识、新方法培养学生成才。辅导员自觉不自觉地放松政治理论的学习、对从事政治思想教育需要的理论知识掌握不够，导致自己的政策、理论水平不高，不能有效地用科学的理论引导教育学生，对学生提出的一些政治思想问题不能给予很好的回答。特别是在当今知识经济初见端倪的形势下，面对学生对新知识、新科技强烈的学习愿望，对新事物、新情况产生的一些困惑，缺乏有力的引导，使辅导员在学生工作中的影响力、说服力、凝聚力逐渐减弱。

高校思想政治教育作为高校人才培育的系统工程的重要部分，其工作重心应放在大学生全面素质和思想道德水平的教育和提高上，而不是单纯的生活管理与活动组织上。生活管理与活动组织只是思想政治教育的载体，而不是内容；稳定局势也仅仅是基本要求，而不是最终目的。如果将辅导员的工作拘泥于此，就偏离了思想政治教育的方向与实质，也就不能完成提高学生思想水平、培养学生综合素质、为国家输送全面发展的建设人才的重要任务。

## （三）高校辅导员工作管理范围过大，工作渗透力弱

目前许多高校缺少专职的辅导员，而学生人数则随着扩招越来越多，这就势必导致每个辅导员都要管理几百个学生，工作管理范围过大，也使得他们的工作仅仅停留在初级层面上，导致工作渗透力不强。高校辅导员直接面对学生，是高校学生思想政治工作中的"一线"人员。目前，在高校院、系、班各个层面，涉及学生的各项工作最终都要由辅导员来承担，工作量之大可想而知。辅导员几乎整天都陷入繁杂的事务性工作之中，没有时间也没有精力去进行系统理论和专业知识的学习。

另外，近年来由于客观环境的变化，作为辅导员的工作对象的大学生群体正在发生深刻的变化，并表现出前所未有的新特点。随着教育体制的深

化,以学生为主体的教育观点业已被教师、学生所认可。受教师要为学生服务,学生是"消费者"思想的影响,学生的个体独立性和个人思想自主性增强,并滋生一种孤傲、片面、自我的心理倾向,导致对教师说教的漠然与怀疑。此外,学生利用网络等各种途径学到的知识内容日益丰富、范围更加广泛,而辅导员自身的知识却越来越欠缺,导致大道理不能讲实,小道理不能讲正,深道理不能讲透,歪道理不能讲倒的尴尬局面,使得工作渗透力不强,在学生面前显得很被动。在学生中本应有的教化权威渐渐消失,来自学生的尊敬和信任也越来越弱,既不利于辅导员工作的有效开展,也大大减弱了辅导员队伍的工作渗透力。

**(四)高校辅导员工作职责不明确**

辅导员的工作职责主要有两个方面:一是思想政治教育,二是学生日常管理。实际上,除了本职工作,许多非本职工作都压到了辅导员肩上。随着高职院校管理体制改革,学校的职能部门都不直接面对学生服务,与学生相关的事情都由辅导员去抓去管。辅导员对其工作难以定位,承担着多重角色、多重任务。辅导员需要跟学校的学生处、教务处、团委、组织部等各个职能部门联络,才能做好学生的综合测评、学生党建、宣传活动等工作。工作职责的不明确,加重了辅导员的工作负担,导致辅导员疲于应付。

为此,辅导员除从事学生思想政治教育和日常管理工作外,还要从事许多非本职工作。学生在网上评价辅导员的角色有"传教士"(思想教育)、"管理员"(纪律检查)、"法官"(奖惩实施)、"裁判"(事故调停)、"联络员"(各类通知)、"推销员"(学生就业)、"咨询师"(学生日常提问)、"慈善家"(解决困难学生的生活问题)、"讨债人"(追缴学生欠费)、"修理工"(帮助解决问题)、"户籍员"(户口转接代办)等十几种说法。高校中对辅导员角色定位不确定,让辅导员不知所从,更多地忙于事务。

辅导员"指导"和"指引"学生成才的工作职责不能很好地履行,从而降低了辅导员对工作的认同感,导致部分辅导员不愿将其作为终其一生的事业。另外,巨大的工作压力、满负荷的工作量,意味着心力和体力的透支,这在一定程度上使社会及辅导员自身也认为这个职业只属于年轻人或精力和体力旺盛一族,辅导员职业化难以跨过年龄这一障碍,终身化或职业化都是虚谈。

## 第四节 高校辅导员队伍建设存在问题的成因分析

针对以上高校辅导员队伍建设存在的问题，本节对问题成因进行系统的分析，希望找到原因，提出更好的对策。

### 一、高校辅导员队伍稳定性差原因分析

高校辅导员队伍稳定性差分为显性因素和隐性因素，本节主要从以下两个方面进行分析。

#### （一）高校辅导员队伍稳定性差的显性因素

1.高校辅导员队伍保障体制不完善

晋升制度不完善：目前没有单独设立高校辅导员职称评定序列，所有辅导员必须与其他教师采取同样的评定标准，这给辅导员在职称评定时带来较大的压力。同时辅导员在职业发展中的选择较少，因为学历、政策等因素影响，辅导员同外界交流和学习的机会也较少，目前辅导员转教师岗的概率几乎为零。与此同时，晋升资格只限正式员工享有，正式辅导员大多只能向党政管理干部岗位流动，而这样的机会少之又少。随着学校各职能部门合并，处级、副处级岗位缩减，使得辅导员的职业发展雪上加霜，发展前景更加迷茫。

培训制度不完善：好多高校在新人入校后没有规范的辅导员培训体系，新进辅导员只能通过2～3年时间自己摸索出一套工作方法。面对辅导员工作的基层性、复杂性、烦琐性等特质，很多新进辅导员不能合理有效地安排时间，造成整天都处于高度忙碌、紧张的状态，久而久之产生对辅导员工作的厌倦情绪。同时因为缺乏经验，新进辅导员不同程度地认为存在管理制度不合理、领导方式不适应的情况，在管理学生时屡屡受挫，得不到学生的认可，找不到工作的成就感。新进辅导员具备一定工作经验后，有相当一部分人又因为各种原因选择辞职或调离岗位。辅导员工作队伍里始终是新人，缺乏工作经验和方法，这大大影响了学生工作成效。

考核制度不完善：辅导员问卷调查的结果显示，大部分辅导员对考核制度不满意，甚至非常不满意。目前各高校的辅导员考核主要由辅导员所在院（系）进行，辅导员的考核结果由院（系）考核评议后上报学工部。考核程序

为：个人述职—院（系）考核。这种考核方式的弊端是往往流于形式，考核结果从薪酬上讲对辅导员工作不具备约束和激励作用。辅导员的考核不量化，在晋级中往往人为因素较大，晋升与否与领导的喜好关系甚密。考核评估不科学，过于主观。

2. 高校辅导员队伍的经济收入低

从辅导员的经济收入来看，高校辅导员的经济收入明显低于专业教师的平均水平。专业教师的收入不仅包括基本工资和津贴，还有科研经费和课时补助，同时专业教师还有更多的时间通过科研项目、校外讲座、兼职等方式获取报酬。辅导员不仅需要24小时待命，而且工作内容繁杂、琐碎，收入仅仅只有基本工资和岗位津贴，这与辅导员的工作强度不成正比。同样是教师，辅导员同专业教师在薪资水平上存在不小的差距，使辅导员产生"低人一等"、"不够受重视"的不公平感，影响了辅导员的工作热情与积极性。在住房等其他方面，由于职称的影响，待遇也低于专业教师，与行政管理人员相比，尽管行政管理人员投入到工作中的时间也不少，但是他们在学校有着受人尊敬的地位，升迁的机会比辅导员要多得多。因此辅导员与专业教师、行政管理人员从各方面相比，失落感都较大，发展空间的极其有限又使他们感到前途渺茫。而大部分年轻辅导员是从优秀大学生中挑选出的政治素质高、品学兼优的佼佼者，有着对未来生活的美好愿望，这种心理和实际待遇的极大反差，造成不少辅导员心理失衡，严重地影响了他们积极性的发挥，也导致了高校辅导员队伍的不稳定性。

3. 高校辅导员队伍受重视程度不够

在高校，辅导员处于十分尴尬的境地，他们既没有教学人员的中心地位，又没有行政人员受人尊敬的地位和升职快的政治前途。同时，由于我国应试教育的弊端，导致人们传统的重视智育、轻视德育的观念非常牢固。人们常常认为，班级在课程统考中成绩优异，都是任课老师的功劳；相反，学生中出现的一些问题诸如违纪现象、学风不好或道德修养下降等，全归因于辅导员工作不力。许多学校的领导、普通教师甚至辅导员本身，在潜意识里都有这样一种观念，只有那些不能胜任教师岗位，或未能在众人中脱颖而出，或不能被提拔到行政管理岗位的年青老师，才会在高校从事辅导员工作。在这种观念的影响下，许多人认为学生工作仅仅是跑腿打杂等，人人都可以干，没多大出息，没什么前途。这就使得辅导员颇有失落感,对自身工作也无法产生荣誉感和自豪感。

从调查结果可以看出,认为学校领导比较重视,在学校中同管理、教学、科研人员地位大致相同的人占少数;认为辅导员队伍受重视程度不够的占多数。因此,从总体上看,辅导员队伍的地位还有待提高,队伍稳定的问题也要引起相关部门的关注。

大多数辅导员把现在的工作当作过渡,进入行政职能部门、做专业教师才是他们更心仪的事业归宿。在许多高校可以发现,思想境界高、表现好、做学生干部的往往从事了思政或行政工作。但若干年后这些人已经被从事专业工作的同学甩到了后面,不仅专业丢了,而且收入差距大了。这些人不仅没有了当时作为学生干部的"优越感",反而感到被时代抛弃。据调查,许多高校的辅导员参加工作时间不长就想跳槽,完成现任后还想留在辅导员岗位的人数不到三成,工作时间在5年以上的不超过三分之一。"辅导员严重流失"在很多高校早已成了司空见惯的现象。辅导员队伍的高流动性,容易导致对学生的教育、指导、辅导等各项工作缺乏连续性,且辅导员与学生互不熟悉,无法深入、细致、有针对性地开展工作,工作质量受到严重影响。

4. 高校辅导员自身对本职工作认识的偏差

有些学校的辅导员多数是刚毕业的学生,加上学校领导不重视辅导员队伍的建设与培训,政治和经济待遇低,各项规章制度不健全,导致一些辅导员自身的责任意识和使命意识欠缺,以及自身对本职工作认识的偏差,其表现是:首先,墨守成规,按部就班,工作热情不高。缺乏将新形势的发展和新问题产生的根源和学生思想实际相结合的能力,不能调整思路开展工作,不善于探索思想政治工作的新途径,造成工作效果不佳和恶性循环。其次,镀金思想严重。由于学校不重视辅导员队伍的培养与提拔,使不少辅导员担心长期从事这项工作会影响自己的发展前途,思想压力大,有后顾之忧。所以有的辅导员只是把从事辅导员工作作为一块跳板,工作一定时间后就设法调离。许多高校长期存在着一个辅导员带不完一届学生就更换工作的现象,这直接影响了辅导员队伍的稳定。最后,总体素质不高。由于辅导员队伍的思想政治素质、知识结构和能力水平有待进一步提高,使很多辅导员认识不到自己工作的重要意义,缺乏使命感和责任感,工作中不思进取、不求上进,遇到问题得过且过、应付了事,给学校带来许多不稳定因素,造成一些高校发生各种不同的恶性事件。

另外，在部分高校中由于内部管理仍然存在制度不健全、管理不规范的现象，并对辅导员队伍的角色定位、工作定位、工作职责和素质要求不明，一些涉及学生学习、生活等各方面职能的部门不能充分履行其相应的职责，辅导员经常成为"代职"者。因此凡是涉及学生的大小事务都需要辅导员参与组织或协调，使得辅导员的日常管理事务得到了无限延伸，超出了其职责范围，造成了辅导员就是一般行政人员或管理人员的认识偏差。同时，由于在职称评审中，很多高校的专职学生思想政治工作的辅导员是参与在行政管理系列进行评审的，因此很多人缺乏对辅导员教师身份的认同，这也造成了辅导员只是一般行政管理人员的错误的认知。这些原因致使很多辅导员认为，辅导员就是管学生、组织学生活动、关心学生活动的"服务员"。再加上辅导员工作的繁、杂、细、碎，虽然工作投入的时间和精力很大，但工作成效却不显著，很难像专业教师那样容易通过体验教学或参与重大课题研究而取得成就感和满足感，从而使辅导员觉得自己在高校中低人一等，逐渐失去了工作的自我认同感。这种角色认识上的偏差，模糊了他们应有的工作职责和作用，造成了辅导员在工作中不同程度地存在"错位""越位"的现象，他们找不到自己的正确"位置"，工作自信心不足，缺乏归属感，严重影响其工作职责的履行。

（二）高校辅导员队伍稳定性差的隐性因素

1. 年龄问题

年龄问题是影响高校辅导员队伍稳定性的隐性因素之一。如，常见的招聘文件中就明确规定，新选聘辅导员的基本条件为：具备研究生学历（双证），年龄在28周岁以下。按照正常的读书年龄，应届硕士毕业生的年龄应该在26周岁左右，28周岁的年龄限制也就意味着新招聘的辅导员大多为刚毕业的大学生。从一般意义上来说，刚踏出校门的学生容易对工作产生较高的期望值，心态不稳定。有关报道指出："毕业5年内的大学生跳槽最为频繁。"此时毕业生正处在摸索期，部分毕业生找不到准确的职业定位，对自身能力、兴趣没有清楚的认识。这部分人员较易在工作倦怠期、遇到挫折或处理不好人际关系时草率地选择辞职。

2. 性别、学历问题

自2007年10月至今，各大学招聘辅导员，几乎均要求为男性。在近3年的新进辅导员中，男性占招聘总人数的80%。现代社会对男性的压力和要求较女性更高，男性往往承受着事业有成的精神枷锁，承担家庭买房的重担。高校的工作待遇让大多数男性无法靠自身能力在 5 年内买得起房，无法在短期内实现事业有成的梦想，高校辅导员工作的琐碎让很多男性辅导员找不到对工作的热忱。社会上，"硕士毕业生""男性"这 2 个关键词让大多数优秀的男性辅导员能有更优的工作选择。而女性的就业面却受多种因素限制。

3. 高校文化问题

高校文化的主要内容是价值观和高校精神，是构成高校核心竞争力的重要因素之一，它强烈影响着高校员工的行为方式，并在高校的教学实践和管理实践中得以体现。对高校文化的认同会促使员工有主人公精神，以发展高校、做好教育事业为己任，增强员工的归属感、责任感，提高员工的工作热情与工作成效。但很多高校在对待辅导员的问题上缺少人文关怀，往往无法给予其应有的尊重，导致很多辅导员认为高校文化与自己的预想不匹配，不能对工作产生积极的促进作用。

4. 精神激励问题

精神激励是指对辅导员认可、表扬、鼓励、表彰，使他们精神上得到满足，产生工作的成就感。高校对辅导员工作不够重视，在实际工作中，辅导员始终处于学校建设的边缘位置，很多领导认为辅导员的工作不能对学校发展和经济效益带来实质性的影响，学校建设的核心始终是教学、科研和专业教师的队伍建设。辅导员的奖励项目单一，在辅导员队伍建设中人力、财力投入相对专业教师较少，得不到有力的支持。同时管理者缺乏应有的激励意识和激励行为，面对大量辅导员流失的现象，管理者想的不是如何做好辅导员的激励工作，而是认为每年硕士毕业生供大于求，辅导员辞职是正常现象，很快就有新的辅导员来顶替。辅导员长期得不到应有的认可和尊重，获得的精神激励也微乎其微，工作士气受到严重影响，缺乏认同感和归属感。

与此同时，学校更重视对学生专业知识的传授，辅导员更多的是从事日常琐碎的工作，学生的思想政治教育处于尴尬的地位。《中共中央国务院关于进一步加强和改进大学生思想政治教育的意见》中明确指出："把加强和改进大学生思想政治教育作为一项重要的战略任务来抓。"然而在很多高校，这一指导思想没有得到有效的落实。辅导员的工作成绩好坏与否与学校学生安全紧密结合在一起。学校和学生的安全稳定工作是辅导员工作的核心也是最重要的内容，只要学生不出事，辅导员的工作就是合格的。

5.职业声望问题

职业声望是指所从事职业的社会地位和人们对职业的社会评价。职业声望的高低体现了社会对该职业的认可和尊重程度。在各高校，辅导员的职业声望普遍不高，主要体现在：（1）学校领导对辅导员重视程度不高。特别是没有从事过辅导员工作的领导，在对待辅导员问题上没有从心底里重视和尊重，认为辅导员工作必要却不重要。（2）普通教师、行政人员对辅导员工作不够认可。在高校里，大多数教师认为辅导员从事的是日常琐碎事务，不具备技术含量，任何人都可以做，认为辅导员不属于教师，工作意义相当于高校勤杂人员。当工作中遇到问题时，辅导员很难出面协调职能部门工作，人微言轻，虽办公事但需求人的现象随处可见，大大影响了工作效率，辅导员工作成就感低。（3）辅导员在学生心目中的地位不高。辅导员不从事日常的教学授课，一般学历和职称也不如专业教师，不具有学生学习成绩的"生杀大权"，部分学生表现出对辅导员工作的轻视，认为只有找不到工作的研究生才会从事辅导员工作，既无前途也无"钱途"，从心底缺乏对辅导员的认可。（4）辅导员对自身职业的怀疑：由于部分辅导员缺乏合理的时间规划，每天被琐事环绕，抽不出时间进行专业知识的再学习，与学生的交流时间也较少。长久以后产生对本职工作的厌倦之情，认为从事的是毫无价值的工作，缺乏对辅导员工作的规划和角色定位。

## 二、专业能力不足成因分析

高校辅导员队伍专业能力不足的主要原因是现实挑战大、认知不到位、建设途径缺乏科学性、培训不及时、考评机制不够完善等。

### （一）高校辅导员专业能力建设遭遇现实挑战

首先，新世纪背景下，信息交流高度发达，政治环境变幻不定，经济发展日趋国际，开放多元化的发展舞台对高校教育事业重新提出新的考验和要求。高校学生群体是国家各项事业发展的后备军，培育符合时代发展要求的高素质人才成为高校教育的首要任务和第一目标，高校辅导员作为高校学生的教育者和国家、学校政策的执行者，按照传统的教育模式工作显然是不合要求的。另外，多样化的培育需求迫使高校辅导员转变单一工作模式转向多元化，简单的能力需求转向综合多样，传统落后的工作方法转向科学高效，以及国家对高校教育事业发展希望值的附加，这些都构成高校辅导员队伍建设的巨大挑战。

其次，近几年来，全国各高校不断扩张学生招收数量，庞大的管理对象造成高校辅导员工作的巨大压力，一对多的教育模式势必造成管理上的漏洞和空缺。相比而言，高校辅导员队伍逐步呈现年轻化的发展势头，工作阅历的缺乏致使高校辅导员在学生教育环节力不从心。两相对比，高校辅导员队伍建设已经是问题重重，四面楚歌。

最后，21世纪是信息时代，网络成为信息流通的主要传播媒介，加速了全球信息的传递和交流，但隐藏在背后的却是网络信息的真假难辨。大学生群体还尚未步入社会，自我管理、自我教育、自我辨别等能力相对薄弱，在面临网络不良信息时容易受到蛊惑。纷繁复杂的网络信息容易对大学生的价值观和人生观造成误导。网络环境是一个高度开放的世界，大学生在网络世界的各项活动很难受到辅导员的监督，需要完全凭借学生的自我判断力，这无疑给高校辅导员的教育工作带来巨大的威胁和挑战。诸多挑战下，高校辅导员队伍建设必须要提出创新点和突破口，适应新环境，应对新挑战，否则挑战也最终演变成新的历史问题，阻碍高校教育事业的进一步发展。

（二）高校辅导员专业能力建设整体认知不到位

高校辅导员是以学生为主要管理对象，以加强高校学生思想政治教育水平为主要工作目标，协同学校院系完成相关指导工作的一类特殊的教师队伍，是保障大学生健康成长的引路人，其工作是一项集科学、综合、多元等特点为一体的教育活动，辅导员工作对象的不定性和工作种类的多样性决定高校辅导员能力建设需要有专门的科学理论作为支撑。而实际上，目前我国关于高校辅导员能力建设的理论体系还不成熟，仍然处于初期探索阶段，大多停留在实践教学阶段，没有成型的理论模型可供参考。高校辅导员队伍能力建设一直在实践探索中前进，学术界关于辅导员能力建设的定位尚未达成统一共识，多数自成一家，理解和认识都比较片面，没有形成统一的体系认识。尽管关于辅导员队伍能力建设的文章不胜枚举，但要说具有高度概括性的有内涵的著作或理论却少之又少。多数高校辅导员由于职务繁重、学术水平有限等原因，纵然在辅导员教育岗位上实践经验充足，但在高校辅导员教育理论实践方面建树不多，没有提出系统性的行之有效的建设举措。同时，在辅导员队伍的能力建设中，由于涉及学校的人员编制，辅导员的待遇，辅导员工作的场地、资金，辅导员的管理，辅导员队伍的选聘、发展等一系列问题在有的学校没有达成共识，或者受到学校发展期间财务困难、师资缺口等因素的影响。所以有的高校一方面为了应付上级部门的检查而不得不在数量和构成上弄虚作假，另一方面却没有真正地实现对辅导员队伍的重视和加强对辅导员队伍的建设，特别是辅导员队伍的能力建设。国家和学校有必要设立专门的研究部门或分配具有多年教育辅导经验的老辅导员及新上岗就职的新辅导员对高校辅导员教育事业进行专门的研究和探讨，建立系统性的辅导员教育理论模型，明确辅导员的工作职责和工作范畴，提升辅导员的综合素质水准和能力水平。

### （三）高校辅导员专业能力建设途径缺乏科学性

目前，虽然各高校辅导员能力建设基本沿着学校政策方针引领的大方向进行，但仅依靠辅导员的自觉性加强能力建设，提升途径单一，校园领导重视不到位。缺乏创新性和时代性使得辅导员能力建设进程活力不足，进展缓慢。

其一，能力建设传统化特性严重。近几年在提升途径方面的研究建树不多，加之各高校对辅导员能力建设的本身重视程度不够，投资不到位，使得辅导员能力体系基本沿袭以往的模型设计，缺乏创新性。

其二，高校对辅导员能力建设的重视程度不到位。分析现今各高校辅导员体制结构，规范性不强，制度分配不够合理，原因之一就在于学校院系对辅导员体制建设抱有任其发展的冷漠态度。没有上级领导层的支持和重视，辅导员制度建设必然问题百出，结构松散，经不起打击。另外，学校对高校辅导员任职后期的培训认可度不高，辅导员主修专业与辅导员任职所需专业不对口，教育背景的匮乏会使刚入职的年轻辅导员感觉力不从心。高校辅导员作为高校学生的教育者和引导者，具备一定的教育学、心理学、语言学、管理学，以及良好的语言表达与沟通能力、应急处理能力、信息处理能力等是胜任辅导员职务的重要条件。但实际情况却并非如此，呈现出选拔标杆参差不齐，能力素质发展单一的状况。在这种条件下，学校院系领导层更有必要将辅导员上岗培训及后期培训作为辅导员任职的重要功课，巩固提高辅导员的任职技能，提升其综合素质能力。同时，高校辅导员身份的特殊性使得其编制处于教师编制与行政编制之间，多数高校通常将注意力和关注点放在专职教师的筛选和培育上，而忽视高校辅导员，对辅导员群体建设的投资力度过低，工作状况过问过少。职位上繁重的工作压力得不到相对应的职业认同感，导致高校辅导员工作情绪不高。主动性和积极性的缺乏势必对高校辅导员工作成绩的提高造成负面影响。学校对辅导员能力建设的扶持力度直接影响辅导员的工作态度和工作绩效，学校给予的重视程度越高，辅导员工作的积极性越大，越利于辅导员工作潜能的挖掘和发挥，才能不断推动高校辅导员能力建设的完善和改进。

**（四）高校辅导员专业能力建设培训不及时**

目前，辅导员相当一部分是刚从大学毕业的应届生，工作时间短、阅历浅、实践经验欠缺、业务素质不高、所学专业满足不了工作需要。在来源范围上大多数辅导员都是来自本校或本省，并未像高校的其他专业教师的招聘一样范围广泛，这就使得管理经验交流无法有效地进行，管理方式比较单一，难以创造性地开展工作。面对高校改革给学生工作带来的严峻挑战，亟须培养一支政治强、业务精的辅导员队伍。然而大多数学校和院系都把更多的精力和经费用于学术骨干和专业教师的培训和培养上，把学术研究作为专业教师的重要职责看待，重视专业教师的学术交流活动和继续教育，在课题立项、教师学术交流方面除制定相关制度给予政策支持外，还设置专项经费予以激励和支持。但对辅导员的业务研究、业务培训和理论提高的重视不够，存在重使用、轻培养，重经验积累、轻理论提高的现象，不能够结合实际，有计划、有步骤地安排辅导员参加各种形式的针对各种工作所需的专业培训，更未形成科学全面的培养体系。再加上辅导员每人带有上百名学生，平时事务缠身，难以离开，因而辅导员得到专业培训或外出学习考察、交流的机会相对较少。随着信息时代的到来，高校辅导员无法实现知识上的更新，实现不了自身发展的需求，工作数年后与同期毕业的教师相比，在学历和业务上的差距越来越大，容易产生自卑的心理，导致辅导员努力寻找机会，另谋高就，实现其自我发展和自我实现的需要。

大学生的思想政治教育工作是一个系统工程，专业性要求很强。那么高校应建立高等院校辅导员的连续培养体系和模式，培养高学历的辅导员专业人才，更好地为学生提供个性化指导与专业化服务，从而促进辅导员队伍的专业化培养、职业化建设的发展。

**（五）高校辅导员专业能力考评机制不够完善**

合理的考评机制能够对高校辅导员起到正向激励作用。现实情况下，多数高校辅导员的奖励评审指标并不明确，不同于普通专职教师以科研成果、论文数量、上课时长、学生数量等硬性指标进行评优晋升，辅导员工作范围基本不涉及科学研究，以学生思想政治教育和日常管理为主要工作内容，难以确定明确的评判标准对辅导员进行评审排名。当前多数高校对辅导员工作的认可程度基本取决于学生日常问题的出现率，也就是说只要学生工作不出大乱子，就默认辅导员工作已经到位；相反，一旦问题出现，辅导员工作就会被全盘否认。这种工作机制的内在缺陷，很容易导致辅导员工作不满情绪的出现。对辅导员工作成绩的考核和评判存在一定的片面性和偶然性，缺乏公正性和合理性。另一种考核机制则是基于上一级领导层的主观评价，这种考量办法完全由领导层主观认识决定，领导层与辅导员工作环境毕竟不同，对辅导员工作的了解程度毕竟有限，存在一定的考察盲区和定位错误也是正常现象，辅导员的日常工作得不到上级领导层的认可和支持，必然直接影响辅导员的工作积极性。奖励机制的不明确对辅导员工作的激励效果不突出，高校辅导员的工资待遇普遍处于较低水平，而与之不符的大工作量、高压力负荷，造成高校辅导员工作岗位流动过快，不利于高校辅导员核心能力的持续提升建设。建立透明、公平的考核机制，配套以相应的奖惩措施，既可以增加高校辅导员考评机制的顺利实施并确保其一定的深度和力度，又可以充分调动高校辅导员的工作热情，使其全身心投入到工作之中。与此同时，又能在高校辅导员的日常工作中及时发现其能力的缺口，并进行有针对性的训练与提高。

综上所述，高校辅导员核心能力建设目前仍旧停留在初级探索阶段，各种现实问题和挑战错综交织，摆脱现有窘境不是一朝一夕可以完成的事情，需要结合新时代特性及国家教育现状，完善和创新高校辅导员核心能力建设，明确高校辅导员岗位的工作职责，确定公开透明的考评指标，并配套以相应的奖惩措施，保障高校辅导员队伍职业化与专业化建设科学、持续、高效地前行。

## 三、职业培养不足成因分析

职业培养不足的原因涉及方方面面，本节主要从认识上的原因，政策上的原因，队伍自身的原因，队伍建设原因，社会、学生群体状况原因等方面进行分析。

## （一）认识上的原因：管理层缺乏科学的教育理念

从狭义上讲，高校的三大功能是人才培养、科学研究、社会服务。人才培养也就是学生的成才问题，毋庸置疑是高校的首要任务，然而现实中高校的教育理念存在偏差，往往以教学科研为中心，这种观念被很多校领导津津乐道。长期以来形成的"重智育，轻德育"的思想在高校中还普遍流行，由此学生工作不被学校重视，辅导员被繁杂的事务性工作束缚，广大的辅导员也被形象地称为"保姆""消防员"。这让很多辅导员感觉低人一等，前途渺茫，自身发展不被重视。造成这种局面的原因，一方面与教育行政部门在高校管理中评估、检查的标准失准有关。另一方面与科研成果的评比有关。科研成果评比是硬指标，容易衡量；但是育人工作是软任务，不好衡量，难以量化评分，这就导致了高校在功能定位上出现偏差。

马斯洛的需要层次理论认为，人的需要由低到高可以分为五个层次，分别为生理需要、安全需要、情感归属与爱的需要、尊重的需要和自我实现的需要。该理论认为需要是激励人的行为的主要原因和动力，低级需要在得到满足以后，其激励作用就会降低，高层次的需要将取代它成为行为产生的主要动因。因此高校管理层只有尊重和承认辅导员的工作，重视辅导员的工作，树立科学的德育观，才能激发高校辅导员的积极性、主动性和创造性，才能更有利于高校辅导员专业素质的培养，推进辅导员队伍的专业化进程。

## （二）政策上的原因：缺乏职业素质培养的政策保障

制度化是做好辅导员专业素质培养的第一步，也是加强高校辅导员队伍管理的有效手段。但是，目前辅导员专业素质培养的制度保障还没有建立，没有一套系统的政策指导和制度规范。一是对辅导员的任职资格、素质要求、在职培训和留用程序等没有明确规定。学校在选拔专职辅导员的过程中，很少有意识地去选择具有心理学、教育学、思想政治教育等相关学科背景的毕业生，很多学校对应聘辅导员职位没有专业要求，以致一批理工科的学生进入辅导员队伍，由于学科背景的缘故，不利于高校辅导员专业素质的培养。二是辅导员的工作范围、具体内容、权利义务、岗位职责等没有明确具体的规定。三是辅导员的考核范围、考核指标、晋升、提资、奖励等没有明确具体的规定，没能将考核考评与监督管理紧密结合起来，没能真正形成高效、务实的人才评价体系。四是经费投入不足。高校辅导员专业素质培养需要投入一定的经费才能运转，而现实中，经费投入不足一定程度上限制了辅导员专业素质的提高。五是培训机制不健全。学校对辅导员的培训没有长远规划和专业目标，培训教材针对性不强，培训人员能力不强，更没有一整套的学习培训制度。因此，目前亟须建立辅导员的任职规定、辅导员的职责、辅导员的考核办法等一系列的保障制度。

### （三）队伍自身的原因："非专业化"

和其他岗位的政工干部相比，"选留"制度、"非专业化"用人带来的职业素养不足。对高校政治辅导员的要求：一是年纪较轻；二是文化层次高，知识结构要合理。但目前，各高校政治辅导员基本上实行的是"选留"制度，在留用问题上长期以来存在着"非专业化"误区。有人说："专职政治辅导员的工作高中生也能做好。"这话显然片面和偏激，但它也反映出个别从业者的心态和另一个更为深刻的问题——专职政治辅导员属于"无条件职业"类型，这是"非专业化"用人所带来的直接后果。对于专职政治辅导员的留用，部分学校仅仅强调思想素质，留校者必须思想素质好，一般是党员，至于其学什么专业，是否符合该行业的其他要求则为其次，更有靠搞关系而混入该队伍者。总之，专职政治辅导员的留用给人以很大的随意感。

"专业性"是指辅导员应具备完成其工作职责所必需的知识、能力和经验。辅导员是高校在一线从事学生思想政治教育和日常管理工作的人员，学生教育、管理工作所包含的内容非常宽泛。学生思想政治教育包括了思想教育、政治教育、道德教育、心理辅导、就业指导、能力培养等，学生日常管理几乎包含了学生在校期间除教学管理之外的所有行政事务管理工作。而目前的情况是，从未从事过学生教育管理工作的应届毕业生，留校后最多只经过几天的"上岗培训"就加入了辅导员队伍，应该说其所具备的能力和素质与工作要求之间存在较大差距。而经过二到三年的工作锻炼后，其逐步熟悉了学生工作规律，具备了一定的工作技巧和能力，尽管在学生教育、管理工作能力和水平距"专业化"的要求还有一定差距，但已基本能胜任工作；而这时大多数辅导员已经或准备离岗，然后又是一批新辅导员留校。种种现象表明，迫切需要造就一批"专业化"的高校政治辅导员，彻底改变这种"杂牌军"的局面，变"选留"为"培养"，从源头上解决辅导员队伍的"高进"问题。

总之，辅导员队伍自身没有将辅导员职业专业化，没有将辅导员岗位作为一个职业生涯来发展，这些原因导致了辅导员职业能力发展的不足。

### (四)队伍建设原因：聚合力不强

高校学习型辅导员队伍建设既非纯依靠辅导员自身努力，也非纯依赖外部推动，而是内部力量和外部环境共同作用的互动过程。相对于高校学习型辅导员队伍建设构建模型建设工作而言，无论是单个层次内部还是层次之间的构建，其完善程度是不充分的，甚至某些层次的现状离建设目标还存在着比较大的距离。在这样的情况之下，各层次及各层次内部要素之间互为支撑、互为前提作用的发挥也不可能是充分的，也就是说他们的合力尚未形成。具体而言，学习型辅导员队伍建设既离不开学习型辅导员的养成，也离不开辅导员学习共同体的建立，更离不开以制度体制机制、文化氛围、资源供给所组成的外部条件的保障，三个层次缺一不可。对于学习型辅导员的养成而言，仅仅有对辅导员职业的热爱和对学习的热情是不够的，还要依赖于学习时间的充分投入、学习行为的科学有效，归根到底，关键还是要看是否有参与学习的条件，也就是外部保障问题。这就是合力问题，不仅每个层次要形成有效的合力，层次之间也必须要形成合力。很明显，目前这种合力尚未形成，但这又是高校学习型辅导员队伍建设必然要完成的任务。当然，这种合力的形成是一个复杂的系统过程，不可能一蹴而就，必然是一个渐进、长期的过程。

### (五)社会、学生群体状况原因：新变化带来辅导员队伍职业素养不足

21世纪，知识经济的悄然兴起，必将给高校学生思想教育工作带来严峻的挑战，这就给高校学生思想政治工作提出了工作目标个性化、工作方法多样化、工作管理法制化、工作设施现代化、工作环境知识化等新的要求。这就必然要求高校思想政治工作从单一的"政治教育""思想教育"工作方法向综合素质教育工作方法转变，从外在化为主的工作方法向内在化为主的工作方法转变，从模式化工作方法向个性化工作方法转变，以适应新时代的要求，推进辅导员队伍的专业化进程。

当前，高校学生的成长处在一个日益灵活多变、纷繁复杂的社会环境中，面对社会政治、经济、文化的转型，以及科学技术革命的迅速发展，他们在思想观念、价值取向、人生态度等方面也发生了一系列的变化。当今社会多种思想观念相互碰撞，正确思想和错误思想相互交织；应试文化的负面影响以及贪污腐败、假冒伪劣、失业等社会问题的出现，使得一些人产生了信仰危机和价值迷失。这些原因导致了部分青年大学生思想上的困惑和混乱，比如：价值取

向多元化，功利主义色彩较浓，缺乏思想，生活目标不明确；思想偏激，考虑问题有时不成熟、不全面；人文素养和公德意识等方面还有待加强。同时，随着教育体制的深化，以学生为主体的教育观点业以被教师、学生所认可。受这种思想的影响，学生的个体独立性增强，学生的个人思想自主性增强，并滋生出以自我为中心的心理倾向。当代大学生群体所表现出的这些新变化，无疑给高校辅导员队伍建设提出了新的课题和新的挑战。

### 四、事务工作过多原因分析

辅导员数量配备不足，学生独立性差、对辅导员依赖性强，辅导员工作面广、工作职责不明确等都是导致辅导员事务工作过多的原因。

#### （一）高校辅导员数量配备不足

随着高校逐年扩招，办学规模今非昔比。学生数量连年激增，辅导员人手明显不足。《普通高等学校辅导员队伍建设规定》要求，高等学校总体上要按师生比不低于1∶200的比例设置本、专科生一线专职辅导员岗位，每个班级都要配备一名兼职班主任。而高校在编制紧张的情况下，真正能达到标准配置的学校寥寥无几，有的学校师生比甚至达到1∶600。辅导员配备不足，主要有以下两个原因：第一，学校领导存在认识误区，长期以来有不少领导认为辅导员工作很简单，随便管管就可以，只要保证学生安全就行了，不需要太多辅导员，但是辅导员工作没有他们想象得那么简单。第二，学校编制有限。据不完全数据统计，各高校均不同程度地出现辅导员队伍缺编现象，编制有限，直接导致辅导员的招聘数量减少。

高校学生日益增多，而教师数量有限，要每个班配备一名兼职班主任也比较困难。人员配备不足，势必造成辅导员事务性工作繁重。同时，随着学生数量的攀升，辅导员的事务性工作也随之增加，严重超出了辅导员工作负荷。这就导致高校辅导员成为这些"巨婴"的生活保姆，很难保证与学生之间的细腻沟通，致使辅导员的思政教育职能被削弱，这是造成大学生思想政治工作薄弱的关键因素。

#### （二）学生独立性差，对辅导员依赖性强

自主独立是一个人的身心、思想水平发展到一定程度的必然产物，是人要立足于社会实现个人价值与理想的必备能力。自主独立能力主要是指自己

对命运的掌握，包含为自己的选择与行为负责。大学生作为已成年的个体，已具备了承担责任的条件，在这个阶段，其自主独立的能力应当已经形成。然而纵观整个大学生群体，却存在部分学生独立能力缺失，无法处理学习和生活的现象。

"00后"大学生群体在娇宠中长大，以自我为中心，独立生活能力差，动手能力弱。首先表现为任务上的依赖：就是说在遇到一些任务、一些事情、一些困难的时候表现出过分依赖的心理。其次表现为情感上的依赖：渴望别人对自己表示友好的情感，如果人家对自己非常友善，心情就会愉快，反之，就会沮丧到极点。这种情绪不定、根据别人对自己的情绪来决定心情的不正常心理，就是情感上的依赖。如不会到校内各部门办理事务、心理素质较差导致和同学关系紧张等。碰到问题他们首先求助于辅导员，辅导员要花大量的时间回答他们的各种问题，如"交学费可不可以转账，应该怎么转？""某某老师怎么联系啊？""某某部门电话多少"等。这些杂事不断扩大高校学生工作的范围，许多原本不属于辅导员的工作或边缘性的事务工作不断融入学生工作体系，并日益成为辅导员工作的主要任务。

### （三）高校辅导员工作面广

辅导员工作几乎涵盖了与学生有关的方方面面，涉及高校发展的每件事情，内容涉及日常事务性工作，德育工作和学生的学习、心理、成长、健康、就业等问题。因而，高校辅导员素有"万金油"之称。不少高校的辅导员工作基本上可以用"乱""杂""繁"三个字概括。在具体工作过程中，学校任何一个部门都可以对辅导员"抓差"。辅导员整天扑在繁杂的琐事上，工作效率很难提高。对辅导员工作的一般认识是搞德育工作，具体点就是做学生的思想政治教育工作和学生的日常管理工作。问题在于，思想政治教育工作和学生的日常管理不是两个简单的概念，仅思想政治教育就包括了思想教育、政治教育、道德教育、心理教育、就业指导、能力培养的引导等；学生的管理工作又包括从学生入学到离校整个在校阶段的行政事务的管理，如招生、档案管理、学生违纪处理、学生活动的组织与指导等。针对如此宽泛的思想政治教育和学生日常管理工作，如何给专职辅导员的工作职责以明确的规定，这是有关部门必须要做的事情。

而实际工作中，辅导员除了从事学生思想政治教育和日常管理外，许多非本职工作都压在了他们肩上。高校无法明确辅导员的具体工作，甚至无法从制度上明确辅导员的工作任务及职责，再加上目前管理机制的不合理，使辅导员处于学校管理结构的最底层，处在一种被多重管理的状态下。学校的各党政管理机关，如组织部、宣传部、学生处、团委都可以向辅导员布置任务，而大多数院校辅导员在人事上又归院系管理，院系从自身工作角度出发又使辅导员承担了众多的教学秩序管理和行政工作的事务。多重管理、多重考核，使辅导员不知所从。

### （四）高校辅导员工作职责不明确

有研究表明，工作量与时间上的压力与工作倦怠存在高相关。高校辅导员是直接从事学生思想政治教育和管理的工作者，是高校各项思想政治工作的具体落实者。但是，由于部分学校对辅导员岗位职责界定不明，使得辅导员由"学生的思想政治导师"蜕变为"学生的生活保姆"。辅导员的工作职责涉及学生学习、生活、就业等各个方面。学校的各项工作都是最终指向学生的，在"凡是学生的事就与辅导员有关"这一观念下，凡是涉及学生的大小事务都需要辅导员的组织和参与，导致辅导员日常管理的事务太多太杂，超出其职责范围，而将思想政治教育这一核心工作摆在了次要位置。为了做好这些工作，很多辅导员都有"上面千根线，下面一根针"的感觉，他们不得不在校内各部门之间奔波，往往是"从两眼一睁，忙到熄灯"。繁重的工作任务和强大的心理压力使得许多辅导员深感疲惫，工作热情逐渐消失。

# 第五章　高校辅导员队伍素质能力提升的基本思路

高校辅导员队伍在加强学生思想政治理论教育中，始终发挥着重要作用，建设一批具有较高业务管理能力的辅导员队伍势在必行。建设高素质辅导员队伍，不仅需要辅导员自身的努力，也需要党和政府给予更多的政策支持，使更多人愿意并积极投身于辅导员工作，把辅导员工作当作终身职业。更需要高校领导干部人事聘用制度改革不断推进深化和学校相应的评价考核体系的逐步建立且不断完善。近年来，随着当代高等教育的不断改革和社会的蓬勃发展，国家越来越重视高校辅导员队伍建设，重视辅导员专业素质和业务能力水平的提升，引导辅导员逐步向专业化、职业化、专家化道路发展。一些省市和高等院校也出台了相应政策和文件，以加强辅导员队伍建设，增加辅导员培训交流，提升辅导员待遇，为辅导员队伍发展带来了契机。但是，随着当前国际国内形势的变化，大学生思想政治教育工作面临新的挑战，辅导员工作也面临更大的压力和困难。所以还应该更加关注对辅导员队伍的建设和能力的提升，政府、社会、高校和辅导员自身要形成合力，努力建设一支优秀的辅导员队伍，有效保障大学生思想政治教育工作的有效性和针对性。

## 第一节　立足现实，破解老问题

分析和解决高校辅导员队伍建设存在的问题，有助于加强和保障队伍的积极性、主动性、创造性和稳定性。随着党和国家对高校辅导员队伍重视程度的持续提高，高校辅导员队伍建设应该科学化、规范化。

## 一、深入基层调研，了解真实情况

辅导员队伍在高校思想政治教育体系中扮演重要的角色、发挥重要的作用，必须加强这支队伍的建设，提升高校辅导员队伍素质能力，以体现其在高校思想政治教育体系中的价值，巩固其在高校思想政治教育体系中的地位。从新中国成立初期高校辅导员制度开始设置以来，这支队伍历来被党中央赋予重托，寄予厚望。但是目前，高校辅导员工作普遍存在队伍不稳定，专业化职业化发展不稳定，具体事务繁重，工作实效性被削弱，职业发展与个人发展存在冲突，渴求被尊重、被认可等问题。

### （一）高校辅导员队伍稳定性较差

高校辅导员工作包罗万象，存在着"家长式"管理的倾向，只要与学生在校生活学习相关的各方面事情，都是辅导员分内的工作，而对于学生的成长成才关注相对较少。由于工作性质等原因，高校辅导员更多地被行政及事务性工作牵绊，真正投入到大学生思想政治教育上的时间和实践较少，因此工作的积累较为匮乏，这对于辅导员素质能力的提高极为不利。辅导员作为一种不断发展壮大的职业，需要在工作内容界定、考核评级、职称评审等方面加以明确。然而目前众多高校在行政岗位选人用人方面，将辅导员作为后备力量，对辅导员队伍冲击较大，对队伍的稳定性具有较大影响。因待遇、身份等问题，导致高校辅导员归属感不强、认同感有待提高、流动性较强。随着硕士、博士毕业生的数量不断攀升，高校辅导员的门槛被不断提高，较多高校目前招收辅导员均要求博士学位，博士辅导员存在入职后将工作重心放在科学研究上的问题，在真正深入学生一线，开展思想政治教育方面投入的时间精力较少。

人员配备不足也是导致辅导员队伍稳定性差的重要因素。《普通高等学校辅导员队伍建设规定》高等学校应按总体师生比不低于 1∶200 的比例设置专职辅导员岗位，按照专兼结合、以专为主的原则，足额配备到位。但是随着近年来高校招生规模的不断扩大，学校的教学资源明显不足，辅导员承担的工作不断加重，再加上一些学校对辅导员工作的认识存在误区，认为随便管管就可以了，只要保证学生的安全就行了，不需要太多的辅导员。一些学校编制有限，有限的编制可能用来引进高学历的科研教学人员，而不是用来扩充辅导员队伍。再加上辅导员本身工作繁重，压力非常大，一旦有晋升或者转岗的机会，很多辅导员就脱离了辅导员队伍。以上的种种原因导致了辅导员配备不足，工作超负荷的情况出现，这是长期以来一直困扰辅导员队伍建设的问题。

（二）高校辅导员"三化"建设道路不明晰

辅导员专业化、职业化、专家化道路缺乏良好完善的外部环境，社会对辅导员这一职业存在误解，高校本身对辅导员角色定位不够清晰，导致辅导员发展道路不明确、不明朗，直接导致辅导员队伍的不稳定；因高校工作的性质，导致辅导员对自身发展的困惑，使其专业化、职业化发展道路遇梗阻和瓶颈。

俗话说，什么样的辅导员带出什么样的学生。大学是学生人格品质塑造的重要时期，辅导员在改变学生的人生态度、学习习惯、思维方式等方面起着至关重要的作用。但这些工作不是立竿见影的，这便使得辅导员工作在短期内看不到什么效果，工作业绩需要依靠长期的工作积累，工作效果没有量化的考核机制，往往难以衡量。再加上辅导员承担了太多的学生事务性工作，涉及教学、后勤、心理等多个方面，这在很大程度上导致辅导员无暇顾及自身的职业生涯规划。长此以往，辅导员个人的理论素养、业务能力得不到显著的提升，往往还会每天显露出身心疲惫之态，这就导致很多辅导员骨干不断"跳槽"的现象出现，使得辅导员整体队伍缺乏稳定性，辅导员这一"神圣"职业得不到传承。没有传承，就没有经验积累，更不可能形成系统的职业发展技能。

一些新入职的辅导员没有受到系统的培训，自身的学生工作业务能力水平有限，处理学生具体事务工作时，往往带有经验主义的思想。一些辅导员认为自己只是学生的"保姆"，甚至是"高级伴读"。他们对自身的职业认识出现了严重偏差，在工作岗位上"水土不服"，也违背了教育部令第43号赋予辅导员的"双重身份"，与辅导员任职的基本条件完全不相匹配，自身的职业生涯得不到很好的发展。

（三）高校辅导员培训晋升机会不多

一是辅导员队伍年龄结构较年轻。调查显示，目前辅导员的年龄多数在35岁及以下，自身社会工作经验较为匮乏，实际的学生思想政治工作经验尚浅，这在一定程度上制约着辅导员队伍的职业化、专业化；二是具有专业学科背景的辅导员数量比较少。目前应聘高校辅导员队伍的人员多数是优秀的本科毕业生和硕士毕业生，还有少数博士毕业生、新聘教师及部分轮岗挂职干部，但在招聘条件中并没有对专业作严格的限制，成功被录取的多数人员，在思想政治教育相关学科背景的专业理论知识方面还较为薄弱。

辅导员因其日常性、事务性工作繁多，以及特殊的工作性质，导致时刻处于思想紧绷状态且异常忙碌，出去进修时间不足，培训机会较少。辅导员因身处学生工作一线，往往随着年龄的增长存在身体素质跟不上工作节奏的情况，所以年长辅导员多数愿意走行政岗等非辅导员岗位，但此类岗位位置较少，所以就存在队伍不稳定、晋升通道不足的情况。同时，近年来，一些高校存在压缩学工队伍科级干部岗位的情况，进一步阻碍了一线辅导员的晋升。

### （四）高校辅导员被认可度不高

由于长期从事繁杂的事务性工作，辅导员往往希望自己的学生能够理解他们，学校能够重视他们，社会能够尊重他们。但是在现实中，辅导员并没有得到足够的回报，也没有得到充分的认可。对于一所高校来说，辅导员在学生成才和校园稳定上作出了重大贡献，理应得到应有的工资待遇和社会地位。然而，辅导员这一职业群体在高校中往往处于边缘甚至被忽视的地位，很多高校认为辅导员并不是专业化职业，不需要什么职业技能，只要学历水平过关，任何人都可以从事。在其他教师和管理者看来，辅导员只是处于无关紧要的地位，与同龄的专业课教师、机关管理人员相比，辅导员在职业地位和晋升空间上都有着较大差距。

## 二、厘清积弊难点，客观分析问题

辅导员作为高校大学生的思想引路人，其素质能力的提升对于高等教育事业的发展、教书育人成效的保障具有重要意义，是高等教育质量提升的重要一环，对于加速培养社会主义接班人具有重要意义。辅导员作为学生管理的一线工作者，要在日常学习生活中成为大学生的知心朋友，成为学习道路上的引导者，成为学生心理健康的保障者、心理问题的疏导者。因社会环境的变化，导致青年大学生心理问题凸显，此项工作重要且繁重。因此，高校辅导员对于高校学生的成长具有重要意义，其素质能力的提高同样意义重大。对于辅导员素质能力的提升，应该厘清积弊难点，客观分析存在的问题，打通辅导员素质能力提升的通道。

2016年全国高校思想政治工作会议上，习近平总书记强调，加强教师队伍和思想政治工作队伍建设，将"立德树人"作为教育的根本任务。不但抓住了教育的本质要求，也契合了教育和人才培养的规律，并且进一步丰富了培养人才的深刻含义，科学地回答了"培养什么人，如何培养人"这一根本问题，为高等教育改革发展指明了方向。2019年1月18日，教育部部长陈宝生在全国教育工作会议讲话中指出了国家推动高等教育教学质量的一系列措施，例如，印发"新时代"高教40条，启动"六卓越——拔尖"计划2.0，启动产教融合建设试点，加快"双一流"建设实施，启动高等学校基础研究珠峰计划等。2020年4月22日，教育部等八部门印发了《关于加快构建高校思想政治工作体系的意见》，其中在第23条"打造高素质思想政治工作和党务工作队伍"中，着重对高校专职辅导员的职业发展体系——职级、职称"双线"晋升、选聘工作、培训、管理、考核制度、岗位津贴等方面提出了明确要求。以上种种措施要求各高校要充分认识到辅导员队伍作为高校教师队伍之一的责任担当，以及加强高校辅导员队伍"三化"建设的重要性，务必严格把握好辅导员的选聘、培养、考核等辅导员"三化"建设机制，这样才能制定出高校辅导员队伍"三化"建设的路径。

## 第二节 与时俱进，回应新期待

时代在变化，环境在改变，具体任务不断更新，这就需要辅导员队伍与时俱进、改革创新，通过创新获取队伍建设的新途径、新动能。

### 一、紧跟时代步伐，落实最新要求

随着新时代的到来，大学生的发展和需求也日趋多元化，呈现出新特点、新标准和新要求。高校辅导员如何提升自身素质能力以不断适应学生管理和教育的新挑战，进而成为学生可靠的人生导师和知心朋友，为我国高等教育事业发展注入新的动力，是当下亟须解决的问题。党的十九大以来，以习近平同志为核心的党中央对高校辅导员这支队伍高度重视，高校辅导员队伍建设面临前所未有的发展机遇，高校辅导员的时代使命和育人责任更加明确。

第一，明确角色定位。2017年，教育部颁发《普通高等学校辅导员队伍建设规定》，文件进一步明确，辅导员应当努力成为学生成长成才的人生导师和健康成长的知心朋友。围绕学生成长成才规律和立德树人的要求，更加科学地界定了辅导员的九项工作职责，将"思想理论教育和价值引领"从"思想政治教育"中提炼出来，明确了辅导员所做的工作内容，从概念上厘清了"思想政治教育"与辅导员九项工作职责之间的关系，解决了辅导员角色不清、角色错位等问题。

第二，注重内涵建设。新时代辅导员队伍专业化和职业化发展的能力导向得到不断强化。《普通高等学校辅导员队伍建设规定》明确提出，高等学校要保证辅导员工作有条件、干事有平台、待遇有保障、发展有空间，并进一步明确高校辅导员的工作要求与职责、配备与选聘、发展与培训、管理与考核等内容。此外，2013年教育部印发《普通高等学校辅导员培训规划（2013—2017年）》，要求建立健全多级培训网络，不断扩大培训覆盖面，加强基地建设和师资队伍建设，从多方面提升辅导员专业化建设。2014年教育部印发《高等学校辅导员职业能力标准（暂行）》，对辅导员的职业概况、职业知识、职业能力标准作了详细规定。这些都将高校辅导员队伍建设提升到了新的水平，为辅导员职业能力提升指明了方向，辅导员队伍内涵建设不断加强。

2019年1月，国务院印发《国家职业教育改革实施方案》（以下简称《方案》），为新时代职业教育的建设和发展做好了顶层设计、规划了行动指南。一是适应办学新常态，完善育人机制。《方案》提出，"职业教育要由政府举办为主向政府统筹管理、社会多元办学的格局转变"，政府职能将由"办职业教育"向"管理与服务"过渡；"使城乡新增劳动力更多接受高等教育"，国家政策层面"职业院校扩招100万"势在必行；《方案》还要求，未来职业教育应"落实好立德树人根本任务，健全德技并修、工学结合的育人机制"。可以预见，职业教育市场竞争将更加激烈，高职辅导员队伍的经费投入与人员保障面临新的挑战，培养对象更加多元，学生结构更加复杂，这些都是未来职业教育必须面对的新常态。如何丰富辅导员队伍的知识结构，如何在人才培养中支撑德技并修，是下一步加强高职院校辅导员队伍建设、适应未来国家职业教育发展的关键所在。进一步增强辅导员职业素养，形成以育人为导向、以促成为手段、以学生为中心的专业化、职业化的辅导员队伍是新时代发展的必然要求。辅导员需要在提升专业化、职业化的基础上，整合学生、学校与行业、企业等各方资源，全程跟踪学生成长成才的动态，以思想政治教育的方式将"知行合一、工学结合"的精髓注入学生的教育全过程，做好高职院校职业教育与学生成长成才的"最后一公里"衔接保障。

第三，培育工匠精神。2019年8月，习近平总书记在甘肃考察时说："我国经济要靠实体经济作支撑，这就需要大量专业技术人才，需要大批大国工匠……职业教育前景广阔、大有可为。"职业院校办学特征决定了高职院校辅导员承担培育学生工匠精神，重视服务产业结构调整、产业技术升级，以支撑实体经济发展的重任。面对新的挑战，辅导员队伍建设要更加注重职业能力标准建设，丰富工匠精神培育手段，增强创新创业教育能力，积极探索专业教育与创新创业教育有机融合、实践教学与工匠精神有机融合的有效途径。在学校层面，统筹企业资源，组建培养学生工匠精神的校企合作专门机构，重视学生职业素养的培养；围绕专业技能、职业发展、就业择业、学生成长难点问题等，举办沙龙活动，培养学生理性思维、批判质疑、独立思考的能力；围绕专业发展、技术趋势的前沿问题，邀请校内外知名专家教授开展座谈、讲座，提升学生专注严谨、精益求精的意识；围绕产业发展前景、专业技术发展、企业人才需求等内容，举办企业专家讲座，培养学生对专业技术的学习兴趣和前瞻性思维；推进现代学徒制，在实践学习中培育工匠精神。在辅导员层面，要提升辅导员创新创业和职业规划教育能力，利用好网络平台，整合校内资源与企业资源，开展企业文化、专业及新技术宣传活动，培养学生积极的劳动态度，坚定学生职业理想，培养学生爱岗敬业的精神；利用好第二课堂，推进优质科技创业社团建设，积极引导和组织学生参加各类专业技能竞赛和创新创业比赛，以赛促学，在加强学生职业能力训练的同时，培养学生的工匠精神。

第四，落实"三全育人"新要求。2018年5月，教育部发布《关于开展"三全育人"综合改革试点工作的通知》，提出从省、学校和院（系）三个层面构建"三全育人"一体化工作体系。辅导员队伍建设必须遵循"三全育人"的工作思路，将辅导员"单兵作战"模式转向全体教工"全员育人"模式；以"执行力、专业力、创新力"为引擎，把辅导员队伍打造成一支全能型的学生工作队伍。

首先是理念先行，打造特色育人模式。"三全育人"是思想政治教育新理念、新格局、新体系，只有在思想上率先破冰，行动上才能顺利突围。推行"三全育人"是高校打造特色育人模式、切实增强思想政治教育实效性的良好契机，必须强化问题导向，抓住机遇改革创新，结合高院办学特色，全方位地开展"三全育人"实践。做到有力、有效、有序地将思想价值引领贯穿高校教育教学全过程，形成"十大育人"体系的长效机制。

其次是全员参与，完善多维育人格局。在"三全育人"理念的指引下，队伍建设不能局限于辅导员，要着眼于全员进行思想政治教育，搭建多维育人平台。学校要在党委统一领导下，成立专门的工作机构，协调和统筹组宣部、团委、学生处、教务科研处、图书馆及相关教学教辅部门，全校上下紧密配合，构建"大思政"育人格局。在思想政治课程建设上，以辅导员队伍、思想政治教学队伍为基础，建设一批学生真心喜爱、终身受益的思想政治理论课，充分利用信息技术手段，实现课内课外、线上线下相结合，培育"叫好"又"叫座"的品牌思想政治课。在校园文化建设上，通过校内外服务平台建设，让广大师生在服务他人、服务社会中涵养道德，践行社会主义核心价值观；通过名家讲堂、座谈会、研讨会，厚植"德育为先"的育人理念；通过树立一批师德榜样，形成"人人向善，从我做起"的担当氛围，连点成线，连线成面，使思想政治教育工作影响力变强变大。

最后是多措并举，着力提升主力军"三力"。实现"三全育人"，要着力提升辅导员的执行力、专业力、创新力。其中，执行力是辅导员的核心业务能力，专业力、创新力是辅导员的必备素质。提升"三力"要"文武并用"：一要定期开展资格考试、技能竞赛，通过考试与竞赛增强辅导员的知识储备。二要加强培训，除了常规的岗前培训，还应开展形式多样、主题鲜明的在职培训，实现辅导员技能成长和工作需求的有机结合，使辅导员队伍各怀绝技、优势互补。三要讲好中国故事，以优秀传统文化为支撑，探索文化育人新模式。中国传统文化是立德树人的重要基础，不仅有助于培育新时代大学生，也是辅导员成长的重要依托，是培育辅导员团结合作、开拓创新、爱岗敬业、精益求精的匠心之魂。要将主流文化与地域特色、学校特色相融合，发展独具特色的高水准校园文化。四要完善科学管理办法。制定辅导员岗位聘任办法，严格选聘高素质辅导员；做好辅导员发展的顶层设计，畅通职级晋升和职称评审渠道；打造特色团队和辅导员工作室，发挥"头雁效应"；科学评价辅导员职业能力和工作贡献，完善思想政治教育队伍的专业职务系列，探索设立辅导员科研资助制度；为辅导员起步和发展构建保障，实现辅导员队伍的可持续发展。

## 二、尊重客观规律，谋求科学发展

高校辅导员队伍建设和素质能力提升，应该从可持续发展的视角，遵循教育自身的规律、人力资源配置规律、人才成长规律以及辅导员职能不断拓展的规律。

### （一）遵循教育自身规律

辅导员是教师、管理者，是通过教育、管理和服务育人的。教育有自身的规律，教育质量和效果受到生源质量、地域环境、家庭因素、学生学习方法、学校管理模式等因素的影响和制约。教育工作是专业教师、教辅人员、管理人员等群体化和系统化的劳动，教育教学质量如何，同每位教师工作都密切相关。教育教学质量的评价也不能把某一类教师队伍孤立起来进行，必须在一定的条件下在一定的时空中综合考虑。

高校在辅导员队伍建设过程中，往往存在忽视教育规律的倾向，体现为高校辅导员在实际工作中职责不明，分工不清。辅导员在现实中扮演着多重角色，承担了太多的责任，似乎涉及学生方面的工作都要管。在高校辅导员工作评价上没有形成科学的评价体系和评价标准，高校和社会往往片面地认为学生思想好、学习好是辅导员的功劳，学习差、表现差是辅导员的失职，把高校系统的育人效果评价归因到辅导员一支队伍上，给辅导员队伍太多的压力，不利于辅导员队伍的发展。

辅导员队伍建设要遵循教育自身的规律，就是要把辅导员队伍建设放在高校整体改革、发展和稳定的战略中去审视，就是要把辅导员队伍建设放在高校教师队伍建设的整体中去考察，就是要认清辅导员队伍作为教师队伍和管理队伍的双重身份，既给其发展的期望，又不至于使其承受过多的压力，给辅导员队伍以高度的人文关怀，营造宽松的发展环境。

### （二）遵循人力资源配置规律

人力资源是指在一定范围内能够推动整个社会和经济发展且有一定智力和体力劳动能力的人群的综合，是在一定劳动力资源的基础上，发挥积极创造性的群体，优化人力资源配置，就是充分实现人力资源价值和人的价值，让人力资源能够获得发挥其才能的机会和平台，尊重其个人追求和内在价值的实现，关心人的自我进取和自我发展，同时也要对每个人制定统一的评价标准。

目前高校对辅导员队伍建设实际背离人力资源配置规律的情况仍然存在。根据调查问卷结果，不同职称的辅导员对于"学校为辅导员开展学术研究提供有效支持"选项的评价存在显著差异。其中，获评中级职称者均值最低。对比发现，中级与副高职称者的均值差为1.57，存在显著差异。这是由于中级职称者的下一个职业目标就是争取获评副高职称，而通常高级职称的评选名额相对较少，对获评人员的要求更高，这便成为讲师们职业发展的瓶颈，也给年轻辅导员增加了不少压力。

高校辅导员队伍建设遵循人力资源配置规律，就是要给辅导员创造公平竞争的平台。比如，在中级职称的辅导员进行学术研究时，能够从学校层面获得更多的支持与帮助，例如充足的科研经费，良好的科研平台等，从而提升学生工作方面的调查研究能力，提高工作水平。所以高校应完善辅导员考评和激励制度，真正使辅导员岗位能够吸引人、留住人、发展人。

### （三）遵循高校辅导员队伍建设成长规律

人才成长规律是对人才成长过程中各种本质联系的概括与归纳。促进辅导员全面、协调、可持续发展，从人才成长规律的视角把握好如下的规律。

一是竞争选择的规律。辅导员作为人才的成长总是在与他人相比较而存在、相竞争而发展的。这是因为，在社会发展的每一个阶段，社会对特定角色的需要都是一定的，在社会需求的刺激下，潜在人才的数量总是大于社会对特定角色的需求。在社会各个领域内，人们为了取得有利的发展条件而进行激烈的社会竞争。正是这种社会竞争培植了人的进取心和首创精神，成为人才辈出的重要条件。辅导员在成长的过程中要面临多次的竞争选择，通过这种竞争选择从而获得更好的成长和发挥才能的机会。所以，要为辅导员队伍建设打造公平竞争的平台，形成科学的竞争评价机制和合理的竞争淘汰机制。

二是人才流动规律。人才流动是人才成长的催化剂，树立人才流动的理念，激发人人成才；通过人才流动促进潜人才转化，人才流动为潜人才的脱颖而出创造了条件，是潜人才向"显人才"转化的重要途径；通过人才流动促进人才层次提升。辅导员队伍中要树立人才合理流动的理念，建立完善的能进能出、能上能下的人才流动机制。创造有利于人才流动的环境，畅通人才流动渠道，建立健全人才流动保障机制，促进辅导员由潜人才向"显人才"的转化。

三是人才成长规律。随着人才主、客体环境的不断变化，人才实践活动也随之发生变化，人才成长总是经历着"准人才"—"潜人才"—"显人才"—"领军人才"等过程。辅导员队伍建设应握人才成长规律，要树立人才是第一资源的理念和人人都可成才的理念，要明确辅导员队伍建设长远规划目标，要认识辅导员发展成长是一个长期发展转化的过程，不可能一蹴而就，要努力做到队伍建设阶段性和连续性的统一。

**（四）遵循高校辅导员职能拓展规律**

我国高校辅导员制度建立以来，其职能在不断拓展，并且在未来的发展中，仍需要不断强化和推进。

首先，随着我国高等教育的发展，其职能不断拓展。与高等教育目标相联系，我国辅导员工作职能源于政治工作，是加强党对高校领导的一项政治工作。当前，我国高校辅导员工作已经具有思想政治教育、班级管理、心理健康教育、就业创业、学习指导、生活服务等职能。随着高等教育不断发展，高校辅导员的工作职能也应该不断拓展。

其次，辅导员工作的研究领域需要不断拓展。思想政治教育或者德育作为学科建设和研究的领域在不断拓展，以教育、管理和服务育人为核心的辅导员工作的研究和探索也必须拓展：一方面是随着思想政治教育或者德育研究领域的拓展而拓展；另一方面辅导员工作的研究或拓展必须超越思想政治教育或者德育研究的局限，向其他科学延伸，比如，近年来辅导员的工作研究与心理学科联系越来越紧密，与网络技术和信息技术的研究越来越紧密。

再次，辅导员作为一种职业，其职能需要不断拓展。辅导员工作的职业化发展，就要求其工作职能定位必须遵循职业发展规律。一个职业形成的过程，从本质上讲，是社会分工细化的过程。在一个组织内部，由于社会分工的细化可以提高工作效率，一个职位的产生逐渐成为必要。当前大学生思想政治教育受到多种因素的影响，其难度和强度越来越大。这种情况下，辅导员"全能化"发展，已不能成为大学生教育、管理和服务的通才，而只能成为某一方面的专家。所以，辅导员在日常工作中也必须细化分工，以辅导员职能拓展性研究为前提。辅导员专业化、职业化、专家化成为辅导员队伍建设必然的趋势。

基于辅导员队伍建设需要遵循的规律，在新形势下要做好大学生思想政治工作，必须重视辅导员队伍的发展，推进辅导员队伍的科学化建设。辅导员队伍科学化建设是指让辅导员的发展方向变得更加职业化和专业化，让辅导员真正成为一门职业。辅导员职业化发展意味着让辅导员长期从事这项工作，使辅导员队伍保持稳定性和持续性；辅导员专业化发展是指把辅导员作为一种相对独立的职业，让具备相关知识和能力的人，经过系统的、专门的培训，加入这支队伍中来。

基于辅导员队伍的重要作用，新形势下应该在尊重辅导员队伍建设和个人成长规律的前提下，做好辅导员个人素质提升，谋求科学发展。

首先，有助于提高思想政治工作质量。高校思想政治工作关系到培养什么样的人、如何培养人以及为谁培养人这个根本问题。辅导员作为高校思想政治工作阵地的一线人员，是大学生思想政治教育的指导者、实施者和组织者，是大学生成长成才的人生导师，是他们健康成长的知心朋友。推进辅导员队伍科学化建设，提高辅导员的业务能力和综合素质，能够帮助他们提升解决学生思想问题和实际问题的能力，提高思想政治教育的质量。

其次，是应对新形势下辅导员工作复杂化的需要。中国特色社会主义进入了新时代，赋予高校思想政治工作新的内涵、使命和要求，高校思想政治工作迫切需要深刻的变革，辅导员工作也面临着许多新问题、新任务和新挑战。在日常工作中，辅导员面临着困难学生帮扶、学生心理问题骤增、就业压力增大、学业问题以及网络思政等各方面的难题，这些问题在新形势下变得日趋复杂和多元化，这就需要辅导员队伍顺应时代要求，不断加强科学化建设。

再次，是辅导员自身发展的迫切需求和必然选择。新时代的辅导员承担着多种角色，不仅是学校和学生沟通的桥梁，也是国家和学校政策的传播者与执行者。辅导员既是学生的良师，又是学生生活上的益友。因此，辅导员不仅要成为学生思想、学习、生活等方面的解惑者，更要做学生梦想的领航者。这就需要他们不断学习，强化理论知识，努力提升自身的整体综合素质，实现自身更为长远的发展。具体应该做到以下几点：

一要明确辅导员的主要工作职责。辅导员首先要明确自己的首要任务是做好学生的思想政治工作，因此要把思想理论教育和价值引领放在首位，把立德树人作为自己工作的重点，帮助学生践行社会主义核心价值观，培育正确的世界观、人生观和价值观，做好学生的引路人。

二要提高辅导员队伍的整体素质。教育部43号令对辅导员的工作作出要求，辅导员要做到政治强、业务精、纪律严、作风正。第一是政治强，这是放在首位也是最基本的条件。作为大学生思想政治教育的骨干力量，辅导员必须具备良好的思想政治素质，在政治原则、方向和立场问题上始终与党中央保持一致，具有较高的政治觉悟，具有坚定的理想信念和追求。第二是要业务精。辅导员作为一个工作人员，工作业务能力必然是重要的，想要做好辅导员工作，就必须有过硬的专业知识储备和工作技能。第三是要做到纪律严。具有大局意识和责任意识，服从组织纪律和安排。第四是作风正。教师是人类灵魂的工程师，辅导员更是。作为大学生思想政治素质的引领者和立德树人任务的主要承担者，辅导员自身必须具备良好的道德品质，工作中能够做到无私奉献、艰苦奋斗，对学生有责任心和爱心。

三要建立系统化的培训机制。培训是辅导员提升自身素质的重要途径。要想推进辅导员队伍科学化发展，高校就必须建立相应的系统化培训机制，制订短期和长期的培训规划，把校内培训和校外培训、日常培训和专题培训、线上培训和线下培训结合起来，确保辅导员每年都能够参加一定数量的各种形式的培训。同时，还可以组织辅导员参加一些社会实践活动，如组织他们到红色革命基地和其他高校进行学习交流，一方面可以提升他们的政治素养，另一方面可以开阔视野，通过交流学习来拓展思路，提高工作能力。加强对辅导员队伍的领导，做好辅导员队伍的建设和管理，离不开学校领导和各方面的重视。第一，在辅导员队伍管理方面，高校应该进一步加强党委的统一领导，形成党政齐抓共管、相关职能部门和各个院系都参与进来的工作机制。整合全校上下各个方面的资源，在辅导员管理上形成强大的合力。第二，要深入到辅导员队伍当中去，定期举办座谈会、沙龙等，听取辅导员在学生管理和自身发展等方面的意见和建议，指导他们做好学生工作，帮助他们解决实际问题。第三，要把辅导员队伍的建设情况纳入学校的考评体系，把它作为学校考核各院系的重要指标，作为考核领导干部工作业绩的重要指标，定期督促检查。

## 第三节 科学谋划，探索新路径

加强高校辅导员队伍建设关系到辅导员队伍素质的提高，关系到高校人才培养的质量，关系到国家人才培养战略目标的实现。所以应该科学谋划，探索路径，规范辅导员队伍专业化建设，提升辅导员自身素养，打造一支高素质、专业化、作风过硬的辅导员队伍。

## 一、优化顶层设计，构建科学体系

高校要高度重视辅导员队伍建设，注重辅导员素质能力提升，要将其纳入教师队伍建设和党政管理干部总体规划。学校要始终遵循教育规律，遵循思想政治工作规律、教书育人规律、学生成长和教师发展规律，按照"政治强、业务精、纪律严、作风正"的总体要求，明确"高标准选聘、科学化管理、多元化培养、全方位保障、多样化发展"的建设思路，以更大的力度、更实的措施推进辅导员队伍科学化建设，使辅导员队伍成为学校学生工作队伍的专家力量、管理队伍的支柱力量、教师队伍的骨干力量、服务社会的先进力量，为学校改革夯基垒台，为学校发展立柱架梁，切实发挥支撑作用。

要结合"立德树人"任务，在辅导员队伍发展思路上注重"选、育、评、留、转、提"等环节，在制度设计、梯队建设、培养体系等方面不断完善，形成辅导员队伍建设的科学体系，充分保障这支队伍的凝聚力和战斗力。

### （一）强化制度建设，注重规范化管理

高校应该高度重视辅导员队伍建设发展和推进工作，根据教育部《普通高等学校辅导员队伍建设规定》《高等学校辅导员职业能力标准（暂行）》的要求，结合高校整体发展规划和辅导员队伍工作实际，着力培养德才兼备、岗位履职卓越、具有开拓创新意识的优秀辅导员。高校要结合自身实际制定完善的《辅导员队伍建设条例》《辅导员培训规划》《辅导员考核办法》等文件。对辅导员管理实现规范化、动态化，可以采取过程督查与阶段考核相结合的方式，加强科学管理，统筹协调整体性工作、规范推进阶段性工作，召开研讨交流会，及时研究进展情况，实施分类指导，确保工作扎实有序落实。

### （二）完善准入制度，充实队伍构成

高校在辅导员选聘过程中，应完善辅导员准入机制，严把入口关，严格按职业标准选拔人才，坚持宁缺毋滥原则，有计划、有步骤地选聘具备思想政治工作相关知识，具有较强组织管理、语言表达等能力的辅导员。同时，应结合辅导员年龄结构、综合素质、专业背景、绩效考核、责任意识等方面，完善辅导员准出机制，畅通出口关，进一步优化辅导员队伍结构，时刻保持辅导员队

伍的生机与活力。同时要坚持德才兼备，从优选拔的原则贯彻实施辅导员助理制度，做好辅导员助理的选拔工作，从在读学生中选拔优秀学生作为辅导员助理，进一步丰富辅导员人员构成，提升学生工作的活力。

**（三）优化考核模式，强化评价激励**

优化辅导员考核体系与激励机制，注重全维度、全视角对辅导员进行绩效考评。高校应该从学生评议、院系考核、相关职能部门考核、绩效考核等多个方面，建立完善、合理的评价体系。例如，学校可以建立大学生满意评价制度，让学生评出最喜欢的老师，并将评选的结果与辅导员的绩效奖金挂钩，这样无疑能从实质上提升辅导员工作的积极性，同时提高他们的教学成就感。从另一方面来讲，大学生满意评价制度既是对辅导员的激励，也是监督，还能形成辅导员之间的良性竞争。通过这一制度，能在一定程度上反映辅导员之间的良性竞争，还能在一定程度上反映辅导员的工作状态和工作效果，促进辅导员工作方法改进，从而促进高校思想政治工作的良性发展。

**（四）实施高校辅导员职业能力级别评定**

为了进一步规范辅导员队伍管理，充分发挥辅导员主观能动性，激发辅导员的工作热情，激励辅导员向专业化、职业化、专家化方向发展，推动高校学生管理工作者在学生思想政治教育、帮助引导、服务育人等工作上的专业化与职业化的发展，学校实施辅导员职业能力级别评定工作。成立校级领导小组，进一步完善辅导员职业能力级别评定管理办法，根据相应级别发放岗位级别工资，实现"物"有所值，发挥激励作用。

## 二、坚持系统思维，形成内外联动

新时代背景下，党和国家为适应当代职业的发展和国内国际形势的变化，对辅导员的专业职能、选聘条件、培养方式进行了系统规定，高校辅导员队伍建设必须以习近平新时代中国特色社会主义理论为指导，坚持系统思维，形成内外联动，探索出加强辅导员队伍建设和辅导员个人能力提升的具体路径。

**（一）坚持质量导向，确立标准**

在加强高校辅导员队伍建设的工作中，应当坚持质量导向和内涵发展，按照"立标准、建机制、提质量、促发展"的整体思路，全面推进高校辅导员队伍的科学化建设。具体来说，从确立辅导员岗位职责、职业准入、工作评价和成长发展标准等方面入手,努力抓好辅导员知识体系支撑和培养培训机制建设,提升辅导员工作和队伍建设质量,促进思想政治教育学科和辅导员自身的发展。概括地说,主要体现在两个层面:一是外因层面,政策、机制、环境还需要进一步优化;二是内因层面,辅导员队伍自身素养还需要进一步提高。

确立标准可体现高校辅导员队伍建设的质量导向。标准是质量之基,以标准体现高校辅导员队伍建设的质量导向,就是要把已经出台的辅导员队伍建设的各项政策措施转化为可操作、可执行、可评估、可考核的建设标准,具体包含以下几个方面。

1. 确立辅导员岗位职责标准

辅导员是开展大学生思想政治教育的骨干力量,是大学生日常思想政治教育和管理工作的组织者、实施者和指导者。辅导员要努力开展以理想信念教育为核心的世界观、人生观、价值观教育,以爱国主义教育为重点的民族精神教育,以基本道德规范为基础的公民道德教育,以大学生全面发展为目标的素质教育,指导学生形成正确的人生目标、价值取向、思维方式、道德法制意识,以及良好的品行操守、健康的心理。高校要结合实际,进一步明确辅导员工作要求、岗位职责,让辅导员"干有所依""考有所据"。

2. 确立辅导员职业准入标准

按照政治强、业务精、纪律严、作风正的要求,结合岗位职责,研究制定科学的职业准入标准和严格的选拔程序。坚持"起点前移、重心下移",发现、考察并培养目标对象,真正把忠诚于党的教育事业、热爱学生、乐于奉献、善于做大学生思想政治教育工作的同志选聘到辅导员队伍中来。高校应根据辅导员队伍建设的实际情况,制定有利于队伍可持续发展的职业资格条件,确保辅导员入职的高起点和成长的厚基础。

3. 确立辅导员工作评价标准

辅导员工作在大学生思想政治教育的第一线。要制定反映辅导员工作特殊性的专业化评价标准,建立和完善辅导员绩效管理体系,树立辅导员履职导向,促进形成辅导员的专业地位和社会声誉。高校要坚持定性和定量结合、过程与结果结合,突出考核工作实绩特别是关键时刻的表现,制定科学合理的辅导员工作评价标准,全面客观地评价辅导员工作。

4.确立辅导员成长发展标准

辅导员具有教师和干部的"双重身份",可以在教师专业技术职务和行政职务上"双线晋升"。高校要充分考虑辅导员工作的特点,制定专门的辅导员评聘专业技术职务标准,做到"岗位单列、序列单列、评议单列",打通辅导员从助教晋升到教授的发展通道。同时,要根据工作年限和实际表现,确定相应级别的行政待遇。

(二)坚持内涵发展,完善机制

制度是根本,制度管长远。以制度保障高校辅导员队伍建设的内涵发展,就是要把握时代的发展和环境的变化,针对制约辅导员队伍建设和辅导员自身发展的瓶颈问题,建立一套既立足当前、能够有效解决突出问题,又着眼长远、保证辅导员队伍建设不断推进的体制机制。解决辅导员队伍建设和发展的动力机制问题,可以从以下几方面着手开展工作。

1.建立高校辅导员知识体系支撑机制

专业知识体系是辅导员队伍专业化建设的重要支撑。要从基础性和应用性的视角,建立健全辅导员工作的专业知识体系。基础性部分包括马克思主义理论、政治学、社会学、心理学、管理学、教育学等学科知识;应用性部分包括心理健康教育、职业生涯规划、就业指导与服务、学生事务管理等工作技能。高校要积极加强辅导员的知识体系建设,把知识学习和经验传授、理论熏陶和实践锻炼有机结合起来,不断提升辅导员的专业素养。

2.建立高校辅导员队伍培养培训机制

培养培训是辅导员掌握专业技能、提高岗位适应能力、增强工作创新性和研究性的重要途径。要研究建立融教学、科研、实践交流三位一体的培训体系,建立岗前培训、日常培训、专题培训、职业化培训有机结合的培训流程,着力提升辅导员的政治引导能力、学业与就业的指导能力、生活情感的辅导能力、心理困惑的疏导能力和危机处理的应对能力。要进一步完善优秀辅导员攻读思想政治教育专业硕士和博士学位的招生选拔机制,真正让表现突出、业务优秀、学有潜力的辅导员有学习深造的机会。高校要将专职辅导员在职攻读学位和国内外业务进修纳入教师培训计划,使辅导员享受有关鼓励政策。

3.建立高校辅导员队伍建设政策的合力形成机制

努力创造良好的政策环境、工作环境和生活环境,使辅导员工作有条件、干事有平台、发展有空间,是辅导员队伍可持续发展的关键。高校要真正把辅导员队伍建设作为关键任务,作为办学质量、教学评估、教师队伍建设、文明单位创建和领导干部工作业绩的重要考核指标,制订辅导员队伍建设规划,在选聘、管理、培养和发展等方面拿出更为有效的措施。要针对高校辅导员队伍制度建设中存在的部门化、碎片化等问题,进一步加强与编制、组织、人事等部门的协调沟通,努力突破辅导员编制、专业技术职务评聘和行政职务晋升等瓶颈问题,形成齐抓共管、多方支持的工作合力。同时,要加大对职称评聘、职务晋升等重点工作的督查工作力度,确保政策落到实处。

### (三)注重质量建设,提升整体水平

思想观念是行动的向导,要在辅导员队伍数量发展的同时,把提升质量摆在更加突出的位置来抓。"从思想上真正高度重视提高质量,牢固树立科学的质量观。"具体来说,主要包含以下几个方面。

1. 提升辅导员队伍质量

职业认同是做好辅导员工作的基础。当前,少数辅导员的职业认同感、荣誉感还不强,不能全身心地投入大学生日常思想政治教育和管理工作,不愿长期从事辅导员工作。要进一步加强辅导员职业内涵挖掘与职业道德建设,通过征集和推出辅导员誓词等措施,增强辅导员的职业认同感、使命感和成就感,引导辅导员更好地在工作岗位上实现岗位奉献、岗位成才、岗位发展。要注意发掘、培育和树立一批辅导员先进典型,宣传他们的先进事迹,充分肯定辅导员在大学生思想政治教育中的突出贡献。

2. 提升辅导员工作质量

提高思想政治教育的针对性和实效性是当前辅导员工作面临的重要课题。高校要积极创造条件、搭建平台,鼓励并支持辅导员结合工作实践,研究工作对象和环境的变化情况,探寻大学生思想政治教育的规律性、前沿性问题,在工作中找问题、攻难题,有针对性地提出解决问题的思路和方法,努力把辛苦转化为成果、把经验上升为科学,不断提高思想政治教育的科学化水平。

3. 提升辅导员队伍建设保障质量

辅导员队伍建设必须要有科学的资源供给和保障。要善于从辅导员最关心的、与其自身利益和成长发展联系最密切的问题入手,积极推进校内资源、校际资源、社会资源的有机整合,形成政府、学校和社会积极联动的辅导员队伍

建设格局。整合校内资源就是要充分集成校内教育、管理、服务部门的育人资源，形成辅导员队伍建设和思想政治教育的资源向心力。整合校际资源就是要充分借鉴其他高校辅导员队伍建设的好经验、好做法，推进不同高校之间辅导员队伍建设资源优势的有效互补。整合社会资源就是要主动争取地方党委政府和各有关部门的宏观指导、力量投入，形成社会各方面都能够共同关心辅导员队伍、支持辅导员工作的良好氛围和强大合力。

（四）增强普遍认知，提供有力保障

推动高校辅导员队伍建设科学发展，就是要以提高素质和能力为重点，采取有力措施，从思想认识、体制机制、政策保障、人才培养等方面采取有力措施，着力建设一支高水平的辅导员队伍。

1. 提高重视力度，促进事业发展

加强和改进辅导员队伍建设，对于培养中国特色社会主义事业合格建设者和可靠接班人、巩固党的执政基础，对于维护高校稳定、推动高等教育事业科学发展，对于推进素质教育、促进大学生全面发展和健康成长成才有着十分重要的意义。要加强分类指导，根据研究型大学、教学研究型大学、教学型大学、高等职业院校以及民办高校等不同类型高校的实际情况，确立辅导员队伍建设的具体要求。组织开展包括辅导员队伍建设在内的思想政治教育工作测评，以评促建、以评促改、以评促管，把思想政治教育作为一项事业来推动发展。

2. 加强整体指导，促进辅导员自身发展

尊重和支持辅导员队伍的成长发展需求，既是对辅导员队伍的一种理解与关爱，也体现了一种求真务实的态度和着眼事业发展的使命感。高校应加强对辅导员队伍的职业生涯规划指导，将辅导员队伍建设与学校整体队伍建设结合起来、与党的干部工作和人才工作结合起来，注重文化育人，推进人本管理，强化专业培养，促进辅导员队伍健康发展。广大辅导员作为高校教师队伍中年轻而富有活力的群体，应主动适应新形势、新任务、新要求，不断加强思想道德修养，努力成为立德树人、教书育人的楷模，不断提升业务水平，不断加强学习研究，努力成为大学生思想政治教育领域的高素质专门人才。一批好教师会造就一所好学校，一位好辅导员会成就一批学生的美好未来。辅导员是高校中离大学生最近的人，应当成为大学生的人生导师和健康成长的知心朋友。辅导员队伍建设关系大学生思想政治教育质量，关系人才培养质量，关系高等教育质量。有党中央、国务院的高度重视，有教育部党组的坚强领导，有各地各高校的扎实工作，辅导员队伍建设一定能够取得更新更大的成绩，为培养中国特色社会主义合格建设者和可靠接班人作出贡献。

### 3. 提升质量意识，实现内涵发展

党的十九大报告提出，新时期我国高等教育要落实立德树人的根本任务，加快建设一流大学一流学科，提高高校人才培养质量，积极推进高等教育内涵式发展。要推动高校的内涵式发展，关键在教师。辅导员队伍作为高校教师的重要组成部分，是高校立德树人的中坚力量，在高校变革发展的道路上，这支队伍的内涵式发展尤为重要。习近平总书记也在全国高校思想政治工作会议上强调，要拓展选拔视野，抓好教育培训，强化实践锻炼，健全激励机制，整体推进高校党政干部和共青团干部、思想政治理论课教师和哲学社会科学课教师、辅导员班主任和心理咨询教师等队伍建设，保证这支队伍后继有人、源源不断。这就对新时代辅导员队伍建设方向作出了清晰指导与明确要求。随着经济社会和高等教育的内涵式发展，传统粗放式、外延式的学生工作管理模式已经难以适应学校发展的要求，难以满足大学生成长成才的发展需要，辅导员队伍聚焦主责主业并转型为内涵式发展就显得极为迫切和紧要。只有抓住了辅导员队伍这一核心，才能为培养德智体美劳全面发展的社会主义建设者和接班人提供有力的思想保证、精神动力和智力支持。

## （五）明确概念内涵，掌握方式方法

要理清内涵式发展的概念，必先认识何为内涵。所谓内涵，是指一个概念所反映事物的本质属性的总和。内涵式发展是以事物内部因素作为动力和资源，旨在促进事物本身的质量提升和内部生长的一种发展模式，如水平提高、结构优化、实力增强等。辅导员队伍的内涵式发展，即以高校的发展需要与辅导员群体的发展诉求为动力，通过挖掘辅导员队伍的潜力，优化内部结构，整合资源要素，以期促进辅导员队伍知识素质、工作技能、研究能力、自我认同的提升，实现辅导员队伍的职业化、专业化和专家化。

### 1. 树立远大职业理想，坚定从业信念

高校辅导员是高校开展学生工作的专业人员，是立德树人的骨干力量。作为辅导员，应当树立崇高的职业理想，制定长远的职业发展目标。将个人事

业、职业发展与长远目标相结合，做好职业生涯规划。辅导员自身要对辅导员事业的责任感和使命感有更深刻的认识，提升职业自豪感，增强对辅导员身份的自我认同感。此外，不要仅仅着眼于微观的、个人的发展困境，要以更高远的情怀去审视辅导员群体的生存困境，充分发挥群体的主观能动性，突破群体面临的困境，实现内涵式发展。

著名教育家陶行知先生说过：学校的任务是千教万教，教人求真；千学万学，学做真人。由此可见，在教师的职业生涯中，"育人"有着重要地位。辅导员是学生成长成才的引路人，在教育事业蓬勃发展的今天，辅导员更应具备坚定的理想信念和立德树人的职业追求。中国梦和两个百年目标的提出，不仅要求辅导员教育学生树立正确的人生理想，更将辅导员践履笃行的目标定位为志存高远、爱岗敬业、忠于职守、乐于奉献，引导他们将职业规划、个人理想与祖国的伟大复兴紧密联系到一起。辅导员站在时代前列，以培育优秀人才、发展先进文化和推进社会进步为己任，应树立强烈的职业光荣感、历史使命感和社会责任感。通过深入学习辅导员誓词，明确辅导员核心价值取向，建立辅导员职业道德规范；组织开展高校辅导员先进事迹报告会，继续开展辅导员年度人物评选活动，培育发掘辅导员先进典型，塑造辅导员职业形象；通过打通辅导员攻读思想政治教育专业博士学位的渠道等方式，增强辅导员实现价值的自豪感，奉献教育的成就感及职业发展的归属感，提升终身事业的"幸福指数"。

2. 充实专业知识，提升理论水平

党中央始终高度重视辅导员队伍建设，习近平总书记多次强调，要切实把加强青年教师队伍的思想政治建设作为高校党建工作一个重大而紧迫的问题来抓。在现阶段，思想政治素质仍是辅导员应具备的核心素质，要坚持不懈地对辅导员开展理想信念教育、社会主义核心价值体系教育，帮助辅导员系统掌握马克思主义立场观点方法，增强新形势下辅导员工作责任感和引领学生思想进步的能力。

同时，辅导员工作涉及学生学习生活的方方面面，因此必须具备从事相关工作的知识储备，包括教育学、心理学、管理学、思想政治、法学、创业教育、专业课程等多学科知识，并时刻关注时政，具有一定的政治敏锐性。教育部令第43号明确提出，把辅导员培训纳入高校师资队伍和干部队伍培训整体规划。作为干部后备军，辅导员应多读历史，掌握扎实的历史知识，明己智亦明人之智。新时代的辅导员面对的大学生是新一代"网络原住民"，他们知识量大、极具个性、追求特立独行。面对这样的学生群体，辅导员要不断更新知识体系，拓宽眼界，积极开展学术研究，提升自身理论水平。

2014年，《高等学校辅导员职业能力标准（暂行）》（以下简称《标准》）的出台，第一次以明确的形式界定了辅导员工作的主责主业和定级标准，成为高校开展辅导员队伍内涵式建设的目标导向。但是，《标准》不可能给工作提供一劳永逸、简单具体的方法，更多的是作为思考问题、处理问题的科学原则和参照。不同学校和专业有不同的特点，受生源情况、地缘因素、学缘因素等影响，辅导员工作开展的前提必须兼顾普遍性与特殊性，做到具体问题具体分析。因此，围绕《标准》结合实际，制定科学的考核评价体系就成为提升辅导员工作内涵发展的关键所在。

3. 磨砺工作技能，强化专业素养

《普通高等学校辅导员队伍建设规定》中明确提出，要胜任辅导员工作岗位，必须具备较强的组织管理能力、语言文字表达能力、教育引导能力、调查研究能力，以及具备开展思想理论教育和价值引领工作的能力等。首先，学校应重视辅导员队伍的发展，每年聘请相关学科专家和优秀学生工作者，对辅导员开展各类专项工作技能培训，强化辅导员工作能力，如网文写作课程、谈心谈话活动、危机事件处理、心理辅导方法，等等。其次，开展辅导员技能大赛，通过比赛引重视、促交流。最后，建立"以老带新"校内师徒制培养模式，让有经验的优秀辅导员担任引路人，带动在工作经验和工作技能方面较欠缺的新进辅导员快速适应新工作、新岗位，亦能较快地掌握相关的工作方法和能力。

辅导员工作始终处于发展变化之中，不同时期的工作要求有所差异，一定要明晰辅导员队伍内涵式建设的观测点。面对辅导员队伍建设专业化的时代需要，应从以下五个方面入手提高工作能力：一是做好学生思想政治教育工作。辅导员在新时期学生思想政治教育工作中应有所侧重，以多途径掌握学生思想动态为基础，将教育的理论与实际工作相结合，总结开展工作的经验，形成有特色、有规律的工作方法。二是做好学生日常事务管理工作。学生安全日益成为管理工作的关键点，辅导员在依照校规校纪、人才培养方案等要求实施对学生的学习和生活管理时，要全面贯彻安全教育管理；在指导学生党支部、班委会建设和培养学生干部过程中，努力激发学生的创新思维；以群众路线为指引，做好学生日常管理工作，走进寝室、班级和课堂。三是做好学生突发事件处理工作。辅导员面临社会重大热点问题和重大事件时，应能够给予学生及时、正确的引导。除能科学应对多发的群体聚众、公共卫生、意外伤害、刑事治安、交通事故等类型的学生突发事件外，还应加强应对自然灾害、信息安全等方面突发事件处理程序和方法的掌握。四是做好学生心理健康教育工作。学生心理健康问题日渐增多，辅导员应更加注重心理健康教育知识的掌握，加强业务能力和咨询能力的学习，更好指导学生解决学习成才、择业交友、健康生活等方面的问题。五是做好学生职业发展指导工作。辅导员应坚持毕业生就业工作早谋划、早动员、早部署的原则，努力掌握职业生涯规划知识和技能，及时为学生提供优质高效的指导，帮助毕业生实现更高质量的就业。

4. **实践结合理论，提升学术钻研能力**

学术资本是高校赖以生存和发展的主要资本类型，高校内涵式发展离不开学术资本的累积与再生产。辅导员作为高校人力资本以及生产学术资本的后备军，其学术钻研能力是内涵式发展的重要板块。由于辅导员工作较繁杂，长期深陷于学生日常事务性管理工作中，缺乏深度的理性思考，科研能力较薄弱。这既不利于高校学术资本的积累，也不利于实现辅导员队伍向专家化的转变。要提升辅导员队伍的研究能力，关键是转变意识。学校层面，要把辅导员队伍看作是学校学术资本的生产者，挖掘辅导员的学术潜力，鼓励辅导员做科研。通过提供科研项目，设置科研奖励，营造浓厚的学术氛围，引导辅导员积极参与科研活动。辅导员层面，要培养思维自觉，养成深度思考的习惯，善于对工作实践中的问题、困惑进行理性分析总结，将经验性知识转变成理性研究。辅导员最好的能力提升方式不是由外到内的催化，而是由内到外的深化，就是要引导辅导员形成自主学习的意识，以马克思主义为指导，从交叉学科视角出发，结合实际进行对标学习，做到贴地飞行。辅导员专业素养的提升要主动，既要主动交流又要内化思考，既要有外部灌输又要有主动作为，只有敢于自我否定，自我革新，才能获得成长。

5. **整合资源要素，创建辅导员协同发展共同体**

辅导员是高校重要的人力资源，构建辅导员协同发展共同体，促进辅导员之间的信息交互和深度学习，既有利于促进辅导员本身的内涵式发展，也利于形成合力促进高校的发展。所谓辅导员协同发展共同体，是指基于提高辅导员知识技能、研究能力，围绕真实工作问题，以协同原则为指导，整合群体中的资源要素，如信息、技能、经验等，组成的深度学习组织。首先，建立宏观拓宽机制，优化辅导员队伍建设的宏观环境；其次，提供交流平台，打破各校之间辅导员互通的壁垒，形成辅导员发展的合力。最后，可打造辅导员名师工作室，为辅导员创造"共在"情境，实现"共工作""共效应"，促进辅导员互通共生共赢。

## 第四节　内外联动，实现新提升

高校辅导员是高等学校教师队伍和管理队伍的重要组成部分，具有教师和干部的双重身份，在学生思想政治教育、日常行为管理、学生党建、就业指导、心理健康教育等工作中发挥着重要作用。为实施国家人才战略、保证国家和高等院校的稳定发展、促进学生成长成才，要尽快解决当前高校辅导员队伍面临的问题，因此，积极推动、改进、创新新形势下辅导员队伍建设的新模式极为重要。所以，要把加强辅导员队伍建设，作为落实全国教育大会和全国高校思想政治工作会议精神、提升思想政治工作质量、构建"三全育人"体系的重要举措，要把高校辅导员队伍素质能力提升作为一项系统性、长期性的战略任务来抓细抓实。

### 一、激发内生动力，促进内力驱动

发展的本质，是个体对自我的不断否定和超越。辅导员的专业发展，最终也必然要落实到辅导员个人，需要依托辅导员的内在激情与动力。

（一）内驱力概念的界定

内驱力是心理学的一个术语。美国心理学家赫尔（Clark L. Hull，1884—1952，新行为主义代表人物之一。主要著作有《心理、机制和适应性行为》，他强调指出，内驱力并不指向特定行为，而只是激活行为，行为是受环境刺激指引的）指出，有机体的需要能够产生内驱力，内驱力激起有机体的行为。赫尔主要将内驱力分为原始性内驱力和继发性内驱力两种。原始性内驱力是指同生物性需要状态相伴随，并与有机体的生存有密切的联系，这些内驱力产生于机体组织的需要状态，如饥、渴、空气、体温调节、睡眠、活动、回避痛苦等。继发性内驱力是就情境（或环境中的其他刺激）而言，这种情境伴随着原始性内驱力的降低，结果就成了另一种内驱力。也就是说，以前的中性刺激由于能够引起类似于由原始性内驱力所引起的反应，而具有内驱力的性质。

美国著名的教育心理学家奥苏贝尔在对教育心理进行研究时，将内驱力分为认知内驱力、自我提高内驱力和附属内驱力三种。认知内驱力是指要求理解知识以及系统地阐述问题并解决问题的一种初期需要；自我提高内驱力是指个体因胜任能力或工作能力而赢得相应地位的一种需要；附属内驱力是指为了保持长者们（如家长、教师等）的赞许或认可而表现出的认真工作的一种需要。奥苏贝尔认为，在人类行为中，这三种内驱力会同时起作用，但是其影响程度却不同，通常随着年龄、性别和社会阶层的成员地位等因素而变化。

简而言之，心理学家认为内驱力是一种能够产生心理活动的先天的能量，当它发生作用时就会产生某种需要的感觉或是一种紧张状态来推动个体的活动，从而消除兴奋和紧张，继而达到满足。

### （二）内驱力是个体内部产生的驱动力

内驱力由需要产生，或者说需要是内驱力的源动力。当机体缺乏某种东西而产生需要时，机体内环境的相对稳定（即内稳态）便遭到破坏。例如，需要水分或需要食物时，机体内细胞内外的水的渗透压或血液中糖分的一定水平遭到了破坏。这种生理变化所产生的需要便对机体形成一种紧张的内驱力，从而导致求饮、求食行为，以恢复个体内部的稳定状态。也就是说，因需要而产生内驱力。内驱力大致与需要呈正相关。例如，饥饿的人比吃饱的人具有较强的内驱力；而又饿又渴的人比只是饥饿的人具有更大的内驱力。当然，人的需要有物质需要和精神需要之分，因此，人的内驱力也可分为两大类：由生理的物质需要而驱使机体产生一定行为的内部力量，称为原发性内驱力或基本的内驱力，如饥饿内驱力、口渴内驱力、避痛内驱力和性内驱力。由责任感等后天形成的社会性需要所产生的内驱力，称为继发性内驱力或社会性内驱力。一般说来，社会性内驱力对原发性内驱力起调节作用。

### （三）内驱力的作用

基本心理需求理论认为：基本心理需求的满足能够增强内部动机，当个人的心理需求得到满足时，个体能够表现出更强烈的内部动机，并在活动的执行中有更好的表现。心理需求的有效满足是个体行为的重要内驱力。它不是静止不变的，而是一个处于动态变化中的"力"，是可以认识和把握的，可以为其施加动力或阻力，以加强或改变其方向、强度，从而驱动个体在正确、健康的人生道路上实现一定的目标。内驱力能够"唤起人实行自我教育"，能够自我激活、自我定位、自我推动。

1. 内驱力能够唤醒个体自我教育、自我完善的意愿

马克思曾说："人的每一种本质活动的特征，每一种生活本能，都会成为人的一种需要。"需要是一种被意识到的欠缺和不满足状态，这种状态引起的感觉、思想、动机、意志成为追求理想的意图，并通过人们的现实活动来消除欠缺状态和实现理想。没有对需要的追求，便不能产生自觉的活动。当个体尚未意识到自己现有水平不足的时候，个体处于平衡状态，自我教育愿望便不会产生；只有个体自觉与之相对照、相比较，或者反观旧我，从而发现自己的不足，改变了过去的自我评价，并产生对自己的不满情绪、态度，激发了改进和提高自己的要求和愿望，自我教育、自我完善的愿望才会产生。

2. 内驱力引导个体自我教育的方向和目标

人的需要是同人的活动的目的联系在一起的。目的指导人的活动，诱发人的动因，并规定活动的性质和方向。这种目的，从一般意义上说，是活动结果的观念形象。如果从其根源或内容讲，目的是被自我意识到的需要，是对于某种对象的需要在意识中的反映。由此需要产生的内驱力，驱动着个体在自我教育过程中朝着既定目标努力。

3. 内驱力推动个体不断自我完善

需要满足的积累效应原理表明，一种需要越是不能充分地得到满足，它就处于不活跃状态；一种需要越是充分地得到满足，它的发展则越快。个体在没有追求自我实现的需要时，他可能会是静态的，为其他需要所压抑，但是，一旦自我成为主体，积极追求自我完善和自我发展时，他的自我教育愿望就会接连不断地出现，呈现出自我教育的"惯性"。因此，每次健康的、积极的自我教育愿望的实现，不但不会使主体松懈对自己的追求，反而会产生更多的自我教育愿望，进而不断地推动自我教育活动的开展。

4.内驱力确保自我教育和完善的最终实现

需要对于活动的意义和力量在于它使人确立一种意志，它使人们在活动中表现出主动性、积极性和顽强性。这是人们进行任何有目的的活动所必备的一种精神动力。这种动力的有无、强弱，不仅对活动的展开、持续具有重要意义，而且在关键的时刻决定着活动的成败。意志是人们最为熟悉的心理过程，意志能够支配情感，虽然意志接受内驱力的影响，但意志也能够调节内驱力。

马克思主义认为：物质是第一性的，意识是第二性的，物质决定意识。内驱力虽然是人的内部驱动力，但同样是由物质所决定，其产生和运作情况是由个体自身的状况所决定，同时还要受到个体所处外部环境的影响。绝大多数辅导员作为新时代的青年，在刚刚参加工作的时候，都是怀着一种强烈的干劲和成就动机的。但是，随着工作的开展，日益繁杂的机械性劳动，幸福感、荣誉感的缺失，一年、三年、五年之后，心中的这份光荣、激情和梦想还能有多少；如何激发辅导员自我发展的内在动力等，就成了摆在高校管理者面前最为紧迫的问题。目前在辅导员队伍中存在以下现象：一方面，把辅导员工作作为过渡性、临时性职业，他们游离在职业边缘，职业理想不坚定，职业认同不牢固；另一方面，辅导员自身职业定位模糊，职业认同感低，职业兴趣薄弱，育人意识淡薄，不能充分认识自身工作对大学生成长发展和高校人才培养的重要作用。这也成为辅导员队伍专业化、职业化发展的一个重要瓶颈。而造成此现象的一个重要原因就是辅导员的个人职业发展需要没有得到有效满足，职业内驱力没有得到有效激发。

因此，探索高校辅导员在职业生涯的不同阶段的基本心理需求，制定科学有效的、适应不同职业发展阶段辅导员的激励政策，提供能够满足其职业发展基本心理需求的发展空间，促使其职业能力和成就得到社会的认可和尊重，实现其职业理想和抱负，使其个人的社会价值得以充分体现，才能充分激发辅导员的内生动力，让更多的人愿意将辅导员作为终身事业，继续学习深造、进行课题研究，不断提升个人职业技能和专业水平。

## 二、注重氛围营造，提升职业认同

作为高校教师队伍中的特殊群体，辅导员具有教师和干部的双重身份，是高校学生思想政治教育和管理工作的组织者、实施者、指导者，辅导员的职业是重要的、神圣的、光荣的。但是现实中，诸多因素导致辅导员的职业认同降低，工作积极性和效能下降，甚至随着工作年限的增长出现职业倦怠感，所以提升辅导员的职业认同感是一项非常重要的、迫切的工作。

职业认同不仅是一个过程，而且是一种状态，是指个体对其从事职业的认可。其中的过程指个体从自身经历中证实自我角色与慢慢发展的过程；其中的状态是个体对从事职业的认同度。高校辅导员职业认同涉及高校辅导员职业社会认同与高校辅导员职业自我认同。高校辅导员社会认同即社会对高校辅导员职业的认可，例如社会、高校与学生认同等方面。高校辅导员职业自我认同是校内辅导员个体对其职业的认可度。高校辅导员职业认同受社会、个人与组织等多方面要素影响。社会要素以国家策略与职业声望等内容为主；个人要素以职业情感、认知、价值观与意志等方面为主；组织要素是确保审核评估、激励制度、政策与组织文化等方面。现阶段，优秀的职业认同可以帮助高校辅导员减缓工作压力、降低疲惫程度，可以使高校辅导员的工作效率、职业忠诚度得到提升，可以使辅导员职业能力提升的主动性得以提高。

### （一）高校辅导员职业认同现状

目前，高校辅导员职业社会认同度低。高校辅导员作为高校管理团队与教师队伍中非常关键的部分，扮演着领导干部与教师的双重角色，不仅是大学生思想政治教育的主力军，而且还是学生们日常政治思想教育与管理工作的执行人员、组织人员以及辅导人员。但是，根据目前各高校实际情况来看，由于高校学生的特征，辅导员的大部分工作属于事务性任务，缺乏专业属性，导致经常不被看作高校教师。高校辅导员被社会、学校与学生所忽视，出现缺少社会认同与辅导员职业能力提升的外动力下降现象。除此，辅导员具有非常严重的职业疲惫情况。现阶段，辅导员职业疲惫基本呈现出工作热情不断降低的趋势，不仅工作态度越来越冷淡与消极，而且职位成就感不断下降。职业倦怠使高校辅导员的自身职业认同和职业能力提高的主动力逐渐降低，主要表现如下。

一是职业能力发展缺乏规划。高校辅导员职业能力培养属于系统工程，应该进行整体规划，科学合理的职业生涯规划对高校辅导员产生积极的职业认同有极大帮助。在实际工作中，由于受到外在与自身因素的影响，一些辅导员的事业认可程度低，目标不清晰，这抑制了其职业能力的发展。具体表现在以下两方面：一方面是高校辅导员自我发展规划意识较弱。当外界未出现压力时，大多数辅导员不会主动制订个人的职业规划方案，存在职业方向不明确的现象，仅仅有极少部分辅导员能够作出科学合理的职业规划，确立自身的职业目标。另一方面是高校在辅导员整体规划发展上有待提高，不仅缺失对辅导员职业生涯的监管与引导，而且缺乏有效评价、反馈制度、培训的分层次、分时期与一体性等。

二是职业能力评价缺乏科学性。高校辅导员在专业化与职业化方面的必然需求是建立科学的工作能力评价系统。工作能力评价的功能包括鼓励、指导与评估。高校辅导员的级别在《职业能力标准》中依据工作年限被分为初级、中级和高级三种，同时在各级别辅导员的工作内容、职业功能、相关理论知识要求以及能力需求等方面作出具体规定，为职业能力评价构建了良好的理论构架。但是现阶段，结合《职业能力标准》构建的职业能力评价系统并不健全，在量化审核指标体系的科学性、评价的内容、办法与过程等方面出现不科学、忽视评价成果等问题，致使《职业能力标准》预期的成效未体现出来，技能评价的约束程度被降低，给辅导员工作的积极性带来沉重打击。

三是行业体制有待完善。由于高校辅导员团队在专业化发展方面处于瓶颈期，因此，行业体制需要进一步完善。现阶段，高校在招聘辅导员过程中，存在专业不完全对口的现象。对于非相关专业毕业生而言，缺少专业性业务基础，无法保障自身在工作方面的忠诚度，极有可能存在应聘动机不纯等情况。另外，大部分新入职的辅导员基本是应届毕业生，在社会经验与阅历、未来职业规划以及心理咨询等专业能力方面比较欠缺，辅导员入职标准需要不断强化与完善。除此之外，虽然《职业能力标准》的公布为辅导员的职业化指出了发展目标，但是在实际工作中，此标准较模糊，难以执行，是目前工作的关键部分。

针对以上存在的问题，提出职业认同视角下高校辅导员职业能力提升的具体路径，主要有以下几个方面。

一是提高辅导员职业能力提升的主动性。第一，强化社会认知。一方面，高校应该加强对高校辅导员职业能力提升的重视程度，正确指引舆论，不断加大宣传力度，改变社会、校园与学生对高校辅导员身份的认知，以便为高辅导员树立良好的职业声望与形象提供帮助。另一方面，教育主管单位与高校应该根据目前学校的实际情况制定出科学性、可行性强的政策。例如，改善培育制度、完善保障策略、确立岗位职责、提供科学研究平台，从而给辅导员的成长营造出良好的社会环境。第二，强化高校辅导员的自我认识。例如，高校辅导员需要充分感受到自身的职业价值，同时了解到辅导员工作在培育人才方面起到非常关键的作用与长久性意义。另外，高校辅导员应该在自我反思以及学习力度方面进行逐步提高，同时将创新精神投入到日常工作与思想政治教育教学工作中来，最大程度弱化职业疲倦与不适应，形成正确的职业认知，提高自身职业能力。

二是加强辅导员个人职业生涯规划。随着党和国家对辅导员工作的不断重视，辅导员的地位越来越得到提升。习近平总书记在全国高校思想政治工作上说："长期以来，高校思想政治工作队伍兢兢业业、甘于奉献、奋发有为，为高等教育事业发展作出了重要贡献。"这个高度的评析让辅导员职业发展前途变得更加光明。高校要抓住这一契机，优化对辅导员职业生涯规划的管理，将职业生涯规划这一理念引入高校辅导员队伍建设中，更好地体现高校管理中以人为本的核心思想，同时也为大学生思想政治教育的可持续发展提供丰富的人才资源。辅导员要意识到自身在高等教育发展中的重要作用，认真学习职业发展理论，充分发挥主观能动性，对自己的职业生涯进行合理的规划。

### （二）可以借鉴的职业发展理论

职业发展理论产生和发展于美国，美国的职业发展理论主要侧重于职业生涯和职业规划研究。批判地吸纳和借鉴西方的职业发展相关理论观点，对于深入探讨辅导员职业发展远景，促进和帮助辅导员实现职业能力提升具有一定的启示意义。

#### 1. 萨柏的职业生涯发展理论

职业生涯发展理论代表人物萨柏（Donald E. Super）是美国有代表性的职业管理学家。萨柏的职业生涯发展阶段理论是一种纵向职业指导理论，重在对个人的职业倾向和职业选择过程本身进行研究。他把人的职业发展划分为5个阶段，即成长阶段、探索阶段、建立阶段、维持阶段和衰退阶段。萨柏认为，个人的职业生涯模式与人们的经济情况、家庭地位、智力水平、人格特征和个人机遇等方面息息相关，人们对于某种职业的喜爱与兴趣会随着工作环境、生活习惯及自我意识的变化而变化，这就使得职业选择与调适成为一个动态发展过程。职业发展的各个阶段可以通过指导和学习而加以改善，不仅包括通过培养人的职业兴趣使人成熟,也包括在帮助别人获得职业选择过程中的自我发展与成长。

2. 帕森斯的人职匹配理论

美国波士顿大学教授弗兰克·帕森斯(Frank Parsons)最早提出"人职匹配"理论,该理论成为职业选择、职业指导的经典性理论。1909年,帕森斯在《选择一个职业》一书中,阐明了职业选择的三大要素,即清楚了解自己的态度、能力、兴趣、智谋、局限和其他特征;清楚了解职业选择成功的条件,所需知识,在不同职业岗位上所占有的优势、不利以及补偿、机会和前途;上述两个条件的平衡。帕森斯的理论内涵在于:在了解个人的主观条件和社会职业岗位的需求条件的基础上,将主客观条件与社会职业岗位相对照、相匹配,最后选择一个与个人匹配相当的职业。其观点又被称为特质因素理论,核心要点是人格特性与职业因素的匹配。个人都有自己独特的人格模式,每种人格模式的个人都有其相适应的职业类型。所谓"特质":就是指个人的人格特征,包括能力倾向、兴趣、价值观和人格等,这些都可以通过心理测量工具来加以评量。帕森斯在职业选择上的知己知彼、主客观相符的思维观点已成为人们选择职业的经典性原则。

3. 霍兰德的职业兴趣理论

美国约翰·霍普金斯大学心理学教授约翰·霍兰德(John Holland)于20世纪60年代提出了具有广泛社会影响的职业兴趣理论。霍兰德的职业兴趣理论主要从兴趣的角度出发来探索职业指导的问题。他明确提出了职业兴趣的人格观,使人们对职业兴趣的认识有了质的变化。霍兰德认为人的职业兴趣与人格之间存在很高的相关性,人格是兴趣、价值观、技能、信念、态度和学习风格的综合体,凡是具有职业兴趣的职业,都可以提高人们的积极性,促使人们积极地、愉快地从事该职业。霍兰德认为人格可分为现实型、研究型、艺术型、社会型、企业型和常规型六种类型,并设想出与之相对应的六种环境类型。他认为,一个人作出职业选择的主要依据就是寻找那些与自己人格类型相符的,可以满足自己的职业成长环境,可以在愉快的过程中完成工作任务,同时实现自身的价值。

**(三)职业发展理论的借鉴意义**

职业发展理论兴起于西方发达国家,其关于职业发展阶段理论、职业选择以及人职匹配的相关理论观点已被广泛借鉴应用于企业员工职业发展、高校学生职业生涯规划等实践中。职业发展理论对高校辅导员职业能力研究的借鉴意义在于：

（1）职业人格、职业兴趣与职业能力发展密切相关。实施辅导员职业能力建设应充分考虑到辅导员的职业兴趣以及激发职业兴趣、维护职业兴趣、克服职业懈怠的各种因素与机制。职业发展阶段的相关观点可以为职业能力建设提供启示，如可以根据不同年龄阶段职业能力发展的需要实施不同的建设策略。

（2）辅导员职业能力发展与其对职业的认知密切相关。辅导员对其职业的认知，既有其内在的兴趣、爱好、价值观等个性特点，又有外在的职业岗位类型以及岗位意义的吸引力，还有社会责任义务的要求等因素。研究辅导员职业能力，需要关注职业环境建设与辅导员自身建设的关联，帮助辅导员在职业选择与职业发展上认识自身优势与不足，把握自身素质能力与职业岗位需要之间的关系，实现社会发展需要与个性追求的有机统一。

（3）借鉴职业发展理论，可以深入探索辅导员的职业发展前景，分析影响辅导员职业生涯的各种因素，探寻构建高校辅导员职业能力提升的机制与对策。个体的职业生涯需要规划，但规划辅导员的职业生涯和职业远景，可能更需要社会层面的作为。

（4）研究辅导员的职业能力发展，需要坚持以人为本的原则。西方职业发展理论较多地关注个体在职业选择、职业成长中的地位，这对于在市场经济条件下调动辅导员的职业积极性、创造性，提高其职业素养犹有意义。但中国职场中个体的发展与社会环境因素密切相关，如国家意志、集体观念、团队意识、奉献精神等在很大程度上影响并制约着个体的追求。因此，辅导员的职业发展，应体现社会发展与个体发展、个人利益与集体利益的协调一致。

### （四）引导高校辅导员做好职业生涯规划

高校应该让辅导员认识到职业生涯规划可增强其职业意识，以及职业生涯规划在辅导员团队的职业化、专业化构建与自身发展方面的重要性。一般情况下，职业生涯策略效能感越高，其认同感就会越高，生涯探究的频率也会越来越高。基于此，强化高校辅导员职业生涯规划具体包含三方面内容：第一，应用辅导员胜任能力的模型，将具备优秀辅导员特质和相应领域专业知识背景的人才通过招聘的方式引入到辅导员队伍中来。第二，高校辅导员需要进行自我评估，例如自身的知识水平、性格、能力、价值观与兴趣爱好等方面，同时对自身所处的职业氛围进行科学正确的评估，明确适宜个人职业发展的方向。第三，高校应该依据校内每位辅导员的发展需要与不同阶段的实际情况，拟定出相关评价、培训以及激励制度，为高校辅导员在个人发展方面提供越来越多的平台，达成高校辅导员的发展方向与个人发展相统一的目标。

### 三、强化学用结合，提高实践智慧

辅导员是高校大学生德智体美劳全面发展的引路人，也是高校大学生日常管理和思想政治教育工作的重要力量，肩负着高校立德树人的责任和使命。在"三全育人"背景下，辅导员一定要强化学用结合，不断探索提升自身核心素养的路径，促进自身政治素养、理论知识素养、职业能力素养等必备核心素养的提升。高校可以进一步完善高校辅导员队伍的建设，为辅导员提供更多理论学习和能力提升的机会，从而促进高校思想政治教育工作的开展，完成培养社会主义建设者和接班人的根本目标。

#### （一）高校辅导员核心能力提升路径

高校辅导员在"三全育人"模式下具有极为重要的作用，是推动实现"三全育人"总体目标的重要主体之一，这也要求高校辅导员必须要有较高的核心素养。提升高校辅导员的核心素养需要各领域协同合作，需要从各个方面着手，高校辅导员自身也要有意识地提高自身的政治素养、理论知识素养、职业能力素养等核心素养。

1. 不断夯实政治理论体系，提升政治素养

辅导员作为高校教辅人员中的重要部分，在全员育人的模式下发挥着重要作用，也承担着做好高校思想政治工作的责任，这就需要辅导员具备较高的政治素养。很多高校认为辅导员只要管好学生日常生活方面的工作就可以了，不重视辅导员政治素养的提升。为了使辅导员具有坚定的政治素养，需要用先进科学的政治理论体系促进辅导员政治素养的提升、强化辅导员的政治意识。辅导员自身也要坚持以习近平新时代中国特色社会主义思想为指导，坚定政治立场，坚决和党中央保持一致。用政治理论体系提高辅导员的政治素养，使其能更好地担负起培养社会主义建设者和接班人的重要职责，促进"三全育人"总体目标的实现。

2.搭建学习和科研平台,提升理论知识素养

辅导员既是管理人员也是教师,具有双重身份。因此,辅导员要有扎实的理论知识,要提升理论知识素养。在这方面,高校要多鼓励和支持辅导员继续深造,使辅导员队伍整体的学历得到提升,以此促进高校辅导员理论知识素养的提升。另外,高校也要搭建科研平台,提高辅导员的科研能力。除了通过搭建学习和科研平台提升辅导员的理论知识及核心素养外,辅导员自身也要有意识地学习理论知识,练就扎实的理论根基,用理论来指导工作的,提升自身的理论知识素养。

3.分阶段、分层次开展职业培训,提升职业能力素养

高校辅导员全面负责学生的学习、生活和发展规划,在"三全育人"理念下,辅导员要有针对性地管理和教育学生,这就要求辅导员要具有较高的职业能力素养。要根据学生的需要培养辅导员,因为每个学生的学习和成长有不同的阶段,学生也有不同的层次,因此对辅导员职业能力的培养也要分阶段、分层次。针对刚入职的辅导员,要开展最基本的职业培训,使新上任的辅导员具有基本的职业能力;针对非新上任的辅导员,要根据辅导员的发展情况开展职业培训,促进辅导员职业能力素养的整体提升。另外,辅导员还可以按专业不同开展相应的职业培训,让辅导员们发挥自己的专业优势,提升职业能力素养。在"三全育人"教育理念下,辅导员的政治素养、理论知识素养和职业能力素养的提升都尤为重要,不能片面发展。只有全面提高辅导员各个方面的核心素养,才能使辅导员在"三全育人"中发挥最极致的作用,促使"三全育人"总体目标的实现。

### (二)高校辅导员实践育人能力提升途径

当前高校育人模式正经历着从传统的教书育人到实践育人的转变。从事大学生思想政治教育工作的辅导员,承担着大学生就业创业、社会调查、公益活动、志愿服务、勤工俭学等多项实践育人环节的具体组织与指导工作。只有不断提升辅导员实践育人能力,才能更好地帮助学生在实践活动中培养创新精神、提升综合素质、树立社会责任与担当意识,为国家培养更多全面发展的高质量人才。

结合辅导员队伍建设工作实际,主要在以下几个方面不断加强辅导员实践育人能力的提升。

1. 构建高校辅导员实践育人培训平台

构建起多层次、多形式的辅导员工作培训体系，把校内的专项工作培训与校外的专题培训、业务培训相结合。例如，对于大学生就业创业实践育人工作，积极引进专业的培训机构，在校内开展"GYB""SYB"业务培训；选派优秀辅导员到校外参加"新形势下大学生就业创业指导工作研修班"等。通过工作培训，获得实践育人工作开展的智力支持与专业指导，拓宽辅导员工作视野，让他们学习先进经验。

2. 打造"三位一体"社会实践活动平台

重视大学生社会实践工作，形成"课余灵活式实践、周末项目式实践、寒暑假集中式实践"的"三位一体"社会实践工作平台。课余灵活式实践是指学生在课余参加校内外勤工助学和其他临时性的实践活动；周末项目式实践是指以学校周边德育基地为依托、以项目（主题）形式开展的固定性实践活动，如关爱孤寡老人、社区家电维修、法律知识上门等志愿或公益活动；寒暑假集中式实践主要指学校组织开展的"暑期三下乡"活动或就业见习活动等。"三位一体"工作平台以全时段覆盖式的社会实践活动的开展，辅导员要在活动中向学生进行全方位的指导，活动指导的过程、与学生一起参与活动的过程，本身就是辅导员实践育人能力不断提升的过程。

3. 搭建高校辅导员实践育人项目建设平台

高校可以建立"学生工作课题研究"平台、辅导员工作室，构建"大学生思想道德素质提升工程"，设立专项经费支持辅导员进行课题、项目建设等，让辅导员工作实践孵化出更多理论成果。通过项目带动、典型示范，不断促进辅导员实践育人整体能力的提升。

### （三）对高校辅导员实践育人能力提升的思考

1. 完善制度保障

尽管辅导员实践能力提升是"辅导员队伍素质提升工程"建设的主要内容之一，但很多高校对辅导员实践育人能力的提升工作还停留在工作执行层面，在制度上没有给予充分保障。诸如，辅导员参加工作培训表现出随意性、随机性，缺乏宏观性把握；辅导员带领学生参加社会实践主题活动的选题、论证、组织、实施与考核等，缺乏严谨的程序规范；对实践项目的建设经费投入不足，不利于项目的正常建设。这都不利于学校实践育人工作的开展与辅导员实践育人能力的提升。因此，高校在加强对实践育人工作顶层设计的时候，要考虑辅导员是实践育人工作的主要组织者和实施者，要从制度层面对工作进行规范，在实施上对工作予以保障，真正从整体上提升辅导员实践育人能力。

2. 注重成果运用

在实践育人工作开展过程中，一些高校涌现出一批主题鲜明、效果明显、社会影响较大的活动项目和优秀个人，学校也组织了评选和表彰。但评选活动影响力不大，评选结果的运用没有直接跟辅导员职称评定、职务晋升挂钩。这在一定程度上降低了辅导员对工作的积极性和创造性。学校要强化对成果的运用，为辅导员实践育人能力的提升进一步夯实动力基础。

3. 加强高校辅导员职业能力建设

《高等学校辅导员职业能力标准（暂行）》对初级辅导员的职业能力作出了明确的要求：掌握社会实践活动等思想政治教育的基本方法。可见，应具备组织、指导、带领学生开展社会实践的实践育人能力是辅导员职业能力建设最根本的组成部分之一。实践育人能力、生涯规划能力、处理网络舆情能力以及心理问题排查与疏导能力等的提升与发展，可以共同促进辅导员职业能力九个方面五个侧面的协同发展。因此，学校应加大辅导员队伍建设力度，促进辅导员队伍整体职业能力的提升。

## 四、鼓励团队合作，推进互促共赢

时代变迁，高校思想政治教育工作的难度在增加，随着《中共中央国务院关于进一步加强和改进大学生思想政治教育的意见》出台，切实加强高校辅导员队伍建设，便成为高校发展中非常重要、紧迫的任务。至此，拥有各类专业背景的研究生、博士生开始走上这个岗位。高学历人才的进入，是对高校辅导员队伍的重要补充，他们是高校开展大学生思想政治教育的骨干力量。但学历高，"专业"弱，也成为当下高校辅导员职业素养欠缺的现实反映。

随着高校大规模的扩大，学生人数急剧增加，高校辅导员的工作职责也不断拓宽，除了对大学生的思想政治发挥引导作用、对大学生的行为管理发挥规范作用、对大学生的学习发挥促进作用、对大学生的时代精神发挥激励作用、对大学校园秩序的稳定发挥维护作用、对大学生的班团组织发挥领导作用外，还出现了凡事不知道由谁做的就都安排给辅导员，学校的各个部门都可以给辅导员安排工作、下达任务的现象。一名合格的辅导员除了要有较高的政治素养，还必须是心理咨询方面的专家、职业生涯规划方面的高手、宿舍管理方面的能人。繁重复杂的事务性工作，多重角色的冲突和矛盾，常常让辅导员疲于应付，承受了巨大的心理压力。显然，在这种情况下，要让高校的每个辅导员都成为各个方面的行家显然是非常不现实的，"学有专长""团队合作"才能保证辅导员这支队伍健康可持续发展。

### （一）加强高校辅导员自身的专业化建设

辅导员专业化建设必须贯彻于团队工作模式的整个过程，即要强调"终身学习"制。它是以辅导员能够运用思想政治教育相关理论知识，指导大学生健康成长为前提，不断完善自身的教育理论和知识体系，在大学生心理健康、职业生涯规划、党团组织建设等领域接受规范和长期的专业训练，不断树立专业自信和学术团体的权威性。学校领导应该在辅导员外出培训、考察、交流、继续教育等方面适当增加投入，这样就在通用职业能力学习之外为不同专业发展方向的辅导员提供专门化学习的便利条件，会大大提高辅导员的职业能力。职业能力的提高反过来又会提升辅导员在指导学生活动中的创造性，提高职业化的程度，促进团队的和谐全面发展。

### （二）合理构建高校辅导员团队工作模式

构建合理的辅导员团队工作模式，可以改变原来按人数、分年级、分专业配备辅导员的固有思维，尝试根据辅导员的工作年限及专业特长，将辅导员的队伍这个大团队直接按大学年级的培养重点划分为"思政教育""职业生涯规划教育""学业辅导"及"就业指导"几个分团队。各分团队中又可分为不同的发展方向，如心理辅导方向、德育方向、学生事务研究方向等。各分团队的成员的研究方向一致，大家群策群力，发挥团体优势，集中精力帮助在校大学生平稳顺利成功地度过大学的每一个阶段。

思政教育团队的主要任务是帮助刚迈入大学校园的大学生，在心理上和生活上完成"角色转变"，避免产生心理不适应，陷入生活难打理的窘境。

职业生涯规划教育团队的主要任务是通过科学的知识体系，使大学生初步产生"规划"学习及生活的理念，并尝试着将知识运用到实际的大学生活中，避免盲目慌乱地度过大学二年级。

学业辅导团队的主要工作对象是大二、大三年级的学生，面临着繁重的专业课，很多学生由于兴趣不大、底子不厚等原因，学习起来特别吃力，此时，学业辅导团队的老师通过各种途径，运用专业学习方法及时辅导学生，平稳过渡到大四。

就业指导团队的主要工作是针对大三、大四学生的专接本或者考研就业问题给出合理建议。在就业过程中，团队老师通过举办模拟招聘会、简历书写大赛等相关就业技能的培训课程，帮助学生们顺利就业。

纵观这四个分团队的队伍建设，不难发现，"团队合作模式"的建立不仅可以分担辅导员自身的角色压力，使辅导员不再唱"独脚戏"，还减轻了辅导员的工作负荷。避免角色冲突的同时，也使工作职责更加明晰化，避免了多重角色的冲突与角色模糊、责任泛化的尴尬状况，提高了工作效率，减轻了心理压力。

### （三）创新高校辅导员晋升及考核制度

一般高校的辅导员晋升及考核工作是由学校和院系两级部门共同完成。学工部是学校管理辅导员队伍的职能部门，各院系负责对辅导员队伍进行具体领导和管理。在构建了辅导员团队工作模式后，辅导员的晋升与考核工作可由各分团队的队长与学工部直接对接完成。具体的考核形式可以参考积分制，主要考核辅导员在专业领域的学术研究情况、日常工作表现及学生评价等，以学年为单位计算，考核优秀奖励方式除物质激励、精神激励、职务晋升等，还应该提供对外交流和进修深造的机会，以此鼓励辅导员在工作上的不断前进及创新。

## 五、构建支持体系，加强外部保障

进一步推动辅导员队伍的专业化、职业化、专家化发展，对于加强和改进高校思想政治工作具有重要意义。因此，政府和学校层面要构建支持体系，加强外部保障，不断完善高校辅导员队伍建设，提升辅导员职业能力素养。具体要做好以下几个方面工作。

### （一）完善选聘机制，严格把好入口关

辅导员担负着为党和国家培养高素质的社会主义合格建设者和可靠接班人的重要职责，其政治素质、道德素质和能力素质直接关系着育人质量的高低。因此，严格按照德才兼备的选聘标准，吸引和选择乐于做辅导员、善于

做辅导员、适合做辅导员的高素质人才加入辅导员队伍，对提升辅导员专业化、职业化发展的质量具有重要意义。对于辅导员个体而言，要在充分了解辅导员职业特性和要求的基础上，端正入职动机，审慎入职、主动适应、积极作为，在投入教育实践中提升自我，探寻适合自身的专业化、职业化发展道路。对于二级院系单位而言，要结合各院系学生工作需要和已有辅导员队伍结构，按照可协作（专业互补）、可培养（职业归属）、可衔接（梯队层次）原则选人用人。可以通过设立一定的入职见习与实习期，给予更充分的双向选择空间。学校和教育主管部门，要将辅导员的职业匹配度测试作为入职评测的重要环节，要着重考量辅导员的思想政治素质和教育管理实践能力；要综合考虑各院系辅导员配置、使用情况，把辅导员选配到真正需要辅导员的院系，确保辅导员实职实岗，将辅导员的配给与使用及其专业化、职业化发展状况评估相挂钩。

**（二）完善培养机制，分层分类指导**

不同专业背景、不同职业认知水平、不同职业发展阶段的辅导员具有不同的发展诉求，因此，制定发展规划，有针对性地提供发展支持是推进辅导员成长发展的关键。辅导员要将自己在发展过程中遇到的困惑及时地与所在团队负责人、资深同行、相关学生工作负责人进行沟通，主动寻求指导与帮助；在具体的工作实践中积极思考探索与自己能力特点、专业兴趣和工作要求相适应的发展道路。院系要结合单位工作需要和队伍建设需要，主动关心辅导员职业发展过程中的瓶颈问题和支持诉求，重视辅导员发展的选择与期待，通过制定辅导员职业发展规划书、团队工作计划书等形式，明确具体的年度发展任务、中长期发展规划和具体支持性举措。在个性化培养过程中，提升辅导员将个人发展融入单位和学校事业发展，走专业化、职业化发展道路的信心。学校和教育主管部门要根据不同职业发展阶段辅导员的特点和二级单位及辅导员的发展支持诉求，制订具有针对性的培养实施方案。统筹资源，查漏补缺，有担当、有作为、有要求、有目标、有原则地发挥保障引领作用，通过阶段性的专题培训、分类别的工作沙龙、有目标的项目式提升计划等多种形式有效回应辅导员发展困惑，推进辅导员队伍建设进程。

**（三）完善心理支持体系，做好服务工作**

辅导员的心理素质和健康状况直接影响辅导员的履职状态和履职能力，因此根据辅导员阶段性发展特点，前瞻性地构建辅导员发展心理支持体系，对于提升辅导员在履职过程中的应对能力和调适能力，保障辅导员积极正面的心理状态具有重要意义。作为辅导员个体，要主动了解不同职业发展阶段可能面临的发展困境，在做好心理建设的同时，积极寻求破解心理困境的方式方法。在提升自身心理能力的过程中，提升通过心理教育实现思想引领的专业能力和职业化发展的心理动力。院系要从辅导员的生活状态、工作状态、学习状态、精神状态中及时洞察辅导员的心理状态，通过党委、工会、青年联谊会等党群渠道，切实帮助辅导员解决对其心理健康造成破坏性影响的困难和危机事件，通过个别谈心、团队活动、正向激励等方式，及时疏导排解压力，加强辅导员对院系的归属感，帮助辅导员深入体验辅导员职业幸福感。学校和教育主管部门，要建立辅导员"院系—学校—社会"三级心理支持体系，提供不同职业发展阶段的职前及职中专题心理健康教育、职业伦理咨询服务、日常心理健康咨询服务、定期心理健康测评及支持服务、突发事件中的心理应激指导和事后的疏导性支持等服务，帮助辅导员能够实时、全面地得到专业的心理支持。需要特别关注成长收获期辅导员积极心理因素的保持和负面心理因素的消解，最大程度转化消极倦怠感，缩短甚至避免职业倦怠期。

### （四）完善考核培养制度，提升科学化管理水平

由于高校实行二级管理体制且呈现管理重心下移的趋势，短期内辅导员在院系兼任其他岗位工作的现状很难得以彻底改变。如何统一二级单位和学校对不同发展阶段辅导员的考核标准，并依据考核结果提供针对性的培养支持，是提升辅导员队伍科学管理水平、凝聚辅导员职业归属感的重要方面。辅导员要主动了解辅导员岗位职责和职业能力标准，自觉对照考核要求，按照"全面发展、专业精深、长期从业"的专业化、职业化发展目标，严格要求和规范自己的从业行为；正确认识"分内工作"和"兼职工作"的关系，主动挖掘"兼职工作"中的育人资源，通过自觉的转化，促进本职工作的开展。院系要充分考虑辅导员的岗位职责要求和工作特点，尽力安排符合辅导员专业特点和兴趣特长、有利于资源整合、可促进辅导员工作开展和育人目标实现的工作，充分考虑辅导员"分内工作"和"兼职工作"的比例和对单位的贡献率，通过绩效考核，在物质和精神上给予肯定和鼓励，提供可能的发展晋升通道。对无法胜任或兼顾好两者关系的辅导员，要积极与学校学生工作部门沟通，为其提供合适

的培养支持或流出通道。学校和教育主管部门要在充分尊重院系考核标准的基础上，坚持把握对辅导员的最终考核权，坚持将辅导员专业化、职业化能力素质和育人实效作为辅导员考核的主要依据。同时，要加强对院系及学校辅导员团队的考核管理，以督促院系和学校将对辅导员个性化成长的支持落到实处。

（五）以团队建设为依托，做好辅导员梯队建设

在辅导员发展过程中，会因为不同的任务、不同的情境、不同的发展阶段、不同的发展诉求、不同的队伍归属形成不同的辅导员团队。做好不同类型的团队建设对于辅导员队伍建设具有重要推进作用。辅导员要根据自己的职业发展阶段、专业化发展兴趣、具体工作任务需要，主动归属、积极参与各种辅导员团队建设，并在团队建设的过程中主动学习、积极作为，在精品团队打造的过程中实现自身的专业化成长。对院系而言，要根据专兼职辅导员特点，在打造单位特色的辅导员团队的过程中凝聚育人共识、形成育人合力，实现辅导员队伍在专业特长、年龄结构、发展阶段上的有效互补和衔接。学校和教育主管部门，要充分整合全校或所辖区域内辅导员队伍资源，通过任务式或兴趣式的团队组合形式，加强辅导员队伍交流，激发辅导员队伍的专业化、职业化互助自觉。如鼓励跨学科交叉融合的理论——实践研究团队，牵线以兴趣特长为连接点的发展共同体，开展同一职业发展阶段辅导员沙龙，打造不同发展阶段辅导员的传帮带计划等，让辅导员在团队归属中获得专业化、职业化发展动力，提升职业认同感和归属感。

（六）搭建多样化平台，提升专业化能力

辅导员的成长发展经历向我们揭示出多样化的工作实践和锻炼平台是帮助辅导员探寻专业化职业道路的重要途径和载体。辅导员要善于把握实践机会，将被交付的每一项工作任务都看作是职业成长的契机；按照工作职责要求，主动寻求锻炼平台，在展示自我或发现不足的过程中完善自己的专业能力。院系要适才而用地为辅导员提供锻炼平台，帮助其在发挥特长的过程中创获职业成就感；对于辅导员应当提升的专业技能，要递进式地提供任务机会，帮助其逐步提升专业化能力。学校和教育主管部门可以通过组织各种专业化职业能力竞赛和风采展示大赛，择优选送辅导员参加更高级别的竞赛，以赛促能；也可以根据辅导员阶段性发展特点、绩效考核情况、个人兴趣爱好等，定期选送辅导员跨院系、跨校、跨地区进行挂职锻炼或岗位交流，以拓宽辅导员专业化视

野，提升辅导员专业化能力。

### （七）完善荣誉奖励制度，提升育人使命感

调研显示，辅导员对于职业的精神回报要求高于物质回报要求。因此，建立恰当的荣誉制度对于提升辅导员职业理想和育人使命感具有积极作用。对辅导员个体而言，应正确认识荣誉，让精神荣誉超越物质荣誉，让职业荣誉、团队荣誉和集体荣誉超越个人荣誉，这是一个不断进取的过程。对院系而言，要严格按照考核结果，建立与薪酬制度、话语权力制度相对接的荣誉制度，这对于辅导员职业归属感的确立非常重要。特别是对于稳定成长期的辅导员而言，显得尤为重要。对学校和教育主管部门而言，要根据辅导员工作的要求和不同发展阶段的特点，建立纵横交错的辅导员荣誉制度。如不同辅导员专业化发展领域要有相应的荣誉制度，不同职业发展阶段的辅导员要有相应的荣誉制度。除了辅导员年度人物、职业能力大赛获奖者等奖项外，还可设立优秀职业规划师、优秀"形势与政策"课讲师、优秀心理健康教育工作者、优秀班级管理者、优秀易班工作者等奖项；针对不同发展阶段的辅导员设立最佳新人奖、职业达人奖、坚守奉献奖、专业育人奖、终身成就奖等。对于获得荣誉的辅导员要加大宣传力度，为他们搭建展示平台，让他们有更多机会发挥专业特长，更好地发挥榜样示范作用。

### （八）健全流动机制，凝聚全员育人共识

人员流动是辅导员队伍发展过程中不可避免的现象，也是辅导员队伍发展活力的体现。这个过程中可能会出现两种状况：第一种是辅导员个体对自身专业化、职业化发展的方向性选择逐渐清晰坚定。对这一部分辅导员，我们需提供专业化的职业理论、政策理论、发展理论支持，帮助他们搭建各种展示平台和交流平台，进一步畅通专业化、职业化发展的上升路径，使他们能够有机会成为某个专业工作领域的专家，并能通过适当的方式发挥他们在辅导员工作实践和研究中的引领作用。一般而言，如果能够在转型变化这一阶段取得专业化、职业化发展的机遇和成果，就可以为其终身从事辅导员工作奠定基础。另外一种可以分为两种情况：一是辅导员个体通过综合考量，希望通过转岗、交流、创业等形式中断或终止辅导员工作；二是根据社会、学校需要，在尊重个体意愿的基础上，成为社会各行各业、学校各职能部门的管理、教学或科研骨干。对这些在辅导员工作岗位上得到全面锻炼并作出贡献的辅导员，我们要给

予充分理解和信任，合理安排、积极举荐、跟踪培养，让他们在新的工作岗位上发挥作用，成为合力育人体系中的骨干力量。同时，也展现出对辅导员队伍的切实关注和悉心培养，增强了辅导员队伍的吸引力和凝聚力，为辅导员队伍人才回流和育人资源整合奠定良好基础。

## 六、重视品牌打造，创新引领提升

目前，高校辅导员职业发展有了国家层面的支持，各个省市、高等学校同样制定了相关的配套规定与措施，高校辅导员工作得到了普遍的重视。但是在高校改革和发展的过程中，在当下社会文化日趋多元化和大学生思想观念、价值追求日趋复杂化的社会大环境下，打造高校辅导员"职业品牌"，提高辅导员的整体形象和影响力，鼓励他们在实际工作中勇于创新探索出一条与众不同、切实可行的育人方法，增强高校辅导员工作的针对性和吸引力、感染力，使高校辅导员工作始终保持生机和活力，仍然十分重要。

### （一）高校辅导员职业品牌的含义

辅导员"职业品牌"的概念是从市场营销活动中的"品牌"的概念延伸而来的，是指辅导员在工作不断发展的基础上得到普遍认可。和"辅导员品牌""辅导员工作品牌""辅导员活动品牌"相比较，燕山大学李宁老师在《高校辅导员职业品牌概念、特征及培育研究》中使用的"辅导员职业品牌"更准确，更能体现其职业相关性。打造辅导员职业品牌和辅导员其他的职业活动相比，具有以下特点：首先是创新性。任何品牌都有自身的特色优势，辅导员职业品牌也是如此，重复别人的工作谈不上品牌创造，从育人目标出发，从学生自身特点出发，从辅导员的个人工作实际出发，与时俱进，创建具有自身特点的职业品牌才有其价值。其次是持续性。品牌建设不是一蹴而就的工作，也不是一时一事之功，从开始的策划，到初期创建，再到培育优化，是一个长期建设、维护的过程。最后是发展性。辅导员职业品牌还应具有发展性，它不是简单的重复，而是不断精进的过程，是发现、分析、解决问题，不断提高认识、优化方法、完善细节、提升育人效果的持续过程。

辅导员职业品牌建设有助于增强辅导员职业能力提升的内驱动力。辅导员职业能力提升首要解决的是辅导员个体对职业的态度，以及对完善职业认知，提高职业认同，实现职业热爱的认同。从谋划做，开始做，持续做，直到完成的这个过程中，不仅明确了为什么要做、怎么做，更重要的是在发挥个人能力的过程中，找到了职业的价值和意义，这对建立职业能力提升的内驱力具有重要价值。

辅导员职业品牌建设有助于为辅导员职业能力提升构建外部的支撑系统。职业品牌的特征决定了它传播广泛和影响范围较大，在实现其品牌创建目标的基础上，充分发挥了辅导员个体的能力，展现出个体的优势和工作特色。汇集所有职业品牌创建过程中辅导员们所展现的职业表现、职业素养和职业精神，就能构建起辅导员队伍的职业影响力。可以在现有的政策基础上，为辅导员的职业能力提升争取更多的外部支持，形成内外良性互动，进一步推动辅导员的职业化发展和专业化成长。

辅导员职业品牌建设对辅导员职业能力提升具有实践意义。辅导员的职业能力提升需要通过不断学习、培训交流等途径来提高理论素养，丰富专业知识，拓宽工作视野。同时也需要在不断的实践中运用知识，思考问题，锻炼能力。在品牌创建酝酿、诞生和培育的三个阶段中，需要辅导员操控整体任务，思考工作方法，实现工作目标，每一个环节都是对辅导员的考验与锻炼，辅导员职业品牌建设作为辅导员职业能力提升的重要载体和途径，对辅导员在思想政治素质、职业道德品质、基础业务能力和职业技能方面具有重要的实践价值。

### （二）高校辅导员职业品牌定位要准确化

创建高校辅导员职业品牌首先要有清晰的品牌定位。准确的职业品牌定位，可以让个人特质在工作中充分显现出来。高校辅导员是通过不同的项目和载体完成工作的，在职业品牌创建时，一定要充分了解、挖掘自身的潜质，选择自身擅长的方面来做。借鉴品牌定位的理论，高校辅导员职业品牌的定位可以从自身、职业、竞争者三个角度进行：从自我角度总结自身的性格特点、自身的优势能力及某方面的特长等；从职业的角度，个人能为学生的成长成才带来哪些帮助，个人擅长的工作等；从竞争者的角度，对比分析个人所具有的优势和专业特长等。

### （三）高校辅导员职业品牌设计要具体化

高校辅导员职业品牌设计是在品牌定位的指导下进行的。在品牌定位之后，高校辅导员就要设计能够体现个人特质的职业品牌。高校辅导员可以结合自身的职业生涯规划对自身职业品牌进行设计。职业生涯规划就是经由知己、知彼、抉择及行动等步骤，对自己的职业生涯作出系统且具体的规划。高校辅导员要以自己的品牌定位为方向，根据职业生涯规划中的"知己、知彼、抉择及行动"四个步骤，不断进行自身素质的提升和核心职业能力的打造，将塑造个人职业品牌的要求细化。辅导员核心职业能力相当于产品质量，个人职业品牌质量的检验以个人所具备的专业技能和职业品牌优势为标准。因而，高深的专业技能是职业品牌建立的重要元素。

**（四）高校辅导员职业品牌个性要独特化**

高校辅导员服务的对象是有思想有个性的大学生，高校辅导员的职业品牌只有体现出自身的风格、特色，才能给学生留下深刻印象。具体来说，高校辅导员应该按照由内到外三个层次来打造独特的职业品牌：第一，不断提升自身的内涵与修养，即提升个人的思想观念和专业技能。思想观念包括世界观、人生观、价值观以及创新意识等；专业技能是指高校辅导员从事辅导员这一职业所需要的知识、技能以及强有力的执行力，这些是职业品牌内涵的基础。第二，树立良好的外在职业形象，其主要指言行举止、仪容服饰、精神面貌等。辅导员的一言一行对大学生都有着示范作用，这些体现的是高校辅导员的外在风格。第三，建立独特的个人风格，其表现在待人接物、处事方式、社交活动、运动喜好等，它表现了高校辅导员对人生和社会的态度。高校辅导员要在工作中不断寻求进步，完善自己的职业品牌。

**（五）高校辅导员职业品牌的形象要美誉化**

要成为一名受学生欢迎、受学校信任、受社会肯定的高校辅导员，塑造良好的个人职业品牌，建立良好的信誉是根本。高校辅导员在打造个人职业品牌时，除了重视职业技能的提升外，还要注重职业道德和个人信誉的提高，培养强烈的社会责任感。高校辅导员是一份需要奉献精神的职业，辅导员个人职业品牌讲究持久性和可靠性。实践证明，高校辅导员如果仅是工作能力强，而道德水平低，是无法建立良好的个人职业品牌的，即使建立了，也不可能长久，更不能令人信服。拥有良好个人职业品牌的高校辅导员，其工作态度和工作能力都会受到学生和学校肯定，能帮助大学生健康成长成才，能真正体现出高校辅导员的职业价值。这样的高校辅导员，受学生欢迎，得学校尊重，为社会所需。也就是说，高校辅导员在塑造个人职业品牌时，要注重自身职业品牌的美誉度。

### （六）高校辅导员职业品牌的传播要知名化

教育是双方的，需要交流和互相了解。而个人职业品牌塑造的过程，也是个人职业品牌不断向外传播、扩大影响的过程，高校辅导员不仅要丰富职业品牌的内涵，努力创建和维持个人职业品牌，还要通过各种方式和渠道把自己的优势和特质通过适当的形式呈现出来，让众人认识和了解，以提高知名度。在这种状态下，大学生就可以根据自己不同的成长需求和个性要求，对接相应的辅导员寻求指导。根据菲利普·科特勒的个人品牌传播的"正式表演、可控印象、媒体提及、产品销售"四个渠道，高校辅导员职业品牌传播的方式和渠道有：正式表演，指寻求知名度的有志者向受众作计划好的陈述。高校辅导员可利用辅导学生、开会发言、网络交流等相对正式的方式，增加与学生的交流机会，并借助这些机会阐述自己的观点和视角，形成自己的个性。可控印象，指品牌传播给受众的形象。高校辅导员可通过授课、谈心、个人网络交流载体等方式，传播个人的价值观，创造或维护个人职业品牌的特定形象。媒体提及，指品牌传播的另一种形象，这种形象是借由记者、专栏作家、特约作者及其他媒体渠道来传播的。高校辅导员可利用校报、校园网页、校园视频、微信朋友圈、微博等媒体平台发表文章和言论，提升知名度。产品销售，指通过带有品牌形象的实物或是与品牌有关的实物实现品牌传播。高校辅导员的"产品"就是为大学生提供的服务。辅导员可以将个人职业品牌同某种可考量的事物联系起来。如个人微博，因其在大学生中被广泛使用，辅导员可以利用微信、微博对学生进行思想教育，并凸显个人职业品牌的个性。

### （七）高校辅导员职业品牌的更新要长期化

由于职业生涯周期较长，外部职业环境变化较快，为了延长职业品牌的生命周期，高校辅导员在塑造个人职业品牌的过程中，一定要根据社会环境、职业环境和职业对象的变化，不断学习，不断更新个人职业品牌的内涵和表现形式，对职业品牌进行长期管理。高校辅导员要经常对个人职业品牌进行诊断，不断思考并校正自己，结合外部职业环境的变化与个人职业生涯发展阶段来审视个人职业品牌的发展。这是维护个人职业品牌的基础工作。坚持学习是要求进步的表现，也是延续个人职业品牌生命周期的重要手段。职业品牌塑造是一个长期的过程，高校辅导员必须不断学习新知识、新技术、新方法，不断地丰富自己的思想和技能，充实个人职业品牌的内涵建设。这是保持个人职业品牌的方法。

　　高校辅导员的职业品牌是在工作和学习中慢慢培养和习得的，职业品牌的塑造过程将和高校辅导员的工作、学习过程相融合，成为一种新型的个人职业成长模式。高校辅导员应该认清当前形势，树立职业品牌的意识，打造和形成自己的职业品牌。在工作中，不断提升师德修养，规范自己的言行举止，做到知行合一，同时注重自己的职业形象，努力构建自己的职业能力，就可以塑造出自己独特的、具有感召力和生命力的职业品牌，实现自身的职业价值，提高社会地位。

# 第六章　高校辅导员队伍素质能力提升的策略与路径

新时代高校思想政治工作面临的任务是解决"一条线贯穿""一体化育人""一公里贯通"的问题。没有"最后一公里"的贯通,思路再清,方法再多,终究还是没有解决"船"与"桥"的问题,提升育人质量就变成了空谈。2017年,《普通高等学校思想政治工作质量提升实施纲要》出台,其注重思政工作质量的提升和效果的显现,有利于提升工作的质量效益意识。辅导员队伍是打通"最后一公里"的骨干力量,加强辅导员队伍的内涵式建设,充分发挥这支队伍凝聚力和战斗力强的优势,从思想认识、素质能力等方面提质增效,为实现工作任务、落实工作要求提供动力源和催化剂。本章强调科学谋划,内外联动,将辅导员队伍职业素质能力提升从激发内生动力(个人学养修炼层面)以及强化外部动力(辅导员队伍建设层面)两个层面进行分析。两个层面相互结合、相互促进,形成高校辅导员队伍职业素质能力提升的策略与路径建议。

## 第一节　激发高校辅导员素质能力提升的内生动力

李忠军教授在《高校辅导员主体论》一书中强调,高校辅导员群体是辅导员队伍"三化"建设的对象和主体,在这一过程中处于核心地位,发挥主要作用。职业化、专业化就是要力图使辅导员将工作作为一项长期所从事的职业和自身所擅长的专业,而在这一过程中,辅导员不仅是被动地承受教育和培训,还需要主体性的自我建构和彰显。没有辅导员主体的观念转变和积极参与,辅导员的职业化、专业化无法实现。因此,提升辅导员队伍整体的素质能力,推进辅导员队伍的"三化"建设，要呼唤辅导员主体转变观念和积极参与。辅导员个人学养的高低，是提升大学生人才培养水平，造就品德优良、知识丰富、本领过硬的高素质人才的必备条件。辅导员的个人学养通常是高尚的道德风范、丰富的知识修养、健康的心理素质、适度的仪容仪表等方面的综合体现。辅导员的个人学养不是与生俱来的，而是需要后天的磨炼、修养，要从以下五个方面下功夫：调动阳光心态，激发职业内驱力；夯实理论基础，强化知识内化力；练就精湛技能，提高业务胜任力；做好生涯规划，提升职业续航力；打造个人品牌，彰显特色创造力。

## 一、调动阳光心态，激发职业内驱力

内驱力是由需要产生的，受外界条件影响，是推动个体活动的内部驱动力。美国心理学家弗雷德里克·赫茨伯格（Fredench Herzberg）提出的双因素论，即"激励因素－保健因素理论"，认为影响人的行为积极性的因素有两类，即激励因素和保健因素，它们彼此以不同的方式影响人们的工作行为。而辅导员的职业内驱力的激发也是由"自我激励因素"和"制度保健因素"所组成的合力激发出来的，既来自个体内部的激发作用，也来自外部制度、目标的诱发作用，这两者是不可分割的整体。

"自我激励因素"与辅导员在工作中的感受性等内在因素有关，主要来自个人的自我认知、目标设定和成就感体验等，能够真正激发和提高工作积极性。这类因素如果缺失或者不足，辅导员未必会很不满意，但却能严重影响工作的效率；这类因素若得到激发或促进，辅导员就会很满足，从而提高工作积极性和投入度，并通过持续性的自我强化，发挥稳定的自我激励作用。"自我激励因素"能有效地激发辅导员的成就动机，即推动辅导员去追求与完成自己所认为最重要、有价值的工作，并且设法将其达到某种理想地步。

高校辅导员队伍中存在职业理想不坚定、职业认同不牢固、职业定位模糊、职业认同感低、职业兴趣薄弱等职业认同问题，这些问题一方面与辅导员群体的社会认可度有关，更多则取决于辅导员个人的自我认知。辅导员的工作对象是活生生的个体，有情感、有思想，需要辅导员情感的投入，用心用情才能把工作做好。

## （一）提升自我意识

大多数研究者认为，良好的自我意识可以强化辅导员的职业认同感，促进辅导员对其定位、职能和行为进行有效的自我反省，并随时进行自我调整和改进，从而提高工作的有效性。那些不断地发展自我成长性和自我意识的辅导员，与那些自我意识较弱的人相比，其自我发展的内在动力会更加明显和持久。

辅导员要对自己的角色和职能、能力素养和行为方式、职业发展前景等有准确的认识和判断。从事辅导员这一职业之前，要认真了解岗位职责，剖析自身兴趣爱好，做到人职匹配。从业之后，更要深挖辅导员职业内涵，通过重温辅导员誓词、领会辅导员精神、学习辅导员先进典型、培养职业理想等方式消除职业倦怠和发展迷茫，增强职业带来的成就感、认同感和归属感。

当然，由于辅导员行业发展刚刚起步，对于许多辅导员来说，未来的道路和自己的职业前景是模糊不清的，他们在目前的工作环境中很难找到理想的职业楷模，所有的想象更多地来自刚成文或正在拟定的制度和条例。倘若辅导员缺乏自我意识，其目标的牵引力也会不足，激发"自我激励因素"无异于一句空话。应该说，辅导员自我意识的良好成长与发展是有效开展辅导员工作、科学规划辅导员职业发展、积极应对辅导员职业倦怠的重要前提。

因此，在高校辅导员队伍中，必须加强培训和交流，需要让他们充分了解行业发展的前景，并对自己的辅导员职业生涯作出合理的规划；需要帮助他们理解自我角色的定位和职能范畴，这对于具有不同学科背景的辅导员尤为重要，也是实现辅导员专业化培养的第一步；需要引导辅导员寻找自身与辅导员工作所必需的能力素养之间的差距，并有意识地自觉提升工作能力和素质。

## （二）确立内在自我成长目标

人的内在的自我成长表现为从事一项职业时所具备的知识、观念、心理素质、能力、内心感受等因素的组合及其变化过程，注重的是取得成功的主观情感。内在的自我成长目标一旦实现，能力得到了提升，并内化为个人精神财富，就会产生强烈的自我满足感。期望理论认为，目标的目标价值越高，且较易实现、又具有可控性，其产生的激励作用越大。

因此，要引导辅导员了解并认识到自我成长和成熟在人生发展中的关键性作用，自主地确立自我成长性目标，并充分认识到其在自我激励中的关键性支撑作用。内在自我成长的目标体系由各种工作的综合能力所构成，高校辅导员的工作能力有思想政治教育的核心能力，有日常管理、人生导航、稳定工作、危机应对、心理辅导、生涯辅导和网络辅导为主的学生事务管理的关键能力，还有管理、学习、研究、创新等能力所构成的基础能力，等等。

### （三）拓展职业生涯成功标准

职业倦怠和职业迷茫的出现与辅导员的职业路径规划不清晰、难实现有关。辅导员的个人发展要建立在明确的职业规划基础上，每一位辅导员都应该综合自身所掌握的知识、所具备的能力、个人的优势和劣势以及所处的工作环境等因素，设计出适合自己追求和发展的职业目标，并明晰实现目标的路径。对于职业生涯成功的评估，除了主观标准和客观标准之外，还可尝试以辅导员的职业"成长性"为视角，从持续目标的行为导向来构建辅导员职业生涯"过程成功"的标准。每一个过程目标的实现都为下一阶段的生涯发展搭建平台，目标实现的连续性过程也展现了辅导员迈向职业成功的路径。将个体自身的努力与职业生涯成功的评价标准相结合，能引导辅导员更加注重职业追求的价值性、过程性、意义性和自我挑战性，更重视内在的心理品格，对生命意义的体验和精神上的满足。

因此，辅导员不要忘记自我发展，可以通过论坛、研讨会等方式，搭建发展自我、展示自我的平台。辅导员之间也要注意相互提醒，相互帮助，这也是促成辅导员专业发展的有力武器。另外，辅导员在工作中千万不能忘记自己刚刚参加工作时的激情和梦想，要强化自我教育意识，逐步树立起明确的自我发展目标，并持续不断地为此目标努力，这才是确保辅导员专业发展的持久助力，是从根本上保障辅导员工作质量的治本之策。

### （四）做好自我教育和发展

辅导员要怀揣梦想，做好自我教育和自我发展。

一是要学会学习，并坚持学习。终身学习的理念在当今社会已经越来越被认可和重视，辅导员不是万能的，辅导员面对的工作对象和工作环境也在持续不断地发生着变化，面对不断变化的世界，辅导员的学习能力就显得尤为重要。现实需要辅导员善于学习、主动学习、不断学习，以求为自己的专业发展不断输入动力。

二是要主动反思。坚持在实践中反思，在总结经验、吸取教训中不断提高自己，是辅导员专业化成长的有效途径。"反思"不是一般意义的"回顾"，而是对自己的工作实践和周围的教育现象、教育问题的理性思考。福柯说："反思就是对熟悉的东西再次陌生化。"美国著名学者波斯纳曾经提出教师成长的公式为：教师成长＝经验＋反思。这充分说明了现代教育环境中反思对于一个教师成长的积极意义。辅导员要在工作中主动反思，经常反思，只有如此，才能不断总结自己的工作经验，在不断的自我超越中实现自己的专业成长。

柏拉图认为："凡是自动的，才是动的初始。"只有强调内动力，才能使辅导员不断地主动反思自己实践的理念与行为，不断自我调整、自我补充、自我构建。也只有如此，辅导员才可能从纷繁复杂的日常工作中解脱出来，发展自我，实现自我，成长为一名优秀的专业辅导员。

随着以人为本理念的落实、教育观念的更新以及缴费上学制度的实施，学生与学校之间的关系已经从传统的伦理型关系逐渐演变成为有条件的契约型关系，学生往往以消费者的身份对自己与学校的关系进行重新审视，对学生工作的内容、质量和水平也提出了更高的要求。在这样的情况下，处于学生工作一线的辅导员在为自己设计专业发展内容和路径的时候，特别要注重学生的独特需求。只有真正将学生的需求融入辅导员专业发展之中，才会达到双赢的效果，在促进辅导员专业发展的同时，提升学生对辅导员工作乃至学校整体教育工作的满意度。

## 二、夯实理论基础，强化知识内化力

辅导员是开展大学生思想政治教育的骨干力量，是高校学生日常思想政治教育和管理工作的组织者、实施者和指导者。想要承担好辅导员岗位的职责和使命，就必须自觉努力掌握学生教育管理的基础知识，更新观念，加强学习，在头脑中构建适应时代发展要求的专业化知识体系。筑牢理论根基，在实践研究中不断促进理论知识的内化，才能逐渐提高育人水平。

### （一）筑牢高校辅导员理论根基的重要意义

毛泽东说过："感觉只解决现象问题，理论才解决本质问题。"理论是人们思想和行为的根据，理论上的成熟是政治上成熟的基础，理论功底也是决定职业能力高低的重要因素。拥有深厚理论功底的人，容易对事物形成正确、深刻的认识，也能够透过事物的现象看到事物的本质，并准确研判事物发展的方向，制定出科学的决策，有条不紊地展开工作，减少工作中的失误。辅导员的职业工作、辅导员的能力发展需要扎实的理论功底，这种理论功底既体现为对马克思主义尤其是马克思主义中国化理论的深刻理解、对中国特色思想政治教育理论的深刻把握，也表现为辅导员较高的思想政治觉悟和分析问题、解决问题的理论思维能力。

1. 思想政治教育工作内涵的要求

思想政治教育工作内涵要求辅导员必须有坚定的马克思主义信仰，用马克思主义的历史唯物主义和辩证唯物主义观点、方法分析问题。辅导员要理解和把握人类历史发展规律、社会主义建设规律和共产党执政规律，不断增强对马克思主义的理论自觉。辅导员必须具备正确的政治观点，鲜明的政治立场和政治态度，良好的政治品质，良好的世界观、人生观、价值观和道德人格。对以习近平同志为核心的党中央衷心拥护，对习近平新时代中国特色社会主义思想高度认同，成为马克思主义的忠诚信仰者、社会主义核心价值观念的践行者、党的思想政治教育工作任务的贯彻执行者和高质量完成者。

2. 思想政治教育工作职责的要求

思想政治教育工作职责要求高校辅导员谙熟中国特色思想政治教育理论。辅导员应认真学习领会、全面准确把握习近平总书记关于教育的重要论述的科学内涵和精神实质，深刻理解和把握党对教育事业全面领导的根本要求，坚持优先发展教育事业的战略部署，坚持社会主义办学方向的政治原则，深刻理解和把握坚持深化教育改革创新的鲜明导向，明确立德树人根本任务、培养德智体美劳全面发展的社会主义建设者和接班人的伟大使命。遵循思想政治工作规律，遵循教书育人规律，遵循学生成长规律，自觉提高教育情怀、职业情怀，不断提升教育自觉的境界。

3. 思想政治教育实践的要求

育人的实践要求高校辅导员具备较高的理论思维能力和水平。马克思有句名言："理论只要说服人，就能掌握群众；而理论只要彻底，就能说服人。"要增强教育的说服力、感染力，就要加强理论研究。辅导员应学会和掌握理论思维，包括战略思维、创新思维、辩证思维、法治思维、底线思维，树立历史的、哲学的、开放的、创新的思维观念和思维方式。具有战略的、辩证的、历史发展的思维，才能引导学生正确认识世界和中国发展大势，正确认识中国特色和国际比较、正确认识时代责任和历史使命，正确认识远大抱负和脚踏实地，才能不断保持对国史、党史的高度自信，对客观真理的深邃探索，进而执着追求美好梦想，体现出对时代精神的高度自觉。树立开放式思维、创新思维，就是要有不畏艰难、敢于尝试的求索精神，勇于探索真理的胸怀与气度，不断开展教育的思想创新、理念创新、方法技术创新和模式创新。

提高理论思维能力和水平，最根本的就是坚定理想信念，加强对伟大中国梦的思想自觉和行动自觉，不断增强"四个意识"，即政治意识、大局意识、核心意识、看齐意识，更加坚定"四个自信"，即中国特色社会主义道路自信、理论自信、制度自信、文化自信，保持对实现中华民族伟大复兴中国梦的坚定信心。

4.思想政治教育工作本质的要求

提高理论水平是思想政治教育工作的本质要求。辅导员的专业素养是指从事辅导员工作所必备的特质，包括专业精神、价值观念、专业态度、专业伦理、专业知识、专业技能等。在一定的意义上讲，辅导员的专业素养即辅导员的职业能力，辅导员的理论水平则是辅导员专业能力的重要体现。扎实的思想政治教育理论无疑是提升辅导员核心能力即思想政治教育能力所必需的。辅导员深厚的理论根基源于对教育事业的一片赤诚，源于对思想政治理论的深入钻研，源于对思想理论问题的多年浸润和对教育实践问题的领悟。辅导员入职，并不意味着已经具备了较高的思想政治教育理论水平，辅导员要提高思想政治觉悟与理论水平，必须按照习近平总书记的要求，着力在坚定理想信念、厚植爱国主义情怀、加强品德修养、增长知识见识、培养奋斗精神、增强综合素质上下功夫，培养一代又一代拥护中国共产党领导和社会主义制度、立志为中国特色社会主义奋斗终身的有用人才。

## （二）构建高校辅导员专业化知识体系

高校辅导员工作量大，涉及面广，这就要求辅导员具备多元化的知识结构。零碎的理论知识不能为辅导员工作提供有力的支持。需要帮助辅导员构建专业化知识体系，以激发辅导员素质能力提升的内生动力，让理论知识能够为辅导员的实际工作提供更好的指导。辅导员专业化知识体系包括以下内容。

1.专业知识

（1）马克思主义理论知识。马克思主义是大学生思想政治教育的基础理论。辅导员必备的马克思主义理论知识主要包括马克思主义的科学理论体系和中国特色社会主义理论体系。

（2）思想政治教育的专业知识。大学生思想政治教育是一项特殊的社会实践活动。辅导员必备的思想政治教育的专业知识，主要包括高校思想政治工作原理、高校思想政治工作方法论、党的思想政治工作史等。

（3）思想政治教育的相关学科知识。大学生思想政治教育理论的多学科性和大学生知识面的宽广性决定了辅导员必须具备广博的相关学科知识：一是与大学生思想政治教育相关的知识，如教育学知识、心理学知识等；二是与高校工作有关的知识，如高等教育学知识、高等学校管理学知识、高等学校心理学知识等；三是与自己的具体工作对象和工作环境有关的专业知识，即各院系的辅导员都应该了解本院系的专业知识，各部门的辅导员都应该熟悉与本部门业务有关的专业知识。

2. 基础知识

（1）工具性知识。包括写作知识、谈话知识、计算机与网络知识等。写作知识是辅导员必备的基础知识之一，写作作为人类社会传递信息、交流思想、传播知识的手段，在工作中的应用非常广泛。谈话知识是辅导员必备的第二项工具性知识，大学生的日常思想政治教育大多数是在辅导员与学生的谈话中完成的，是通过报告、讲解、座谈、个别谈心等方式循循善诱地说服工作对象的。辅导员必备的第三项基础知识是计算机与网络知识。现在跨入了以计算机与网络为主要学习、工作、生活手段的信息时代，学习和运用不断更新迭代的，如QQ、微信、微博、抖音、快手、剪映等"人类通用技能工具"已成为辅导员日常工作的一部分。

（2）非工具性知识。包括美学知识和人文知识等。美育不仅能促进大学生性格的全面发展，而且能开拓他们的思维、净化他们的心灵。同时，美育是培养德智体美全面发展的大学生的重要任务。辅导员必备的美学知识主要包括由内在精神美和外在形式美组成的自身美知识、环境美知识和艺术美知识。人文知识是人类关于人文领域、精神生活领域的基础知识。辅导员必备的人文知识主要包括历史知识、文学知识、宗教知识、道德知识等，它能够提高辅导员的文化品位、审美情趣和人文素养，而且在大学生中普及人文知识也是推进高校素质教育的一项重要工作。

（3）生命科学知识。生命科学是研究生命现象与生命活动的本质、特征，发生、发展规律,以及各种生物之间和生物与环境之间关系的科学。生命科学知识是辅导员的良师益友,可以指导学生珍爱生命,享受健康的生活,提高健康素质。尤其是在当前疫情防控常态化背景下,生命科学知识在辅导员的管理和育人实际工作中,显得尤为重要。

(4)民族文化知识。辅导员要营造团结和谐的教育情境,必须掌握民族理论、民族政策法规等知识,了解并尊重民族习俗文化,才能与各民族学生拉近距离,思想政治工作才能真正深入其心,从而使学生在潜移默化中增强中华民族自豪感和凝聚力,自觉抵制境内外民族分裂势力挑唆。这样我们的教育才能既保持民族特色又能与时俱进。

**(三)构建具有中国特色的高校学生事务管理知识体系**

开阔视野格局,夯实职业发展基础。我国高等教育的快速发展,对辅导员素质能力提出了更高的要求,新时代的高校辅导员除应具备马克思主义理论、哲学等学科的基础知识,思想政治教育等相关专业知识和《教育法》《高等教育法》等法律法规知识外,还要具有综合驾驭知识和熟练运用知识的能力。辅导员可以借助书籍、新媒体平台、校内外学习培训等契机广泛吸收知识,开阔知识视域,扩展知识格局;养成关心时政,关心高等教育发展,多看、多学、多记录的良好习惯。北京师范大学思想政治工作研究院院长冯刚在其发表的《改革开放以来高校思想政治教育发展史》一文中指出,随着我国高等教育国际化程度的日益提高,"高校辅导员应当有开放的心态和视野,主动学习吸收国外高校学生事务管理的优良经验,构建具有中国特色的高校学生事务管理体系"。辅导员要将所学知识进行系统的思考整理,完善自身知识体系,以便在工作中更加得心应手地运用。

中国矿业大学赵春晓、龙景奎两位老师在《高校学生事务管理知识体系的构建》一文中,提出了以"两层次三维度多线索模块化结构"构建高校学生事务管理知识体系框架的研究成果,提出基于学生发展的学习生命周期理论,分析学生事务管理知识模块、学生事务管理工具方法和管理成熟度模型等,并提出了构建学生事务管理知识体系的对策和建议,为全面提高高校辅导员工作的科学化提供了可借鉴的理论和方法。

赵春晓、龙景奎着眼于构建中国高校学生事务管理知识体系的目标,基于体系化与模块化的要求,按体系框架和模块化结构提出了高校学生事务管理知识体系框架（见图6-1），把高校学生事务管理框架体系总体分为"两层次三维度多线索模块化结构"。其中模块化结构是指将学生事务管理知识组成一系列相对独立的知识模块，基本组成单元就是一个课题知识模块；两个层次就是一个知识和一个方法；三维度是学生发展的时间维度、学生事务管理的逻辑维度和思维方式维度；多条线索是指按照学生学习生命周期阶段和职能领域等多条线索来组织学生知识管理体系的知识模块。

| 学生事务管理理论基础 | | | | | | | | | | |
|---|---|---|---|---|---|---|---|---|---|---|
| 马克思主义基本原理 | 系统工程 | 心理学 | 组织理论、信息论、控制论、管理理论 | | | | | | | |
| 大学生学习周期阶段分析 | | | | | | | | | | |
| 入学兴奋阶段 | | 适应阶段 | | | 疲劳阶段 | | | 毕业阶段 | | |
| 党建管理 | 生涯规划 | 干部管理 | 心理危机管理 | 成绩管理 | 学风管理 | 宿舍管理 | 资助管理 | 团学事务管理 | 沟通管理 | 信息管理 | 就业管理 | 奖惩管理 | 干系人管理 |
| 方法与工具 | | | | | | | | | | |
| 标杆管理 | 标准管理 | | 组合管理 | | WBS工作分解 | | 激励理论 | | 模拟方法 | |
| 学生事务管理成熟度模型 | | | | | | | | | | |
| 组织理论 | | 基于流程再造的持续改进机制 | | | 知识管理 | | | 评价机制 | | |

**图 6-1 高校学生事务管理知识体系框架**

学生事务管理应当注意把大学生学习周期阶段化，按照阶段化的线索，探索各个阶段所具有的规律与特点，有针对性地进行研究，把握普遍规律，进而开展工作。随着信息化技术的迅速发展和社会环境的发展，各个年龄时段的大学生出现不同的特点，要研究不同年龄段在大学学习生命周期中的阶段特征，形成具有实际可操作的阶段管理知识模块。一般来说，可以把大学生以学年时间为周期进行阶段划分，也可以根据实际情况进行划分。划分不应当是时间点，而应该是一个时间区域。划分阶段应该以所呈现的不同的阶段特征为标准。一般而言，大学生会经历入学兴奋阶段、适应阶段、疲劳阶段、毕业阶段，在不同的阶段会表现出明显的阶段性特征，要考虑不同阶段的特点进行有效的事务管理。同时，要把大学生涯规划指导与学生发展阶段的规律结合起来，研究不同阶段的生涯规划与指导，使之能够具有不同阶段的适应性和针对性。

### （四）鼓励参与科研，促进知识内化

时代的变迁给辅导员提出了更高的要求，他们需要不断地学习来给自身

充电，需要继续接受更高一级的教育来适应时代的发展。辅导员应通过课题研究、论文撰写等方式，以输出倒逼输入，通过进行思想政治教育的研究和探索，来促进理论知识的内化，提高自身的职业理论素养、思想教育管理的科学性与系统性以及自身的工作积极性。

1. 提升高校辅导员职业能力迫切需要科研引领

辅导员的研究能力既是基础性能力，也是发展性能力，更是职业核心能力的关键要素。不断变化的教育情境、错综复杂的教育问题，需要辅导员具备问题分析能力、调查研究能力，创新思想政治教育工作需要辅导员以研究能力为支撑，研究与辅导员职业工作具有天然的不解之缘。思想政治教育本身是一个注重应用的学科，关注的是现实问题、研究的也是现实问题。作为一名辅导员，在思政领域有着先天的优势，有着大量实践的机会。因此，引领辅导员开展教育科研，可以扩展理论视野和学术眼界，把辛苦转化为成果，把经验上升为理论，在攀升科研高峰的进程中，增长能力水平，引领职业发展方向。

2. 以课题研究为抓手，提升学术研究能力

辅导员的思想政治教育水平既是一种教书育人的水平，也是一种学术研究的水平。辅导员的政治敏锐度、政治鉴别能力、价值引领和思想引导能力源于对党的方针政策路线的深沉理解，源于对教育问题的认真思考和冷静判断，源于对教育经验的积极吸纳和实践反思。育人的使命要求辅导员必须在实践中研究，在研究中实践，辅导员职业能力的发展也总是与问题的研究结伴而行。高校的文化底蕴、学术氛围也要求辅导员具有研究意识、问题意识和学术意识。提升辅导员的学术研究力既需要辅导员的自我学习和自我提高，也需要学术研究氛围的创设、对学术研究积极性的激励和对学术研究行动的支持。因此，从促进辅导员研究能力提高的角度，应加大对辅导员科研活动的引领，鼓励和支持辅导员开展课题研究，为辅导员的课题研究打开方便之门。依据国家的相关政策措施，通过哲学社会科学研究项目申报、思想政治教育专项课题申报、优秀辅导员论文评选等，加大辅导员的学术研究力度和深度，提高辅导员队伍的专业化、专家化水平。实际上，一些高校，尤其是办学层次较高的大学，在支持辅导员课题研究上纷纷出台激励性措施，如在课题研究上提供经费支持，额外开辟立项研究通道等。

2014年，教育部思想政治工作司发布《教育部人文社会科学研究专项任务

项目（高校思想政治工作）管理办法（试行）》，打通了辅导员申报教育部课题的路径。项目申报分为三类：辅导员骨干专项课题、一类课题和二类课题。辅导员既可以根据国家提出的重点研究方向的课题指南，又可以根据大学生思想政治教育工作的实际问题进行申报，由高校推荐。这有助于引导高校重视对辅导员科研能力的培养，切实提升辅导员科研水平。

3. 在推进学术交流中提高高校辅导员的学术素养

高校具有教学与研究的双重任务，高校辅导员置身于文明传播、科学研究的氛围中，有不断提高科研水平和学术素养的良好条件。学术素养系指进行学术研究时内在的规范和要求，是个人在学术研讨过程中所表现出来的综合品质。学校应努力创设学术交流的平台，以培养辅导员的学术意识、学术伦理规范和学术能力。应通过举办学术报告会、学术研讨会、学术专题讲座等方式，展示学科知识前沿，丰富辅导员的专业知识结构，培养辅导员浓厚的学术兴趣。也可通过学者互访、校际交流等方式，交流工作经验，提升学术品味，实现信息资源共享，增强学术体验和学术乐趣。

### （五）树立终身学习理念，不断充实理论知识体系

"终身学习是指通过一个不断的支持过程来发挥人类的潜能，它激励并使人们有权力去获得他们终身所需要的全部知识、价值、技能与理解，并在任何任务和情况以及环境中有信心、有创造性和愉快地应用它们。"1972年，联合国教科文组织国际教育发展委员会编著的《学会生存》一书把终身学习提到了生存的位置，认为："我们再也不能刻苦地一劳永逸地获取知识了，而需要终身学习如何去建立一个不断演进的知识体系——学会生存。"此后，终身学习的思想深刻地影响并改变着世界，不仅给人们带来了学习观念上的重大变革，也引导着人们将终身学习作为一种文明的生活方式。可以说，终身学习已经逐步成为当今社会发展的必然趋势，只有终身学习才能实现终身的发展。

对于辅导员而言，终身学习已经是一个基本的职业守则，《辅导员职业能力标准》中已经对此作出明确规定。在对辅导员展开的访谈中，一位辅导员老师提道："一名优秀的辅导员既能处理好各项事务性工作，又能在学习中促进自身能力的提升。"可见，辅导员工作虽然繁杂，但只要做到爱学习、勤学习，便能在零散的、碎片化的时间中加强学习，在日积月累中提升自身的核心能力。所以，辅导员要树立终身学习理念，才能形成不竭动力，以学习提升能

力、解决困难、促进成长。一支具有生命力的辅导员队伍，一定是一支学习型辅导员队伍，具有终身学习的观念和终身学习的能力，从而不断充实自身理论知识体系。

1. 高校辅导员要充分认识终身学习的必要性

高校辅导员要树立终身学习的理念。理念是行动的先导，只有将终身学习的理念内化为辅导员的认识，才有可能外化为辅导员持续不断的学习行动，才有可能培养学习型辅导员，推动学习型队伍建设。从社会发展出发，当今世界在飞速变化，知识更新的速度大大加快，学习型社会要求每一个社会成员都应该成为终身学习者，辅导员也不例外。从辅导员职业出发，辅导员面对的是千头万绪的工作内容、千变万化的工作情况，以及千姿百态的工作对象，要高质量地完成工作，仅停留在原有的知识技能水平上已经远远不够了，必须不断学习提升自身的专业素养。辅导员是学生学习的引导者，自身如果不具备终身学习的理念和行动，就谈不上对学生"言传身教"。唯有辅导员树立终身学习的理念并付诸行动，才能影响学生的学习的态度和行为；唯有辅导员具备不断学习的能力，才能提高学生的学习能力。所以，辅导员首先要自己树立终身学习的理念。

2. 高校辅导员要突破传统学习观念的束缚

传统的学习观认为学习是单一的、被动的，具有维持性、阶段性的，然而事实上辅导员的学习应当是全面的、主动的、创新的和终身性的。辅导员不能将学习内容单单局限在思想政治教育学科领域，而是要把学习内容拓展到其他的学科领域和人的全部知识世界。这需要辅导员转变被动地接受学习和培训安排的状态，从"要我学"转变为"我要学"。同时，辅导员不能将学习局限或停止于学历教育，而是要将学习延伸到辅导员的职业生涯和整个生命旅程，面向发展，面向未来。创新是必然趋势，因为仅仅依靠原有知识的维持来应对社会和工作的要求已经不可能。反之，带有"预见性"的创新学习才能引领辅导员在工作中走向未来，突破自我。

3. 高校辅导员要具备终身学习能力

终身学习对辅导员而言，是自身能力素质和知识水平不断提升、持续追求、精益求精的过程，是自我完善和持续成长的过程。具备观念上的认识还仅仅只是起点，必须要具有将观念外化为持续的学习行为的能力，只有落实了终身学习的行为，才算真正实现了终身学习。落实终身学习，辅导员至少应该具备以下几方面的基础能力。

一是要具备发现学习需要的能力。需要引起动机，动机产生行为，行为驶向目标。学习需要是引起学习行为的驱动因素。按照马斯洛的需求层次理论，需求是有层次的，在低层次需求得以满足后才能出现对较高层次需求的追求。在终身学习的过程中，辅导员应当具备不断发现和挖掘自身学习需求的能力。例如新入职时，辅导员要善于发现自身原先的专业知识结构与应对新工作所需要的知识之间的差距，明晰自己下一步的学习需要，并通过不断学习来满足这种需要；工作一段时间后，当补充辅导员工作的基本知识的学习完成后，辅导员要善于挖掘自身更高层次的学习需要，明晰与成为辅导员工作某方面专家之间的差距，并以此确定学习方向。如果辅导员不具备发现自身学习需要或持续发现学习需要的能力，很可能就不具备学习的动力，仅仅是安于现状，被动接受工作新问题对自己知识能力体系的挑战。

二是要具备科学规划学习的能力。人从出生开始将分别经历幼年、少年、青年、中年、老年几个不同的阶段，每个阶段的学习方式和状态都是不一样的，正如古人云："少而好学，如日出之阳；壮而好学，如日中之光；老而好学，如秉烛之明。"如果说辅导员在青少年时期大多是处于接受学历教育、被动学习的状态，只需要按照规定的培养路径和培养内容接受教育即可，那么进入工作状态以后，辅导员的学习则更多地表现为一种自主状态，要不要继续学习、学什么、如何学这些问题都需要自己去决定。所以对于持有终身学习理念的人而言，科学规划学习的能力必不可少。没有学习规划就会迷失学习方向，变得杂乱无章，终身学习的效果也会大打折扣。因此，学习型辅导员必须能够对学习进行科学的规划，要根据在不同职业生涯阶段自身所面临的情况、问题和需要提升的知识能力，来分别安排学习的侧重点和学习形式。关键还要分层次设定学习目标，有了明确的学习目标才会激起强烈的学习要求和求知欲望，并且激励自己在学习过程中表现出良好的注意力和克服困难的意志。

三是要具备维持学习状态的能力。坚持终身学习不是一件容易的事情，和任何事情一样，学习也不可能总是万事俱备，一帆风顺，在过程中总归会遇到这样那样的困难和阻碍。辅导员在终身学习的过程中对此要有心理准备，要具备随时用自己的能力和智慧应对学习道路上各种问题和困难的能力，而不是一遇到困难就放弃或放松学习。例如在经过一段时间的工作后，辅导员难免会遇到各种工作压力，并遭遇职业倦怠。此时辅导员必须要具备应对调整能力，而不是让这些问题成为阻碍辅导员学习的因素。辅导员可以通过释放压力，缓解不良情绪，寻求积极认知，调节学习目标和节奏等方式来应对这些问题，最终开辟出一条适合自己情绪状态的持续学习之路。

### 三、练就精湛技能，提高业务胜任力

高校辅导员的职业能力，尤其是核心职业能力，是在工作过程中形成的。核心能力的培育，既是外部灌输式培养、技能化训练的过程，也是辅导员个体自我学习、自我训练、自我反思的过程，更是内部积累与外部获取相结合、内部要素能力与外部工作平台交相融汇而不断建构的过程。研究辅导员能力提高的实践路径，重点不是指向辅导员应该怎么做，而是指向我们应该为他们的发展提供什么。

#### （一）创造条件，推进高校辅导员能力的实践养成

思想政治教育的本质是实践，辅导员职业能力提高的关键也是实践。高校是辅导员开展各项工作所依托的平台，是其提高专业技能的训练场。高校可以根据具体校情来开展有针对性的辅导员职业能力培养活动，通过以老带新、榜样示范、典型引路、案例分析、专题研讨等方式，打造优质的校级辅导员职业能力培养平台，营造高校辅导员职业发展的良好氛围，提高辅导员的专业技能，提高辅导员分析问题、解决问题的能力，提高辅导员的职业认同感、责任感和职业进取意识。引导辅导员深入实际，调查研究，搜集工作案例，建立自己的职业能力培养资料库，在实践中理解思想政治教育的意义，领悟思想政治教育的真谛。引导和督促辅导员要从"做中学"，统筹工作过程与学习过程，将工作过程学习化、学习过程工作化。辅导员的专业学识与专业技能需要组织培养与实践养成。国家及各地开展的高校辅导员职业能力大赛表明：以赛带训式的辅导员能力竞赛活动，从理论水平到解决问题能力，从文字表达力到思政工作艺术，辅导员的职业素养得到全面历练与提高，有辅导员领悟："最大的收获，不是比赛成绩，而是在准备比赛过程中的积累与提升。"

#### （二）目标分类，引领高校辅导员多样化专业发展

高校应建立辅导员职业能力培养的动态目标体系。走多样化发展道路，

是稳定骨干队伍、建立职业认同、完成经验积累和传承的必由之路。学校要根据辅导员职业发展的不同阶段、专业发展的不同层次、专业背景的不同走向、对职业发展前景的不同诉求，帮助每一位辅导员建立层次不同、各具特色的职业发展规划，引导辅导员职业能力动态地、多样化地发展。确定骨干辅导员、专家型辅导员、双肩挑辅导员等不同的发展目标，支持辅导员通过不同的发展道路开辟职业前景，如鼓励辅导员兼任思想政治理论课或开设形势政策课，鼓励辅导员开展学术交流等，引导他们将个人前途与队伍建设的整体目标结合起来。

### （三）搭桥铺路，提升高校辅导员的核心职业能力

学校应积极搭建理论学习、业务培训、素质拓展、技能竞赛、实践锻炼、外出研修等平台，为广大辅导员从业、敬业、乐业提供坚强支持和可靠保障。立足高校的文化底蕴，促使辅导员扩展知识，拓宽理论视野。通过组织参加新时代辅导员典范的塑造和优秀辅导员团队的创建活动等，弘扬高尚的师德，感召和引领广大辅导员，全面提升高校辅导员思想政治工作的质量和水平。辅导员的专业素养是辅导员职业能力发展的前提和基础，也是辅导员职业发展的内在驱动力和根本保证。辅导员职业能力建设不仅要重视专业精神和专业道德的建设，更要关注和支持辅导员专业学识与专业技能的积累。贵州师范大学邱尹博士认为，高校辅导员的专业化职业化发展，不仅要解决高校辅导员主体的物质和制度性保障问题，还要解决辅导员的核心素养发展问题，而核心素养的提升才是积极应对大学生思想政治教育需求的根本，这一矛盾的解决最终又会促进高校辅导员专业化职业化的发展和稳定。

高校辅导员职业素养是在践行工作职责过程中形成的，是一种"积累性学识"，也是其他工作岗位难以具备和难以模仿的关键能力。辅导员在育人的功能发挥中，无时不依托专业学识与专业技能的积累，依托长期形成的文化底蕴。

辅导员的专业学识本身就是一种人文积淀，是古今中外人文领域基本知识和成果的积累，蕴含着认识方法、实践方法、审美情趣和科学精神。辅导员的专业技能既是一种经验知识，也是一种文化积累现象。从辅导员专业技能的传承与积累角度来说，走马灯式的人员变换、以锻炼为目的的经历式岗位任职、以加强管理为目标的学生事务指向，难以体现辅导员职业存在的专业性价值，

也难以积累辅导员职业能力的人文底蕴，不利于凸显辅导员职业发展的良好前景。大力支持辅导员专业学识与专业技能的积累，既要支持和帮助新入职辅导员完成"技能模仿—实践领悟—创新发展"，也要支持和扶植一线专职辅导员骨干的成长与发展，就是要创造一切可能的条件，帮助辅导员实现职业能力的提升。

2011年5月，河北省教育厅举办了第一届河北省高校辅导员职业技能大赛。2012年3月，教育部思想政治工作司举办了第一届全国高校辅导员职业技能竞赛。随后广东、辽宁、上海等地先后响应号召，在各省份开展辅导员职业技能大赛活动。近年来，这类竞赛已经由"辅导员职业技能竞赛"调整为"辅导员素质能力大赛"，这是提高辅导员职业素质能力，促进辅导员队伍"三化"建设的有效途径。截至目前，全国已经有30多个省份开展省级和校级辅导员职业技能竞赛上千场，组织参加竞赛辅导员达几十万人次，以赛代训、以赛代练，促进辅导员队伍的培养。国家所实施的骨干辅导员培养、辅导员专项课题研究、辅导员访问学者计划等都是在扶植思想政治教育高端人才，推进辅导员专业技能的传承与发展。

### （四）创新途径，加强网络思想政治教育工作

加强网络道德建设，引导和规范辅导员正确使用网络工具，强化网上言行的法律意识和责任意识。通过网络掌握高校思想政治理论动向和网络舆情，及时发现问题，有效应对涉及辅导员的舆论事件。充分运用互联网和新媒体手段，主动占领网络思想政治教育工作阵地，积极搭建辅导员网络教育服务平台，提升运用网络和新媒体手段开展辅导员思想政治教育工作的能力。积极培育辅导员提高运用网络技术，创新大学生思想政治教育工作。

近年来，越来越多高校辅导员利用网络平台开展思想政治教育，以微信、抖音、哔哩哔哩、知乎等平台为载体，一批网络思政育人平台脱颖而出，产生了较大的反响。特别是微信平台，已成为高校思政工作者开展网络思政最重要的载体。一方面在于微信活跃用户庞大，截至2021年1月，每天有10.9亿人打开微信，微信月活跃用户突破12亿，成为中国互联网历史上第一款月活跃用户突破10亿的产品。另一方面，微信平台准入门槛不高，文字成本较低，技术平台操作简便，便于随时转发，及时呈现。然而，目前高校思政工作者在网络思政育人平台运营方面，存在平台内容同质化，运营手段单一化，

平台粉丝黏性性不足，呈现形式单调，以网文思政代替网络思政，平台精准供给不足等问题。

若要创作出优质的网络思政作品，首先，要相信内容本身的最大力量在于其通过持续内容输出面向用户构建起来的某种强烈的"信任感"。其次，内容的核心打动力往往来源于内容生产者不同于他人的，极度细致入微和深度的经历、体验与思考。好的内容生产者，必然是一个有着丰富生活体验的思考者。再次，作品的内容当作以一种"与读者交朋友"的形式呈现。最后，应该围绕着自己发自内心相信的、喜欢的东西来做内容，让自己的内容与本人尽可能是"合一"的。正如习近平总书记所言，传道者自己首先要明道、信道。高校辅导员要坚持教育者先受教育，利用好网络平台和大数据技术作为载体，努力成为先进思想文化的传播者、党执政的坚定支持者，更好承担起学生健康成长指导者和引路人的责任。

（五）促进反思，在总结经验教训中不断精进

高校优秀辅导员要学会辨析能力提升过程中的难题，善于总结经验教训，将能力提升中的个别问题上升为一般性问题，由此形成一套系统化、科学化的经验方法，为其他辅导员提升核心能力提供可循之法。在此基础上，辅导员群体应提高学习效率，逐一破解提升难题，努力做到把握育人重难点，化解学生危机事件，促进学生健康成长。

### 四、做好生涯规划，提升职业续航力

随着党和国家对辅导员工作的不断重视，高校辅导员的地位越来越得到提升。习近平总书记在全国高校思想政治工作会议上说："长期以来，高校思想政治工作队伍兢兢业业、甘于奉献、奋发有为，为高等教育事业发展作出了重要贡献。"这个高度的赞扬让辅导员职业发展前途变得更加光明。高校要抓住这一契机，优化对辅导员职业生涯规划的管理；辅导员要意识到自身在高等教育发展中的重要作用，充分发挥主观能动性，对自己的职业生涯进行合理的规划。将职业生涯规划这一理念引入高校辅导员队伍的建设中，可以更好地体现高校管理中以人为本的核心思想，同时也可为大学生思想政治教育的可持续发展提供丰富的人才资源。

辅导员是高校管理的核心力量之一，如何引导辅导员做出符合高校发展方

向的行为，引导辅导员满足组织的人才需求，从而实现辅导员价值最大化，是每个高校都应关注的问题。只有在和辅导员协商的基础上，设立好未来职业发展目标，选择好职业通道，才能从真正意义上引导辅导员朝着高校需要的方向发展，为高校保留优秀的人才资源。

高校辅导员的发展流动大致有以下几个方向：向学校党政管理工作岗位分流；根据本人意愿结合专业素质和教学科研能力调整到教师队伍；对于工作成绩突出的辅导员，可以由学校推荐参加校外挂职锻炼；推荐辅导员到校企合作企业挂职学习，以增强其对学生指导专业学习的能力；出台激励措施鼓励辅导员进一步深造或参评更高系列职称等。在辅导员发展的过程中，既尊重辅导员个人发展需要，也要立足高校工作大局，尽力为辅导员提供晋升和发展空间。

### （一）提供指导与保障

高校要对辅导员职业生涯进行有效的管理与指导，建立辅导员职业生涯档案是基础，搭建平台是关键，完善制度是保障。职业生涯档案中记载的辅导员成长轨迹有助于分析辅导员的职业发展潜力，帮助辅导员设定科学完备、切合实际的职业生涯规划；辅导员研修基地的设立以及辅导员岗位交流平台的搭建有利于辅导员素养的提升，为辅导员实现职业生涯发展目标提供了充分的条件；聘用、考核、薪酬待遇、晋升等方面的制度与规范是高校科学管理的保障，同时也能够调动辅导员追求职业生涯发展目标的积极性。

### （二）优化队伍流动

作为高校管理者，要本着"以人为本"的工作理念，根据辅导员能力、特点、专业特长、工作绩效，优化队伍流动，切实为辅导员的发展创造条件。大部分辅导员在繁重的学生工作中，往往对自身的职业生涯规划感到迷惘，"定点、定心、定位"不清，认为个人发展空间有限。院系为辅导员创造良好的工作氛围和完善的发展机制，体现出对辅导员的关怀与负责，可以使辅导员尽心尽力投入到本质工作中，更好地服务学校人才培养工作。

### （三）促进学历提升

2006年，教育部提出"实施高校辅导员继续攻读学位计划"，要"鼓励和支持一批骨干辅导员攻读相关学位和专业进修，长期从事辅导员工作，向专业化、职业化方向发展"。由21个教育部高校辅导员培训和研修基地承担的辅导员培训计划，目前已招收近千名辅导员博士生。辅导员博士生培养作为辅导培训系列中的学历教育，旨在通过研究和学习，使辅导员在掌握相关专业坚实宽广的基础理论和系统深入的专业知识基础上，形成独立从事科学研究工作的能力；依据要求，能创造性地回答学生工作领域关键、前沿和疑难问题，对辅导员职业领域的知识和实践作出贡献。结合本单位培养实际，有47.5%的培养基地提出了区别于学术学位博士生培养目标的、更富针对性的辅导员博士生培养目标，职业指向性更加显著，如东北师范大学提出的"高层次、应用型、国际化"的辅导员特色培养目标。根据多年摸索，教育部已将"高校辅导员在职攻读思想政治教育专业博士学位专项计划"更名为"高校辅导员在职攻读博士学位专项计划"，增设管理科学与工程、公共管理、发展与教育心理学、应用心理学等学科，把辅导员博士生培养项目从思想政治教育单一专业的单一学科依托，发展到多专业的多学科依托，增强了辅导员学历提升的专业多样化。

### （四）挂职锻炼培养

应当积极拓宽辅导员非专业化的发展空间，建立定期交流制度，向校外有关部门输送、推荐或选任优秀辅导员到其他岗位和地方单位进行挂职锻炼。各高校通过辅导员到教育部门、各乡镇和街道进行挂职锻炼，或者派辅导员到其他高校进行工作学习，提高高校辅导员综合素质，拓展辅导员发展渠道，发现、培养和储备一批有发展潜力的青年人才。2003年，全国高校辅导员工作研究会启动全国辅导员交流活动，迄今已经举办18期，每年大量输送全国优秀辅导员到工作有特色的高校工作、学习。2009年，北京市选拔了33名优辅导员到近郊12个区的33个乡镇街道担任主任助理。2016年，第一届京津冀高校辅导员挂职锻炼启动座谈会在中国人民大学逸夫会议中心举行。京津冀高校辅导员挂职锻炼机制是在"京津冀协同战略"这一国家战略之下，由三地教育主管部门根据此前签署的《京津冀大学生思想政治教育工作协同方案》建立的从2016年起三地高校互派辅导员进行挂职锻炼的机制，旨在为三地高校辅导员的成长成才提供更广阔的平台和空间。《关于加强和改进新形势下高校思想政治工作的意见》更是强调，要"建立中青年教师社会实践和校外挂职制度"，为新形势下高校辅导员队伍培养进一步指明了发展方向。

辅导员自身要充分发挥主观能动性，对自己的职业生涯进行合理规划，以在工作中充分发挥自己的潜能，实现个人价值最大化。首先，辅导员要进行自我认知和自我定位，即要充分了解自己的个性特点、兴趣点、能力，并对周围环境进行充分的考察，在此基础上，确定最适合自己的岗位，明确自己的职业生涯发展目标。其次，辅导员要不断学习，寻求发展。当前，很多高校开始出台一些辅导员进学科、进科研团队的举措，即根据辅导员的专业背景、学习经历、职业规划、业务实践等，鼓励辅导员在做好学生日常教育、管理和服务工作的基础上选择研究方向，支持辅导员围绕相关领域、相关学科开展研究，切实解决学生工作中面临的实际问题，调动辅导员科研热情，搭建科研平台，提高科研能力，促进成果产出。辅导员要积极把握机会，提升自身的科研能力，主动追求专业化职业化。

### 五、打造个人品牌，彰显特色创造力

高校辅导员队伍的专业化、专家化发展，需要鼓励辅导员个体发挥优势与特长，促进工作聚焦，形成个人品牌，进而以个体成长带动辅导员队伍整体职业向心力的凝聚。辅导员在良好的兴趣路径和价值路径融合之后，就会有职业成就感，就会明白辅导员一样可以成为某个领域不可替代的专家，进而收获职业尊严。这就解决了辅导员职业化发展的价值取向和逢优必转的矛盾，形成了良好的人才积淀，为专业化、专家化成长提供了阶梯式的人才支撑。

#### （一）提升个人魅力，做有特色的人

从事教育工作不仅需要适当的方法和技巧，还依赖于教育者的个人素质和人格魅力。康·德·乌申斯基写道："在教育中一切都应当以教育者的人格为基础。"辅导员要走进大学生的世界，成为他们成长成才的人生导师和健康生活的知心朋友，在完善个人修养、充盈内心素质之外，还需要不断提升自身人格魅力，利用自身优势，做一名有特色的"标签型"辅导员。例如，努力把自己打造成为一名运动达人、音乐或戏剧达人、书法达人等类型的辅导员；或者是以指导学生演讲辩论、学科竞赛，教授学生社交礼仪，开展网络思想政治教育为专长的名师型辅导员。辅导员的工作是烦琐的，正是在这样的职业性质下突出工作主线，形成个人特色，才更显得难能可贵。也只有这样，凝神静气在一个领域精耕深作，才能逐渐形成个人品牌，在队伍中突显出来。2019年和2020年，中宣部、教育部连续两年从历届在岗的"高校辅导员年度人物"中，评选出10名"最美高校辅导员"。从他们的身上，我们可以深刻感受到每位辅

导员的个人魅力。

1. 2019年全国"最美高校辅导员"风采

（1）用心灵陪伴心灵

29年，足以让青丝暗生华发。袁利的青春，在为一届又一届学生的奉献中，悄然逝去。来自重庆大学的她从事专职辅导员工作29年，先后担任了105个班级的辅导员，累计教育引导学生2700多名。"每天把简单的事情做好了，就是不简单。每天把平凡的事情做好了，就是不平凡。"袁利说。

"吐爸爸"——这是学生们对克拉玛依职业技术学院辅导员吐尔逊麦麦提·艾麦提江特殊的称呼。"吐爸爸"是学院年龄最大的辅导员，也是从事辅导员工作时间最长的教师。他对全系的学生情况如数家珍：谁是什么性格，学习成绩如何，谁有什么特长，谁的家庭情况怎样，谁最近心情不好……对于他来说，这并非难事，因为他说"我爱辅导员这个工作，我爱我的孩子们。"

中南大学辅导员张金学32年前选择了这份职业，"这不仅神圣，更是回报祖国的一种方式"。帮助一个又一个有困难的学子摆脱困境，看着一批又一批学生到祖国各地建功立业，是张金学最骄傲的事。"同学们说，我办公室的灯光就是他们心中温暖的方向。而我认为，学生们是我需要关心的孩子和陪伴的家人。"张金学说。

（2）用青春点燃青春

作为一名"85后"，武汉大学辅导员徐冶琼有着强烈的好奇心。和学生一样，每一个新鲜事物，她都想看看是什么；大家都关注的话题，她总想找找是为什么。她将各种思考和启发汇聚起来，产生出灵感、演变成思路、具体成做法，使学生工作不断创新，成为既有营养又有滋味的"精神大餐"。

在同济大学的辅导员李睿看来，青春是多彩的。他为班级同学量身寄语，对照着每个人的现状与理想，有针对性地加以引导和激励；他邀请院士等以学业"问诊"的形式，定期开展一对一指导；他带领学生们用影像记录生活，用脚步丈量乡村，把论文写在祖国大地上……

北京师范大学辅导员任雅才，是同事眼中精力无限的全能超人，也是学生信赖的知心人和引路人。在新生报到当晚，她指导学生撰写《写给四年后的自己》，鼓励学生在成长的新起点深入思考；她与学生约定每学期写"悄悄话"，帮助他们解决成长过程中遇到的阶段性问题；她利用暑期带学生到贫困山区支教，"夜间虽然被蚊虫咬得伤痕累累，却依然兴致勃勃地探讨如何更好地提升授课质量"。"学生颁给我的'最佳大伙伴奖'是辅导员最珍视的荣誉。"任雅才说："青年人的青春路上，有我同行！"

（3）用梦想照亮梦想

2012年9月，上海交通大学数千名新生上了独特的一堂课——观看校园原创话剧《钱学森》。这部话剧的制作人，就是上海交大辅导员汪雨申。2001年留校至今，始终在人文学院担任一线辅导员的汪雨申心中有一个梦想，就是让校园成为文化的源泉。18年如一日，他将文化育人的理念贯穿于大学生思想政治教育工作中，让梦想之花开遍整个校园。

怎样在中外合作办学中做好辅导员工作？2016年，浙江大学专职辅导员王玉芬成为浙大国际联合学院的第一批工作者。她反复调研，不断探索，搭建起适合中外合作办学的学生思政工作体系。王玉芬倡导文化体验，讲好中国故事，让中华优秀传统文化浸润每一个人的心灵，在中西文化交融的土壤中铸魂育人。

2006年9月，山东大学辅导员范蕊遇见了第一批学生，同时遇见热爱与坚持。她为学生写下1300多篇文章，100多万字；"陌上花开"微信公众号拥有粉丝近两万人，回答学生提问数万条；专著《奔跑吧，青春——一个大学辅导员的工作日志》得到学生和同行的高度认可；她的《爱情与婚姻》选修课每学期爆满……范蕊说："学生的信任与肯定是对我工作最大的认同，我愿意付出耐心与精力。"

广东技术师范大学辅导员陈小花常说："我名叫小花，但也是一名园丁。"16年来，陈小花带出了5500名学子，用教育的力量点亮了学生真善美的心灯。作为一名党的十九大代表，她赴全国高校进行了近200场理论宣讲。这位名叫小花的园丁，始终奔跑在引领学生成长的路上。"园丁不嫌陇亩小，躬耕一线育繁花。"陈小花说："我愿意继续扎根在一线，一花引得万花开，让祖国的花朵们绽放得更加灿烂！"

2. 2020年全国"最美高校辅导员"风采

（1）出现在学生需要的每一个地方

从2020年1月23日起，燕山大学专职辅导员王银思就投入学校疫情防控工作。170天、597个文档、62万人次、410万条信息,记录了王银思的抗疫点滴,疫情防控工作最艰难的一个月,王银思是忍着腰痛趴在床上度过的。疫情期间,由于不能与学生面对面交流,她便率先开设了《听TA说》专栏,栏目涵盖家国情怀、爱校荣院、责任担当、理性思维等丰富主题,通过网络将对于学生的挂念、心里话、就业指导、思想引导等传达给每个学生,之后还邀请学生志愿者、湖北籍学生、样板党支部、教授、学生家长等讲述个人故事,用声音传递爱与关心,用主旋律实现价值引领,让读者和听众在网络空间同频共振。

西南政法大学辅导员简敏操心的事情更为细碎,疫情期间,留校学生牙龈肿了,要给学生买药和补充维生素;对于回家的学生要操心他们的身体心理、行程、找工作等问题。她坚持每天与湖北的学生和海外留学生谈心,给居家的学生隔空喊话,每天了解因密切接触而被隔离学生生活的点点滴滴。

武汉理工大学法学与人文社会学院党委副书记靳敏最担心和挂念的是25个武汉籍研究生。6个月,近200个日日夜夜,靳敏像战斗员,一刻不停歇。她每天按时汇总、掌握学生信息,排查学生健康情况,关心学生冷暖。新疆籍研究生阿依木感受到靳敏榜样的力量:"我想和老师一样,成为新疆艺术学院的一名辅导员。"

众人拾柴火焰高。沈阳工业大学辅导员李青山发起"百名辅导员抗疫志愿服务行动",来自45所高校的136名具备心理咨询师、就业指导师、生涯规划师等专业资质的辅导员参与到服务行动中来,24小时在线服务,为不能返校的全国各地大学生提供义务的就业指导、考研复试指导、学业辅导、心理咨询等。

(2)思政工作创新永远在路上

"11年来,从博客、BBS论坛到微博、微信、直播、短视频,无论网络育人的载体怎样变迁,对我来说运用网络创新思政工作是没有变的。"华中农业大学理学院党委副书记祝鑫,用这句话概括了她在网络育人实践中的摸爬滚打。2009年,祝鑫开通"鑫曰心语"辅导员博客,展现出"鑫"式风格,清新、鲜明。2014年,祝鑫以微信公众号、微博、QQ空间等多平台共建成立"祝鑫工作室"。"有学生在的地方,就是我工作的地方。"用11年的时间,祝鑫探索出了新媒体环境下以辅导员为主体引领学生成长的新媒体育人模式。近3.5万人次在网上得到祝鑫的回复和互动。"学生们的问题对我来说,就是动力之源,也是素材库。"祝鑫说。

这一观点和杭州师范大学外国语学院党委委员钱珊不谋而合。钱珊认为，新时代的大学生，期望平等交流、有效互动、拥有获得感。"这就需要我们在教育内容和教育形式上不断创新，在网络思政教育上不断深耕。"因为和学生年龄相仿，所以钱珊在上课时坚持"他们喜欢看什么，喜欢听什么，就要把这些融入课程设计中，用他们能够接受的方式，让社会主义核心价值观入脑入心"。

为了让课程更有亲和力和吸引力，钱珊开创了"网络＋实践"式的思政课堂。在课堂上，以慕课、直播为载体，组织学生参观井冈山、西柏坡、韶山等红色革命基地；在课堂外，通过暑期实践行动、"公益实践坊"等生动的实践体验让学生浸润中华优秀文化和红色文化，切身感受其中的意蕴。"要让学生成为网络文化建设的主人，让网络成为传播核心价值观的高地。"钱珊始终坚持以此理念开展网络思想政治教育。

天津师范大学辅导员张家玮也一直在思考如何将思政教育与专业学习更好地结合，探索艺术类学生的"课程思政"。他从形式上采用"微视频"拍摄、翻转课堂、实地调研等方式开展引发思考、学生喜爱的实践活动，在工作中把"大道理"转化为"小故事"，把有意义的思想变成有意思的文化创意产品。"思政教育永远在路上！"张家玮说。

（3）为学生成长引路导航

"刘导，我们夺冠了！"看到学生黄杰在国际水下机器人大赛夺冠后，第一时间发给自己的七个字，哈尔滨工程大学辅导员刘铁激动之余倍感欣慰。国际水下机器人大赛是业界公认的水下机器人领域的"世界杯"。夺冠的那一刻，学生洋溢着幸福的笑脸，让E唯社团10年的"后勤部长"、始终与学生一起战斗的刘铁充满成就感。从2011年E唯社团首次参赛到2018年夺冠，7年间，刘铁与社团学生们一起反思不足、讨论细节、寻求技术支持。

通过比赛，刘铁更是探索出一条培养人才成长的路径，即基础培训和普及型科技创新赛事相结合，通过"学以致用"的方式培养学生，在一次次赛事摔打中精益求精，锻炼出精兵强将。以赛育人，鼓励学生们创新创业。刘铁用信心激励学生、用信念锻炼学生、用信仰照亮学生，为学生成长成才引路导航。

而对云南大学辅导员朱丹来说，号召学生去祖国需要的地方，是对学生们成长价值的引领。在朱丹带过的学生中，20%的汉语教育研究生都有外派当志愿者的经历，大多毕业后选择去"一带一路"沿线国家（埃塞俄比亚等艰苦地区）的孔子学院成为汉语教师，90%的思政教育相关专业硕士毕业生选择成为一名思政教育工作者，90%以上的本科出国留学生选择在毕业后回到祖国建设家乡。

为助力大学生就业，朱丹主动牵头推出省内首档大学生思政融媒体节目《你好，大学生！》。前10期节目期期聚焦"毕业生就业"问题，用直播、视频、综艺的方式对全省大学生开展就业观引导、就业技能传导、就业政策解读。"学生需要的，就是我要提供的"，这是朱丹8年来始终不变的信条。

"党的事业需要我在哪里，我就到哪里。"从新疆到陕西，西安交通大学励志书院少数民族学生专职辅导员库来西·依布拉音自2002年大学毕业后，就一直坚守在辅导员的岗位上，一干就是18年。库来西·依布拉音支持少数民族毕业生传承西迁精神，到祖国最需要的地方干事创业。在她的鼓励下，2020届毕业生布阿依先木、艾合麦提江·喀斯木等多名同学踊跃报名志愿服务西部计划，投身新疆基层医疗事业。

除了精准培养少数民族人才，库来西·依布拉音还结合自己多年的学生工作经验撰写工作笔记9万余字，在工作中进行传帮带，做少数民族辅导员的辅导员。西安交大辅导员哈斯铁尔说："她是我们的知心姐姐，让我们感到亲切和温暖；每次谈论到自己将来的职业发展，大家都会说，想成为她那样的辅导员；她是我们的榜样，让我们更加清晰职业发展方向，更加体会到辅导员职业的价值感！"

### （二）创新实践方法，做有特色的事

习近平总书记强调："创新是一个民族进步的灵魂，是一个国家兴旺发达的不竭动力，也是中华民族最深沉的民族禀赋。在激烈的国际竞争中，惟创新者进，惟创新者强，惟创新者胜。"创新是撬动发展的第一杠杆。对于一个国家、一个民族是如此，对于辅导员也是如此。基于实际工作，创新实践方法，做有特色的事情，逐渐积累，提炼形成创新实践经验，不仅会让一名辅导员收获脱颖而出的机会，也会明显提升辅导员的自我效能感，甚至让其产生强烈的成就感。

教育部令第43号对高校辅导员职业化、专业化建设提出了明确要求。知识的系统性探讨的是学习的广度问题，而从业的专业化、专家化探究的是发展的深度问题。辅导员专家化建设，即在辅导员具体工作领域取得优秀成绩的前

提下,通过开展辅导员专业技术职务评聘工作,让每位辅导员都能够在学生工作的某一方面或某几个方面凸显优势,进而掌握好专业技能,提高理论研究水平,实现自我发展。专业化、专家化是辅导员职业发展的必然趋势,辅导员个体应该主动顺应这一趋势,"找准工作切入点和着力点,做到因势而谋、应势而动、顺势而为"。尽早确定自身专业化发展方向,以避免出现跟风培训、从众学习的现象。做一位"术业有专攻"的专家型辅导员要目标明确,要进行大量的经验积累、实践锻炼和深入研究。

高校辅导员工作虽然存在一定的规律性和既定的时间惯常性特点,但单纯凭借经验的重复劳动,已经不能适应高等教育发展的新形势和新要求,辅导员深陷事务性工作当中,也不利于他们个体的发展和职业能力的建设。要通过挖掘自身创造潜能,打造工作品牌,转换工作方式,宣传工作成果,促进素质能力的提升。做有特色的事,一方面,要调动各种资源,用好新媒体技术,结合自身专长,避免"低水平的重复劳动",打造有特色的学生创新培养方式。另一方面,要通过对特色工作的坚守,以时间的累积来获得工作的成长与进步。对于辅导员个人来说,有了坚守就有了传承,有了传承就有了文化,也就形成了特色。"辅导员的职业文化是辅导员长期在大学生思想政治教育过程中形成的独特的行业文化,是辅导员群体行为习惯、价值观念、思维方式、精神风貌的集中体现。"辅导员个体也要打造属于自己的职业文化,它蕴含于辅导员特色工作之中。

2013年7月,教育部思想政治工作司决定开展高校辅导员工作精品项目建设,旨在围绕高校辅导员工作职责,重点培育和资助一批高校辅导员教育教学工作项目,引导高校辅导员加强工作研究、深化实践成效、提升理论素养。每年举办一次,一直坚持至今。作为国家的一种导向,极大地促进了辅导员结合自身专长,突出工作特色,推进辅导员工作规范化、精品化、科学化,从而提升大学生思想政治教育工作质量。

广西大学自2020年2月起推出的全新网络理论"微宣讲"栏目《辅导员说》,在广西大学微信公众号、雨无声全媒体平台、易班平台正式上线,开展分众式宣传。该栏目由广西大学学生工作部策划,全体辅导员共同参与制作。辅导员们化身"网红"和"主播",用学生们喜闻乐见的方式,每期以鲜明的主题,紧紧围绕"说思想""说政策""说心理""说学习""说就业""说安全"

等内容进行网络宣讲。栏目主题贯穿学生成长成才的全方位和全过程,旨在实现辅导员们"说"和学生们"做"相结合。《辅导员说》栏目在全区高校学生工作领域也产生了较大影响,成为学生工作依托网络思想政治教育阵地进行深度思想政治教育研究与实践的代表。截至 3 月 19 日,该栏目线上阅读量达 25 万人次。

青岛大学 2021 年 9 月 5 日起迎来 2021 级 7335 名新生的"错峰"分期分批报到。为帮助新入校的大学生提前了解校园环境和设施,连日来,青岛大学辅导员教师变身"导游",通过网络直播带领新生"云探校"。在"云探校"过程中,辅导员教师边走边播,不但为新生演示了疫情防控下的入校报到流程,也介绍了学校图书馆、餐厅、快递中心、大剧院等校园学习及生活设施等,还穿插介绍了如何防范诈骗、开学军训等方面的情况。"开学考试都考什么?""宿舍钥匙在哪领?""哪些专业需要带电脑?""浴室什么时间开放?""学校里有共享单车吗?"直播中,新生们的问题五花八门,辅导员教师随时查看问题并予以解答,新生们纷纷为辅导员的直播点赞。据悉,青岛大学今年面向全国共录取本科新生 7335 人,东起山东,西至新疆,最北到黑龙江,最南达海南。此次辅导员教师网络直播观看人数达到 6.7 万人次,通过"云探校",来自全国四面八方的新生及学生家长等,如身临其境,更直观地了解了大学情况。

秦皇岛职业技术学院辅导员工作室自 2018 年起,经过 3 年"故事育人"与"网络育人"双向融合的思政教育探索与实践,采用思想政治教育叙事方法,从讲述身边故事、校园故事开始入手,逐步打造了"1+3+N"网络故事育人矩阵。网络故事育人矩阵以习近平新思想为横向坐标,以"政治认同""家国情怀""人格养成"为纵向坐标,以党史故事、家国故事、身边故事等系列故事为交点,形成网络故事育人矩阵。在"秦职芳华"微信公众号中定期推送,将理论融入故事,用故事讲清道理,以道理赢得认同,在引人入胜、潜移默化中扎实有效地推进习近平新时代中国特色社会主义思想进高职学生头脑,使其铭刻学生脑海、扎根学生心田、融入学生血脉。"秦职芳华"微信公众号 3 年来已推出 477 篇原创文章,其中原创故事推文达 300 余篇,累计点击阅读量达 15 万余人次。其中,"一百个高职学生的一百个故事"系列作为特色与亮点,全部推文坚持原创,故事所承载的思想观点具有可复制性、可学习性、可推广性，引起了广大高职学生的共鸣。该系列荣获 2020 年度河北省高校辅导员工作精品项目一等奖，由河北省教育厅德育研究中心刊登在官方微信公众号"河北德育"上，在全省宣传推广。

除了以上学校的典型创新做法之外，高校辅导员应积极关注历年全国和各省的高校辅导员工作精品项目、思想政治教育工作创新案例等获奖项目，从中启发创新思路，借鉴成功经验，并与自身工作实际相结合，让创新成为撬动辅导员自身发展和辅导员队伍建设的第一杠杆。

## 第二节 构建高校辅导员素质能力提升的外部动力

随着近年来国家对高校大学生思想政治工作重视程度的持续提高，辅导员队伍作为发挥育人效能的重要力量，各级政府、教育部门和高校对辅导员队伍建设的投入力度逐渐加大。高校辅导员队伍素质能力提升，不仅需要辅导员个体层面的学养修炼，还更加需要高校形成一套科学规范、层次鲜明、方式多样的辅导员队伍建设机制，这是辅导员队伍建设的外部动力与保障体系。

当前高校辅导员队伍建设任务任重而道远，严格选聘机制，优化培训体系，推动合作共赢，完善考评机制，构筑保障体系，各种制度、计划、方式方法、措施等相互影响并且组成，良好运行的系统，能够不断提升高校辅导员队伍的发展内涵和业务能力，促使广大辅导员在工作时有方向，干事时有平台，发展时有路径，从而充分发挥辅导员队伍在打通高校学生思想政治工作"最后一公里"的关键作用，是当前高校辅导员队伍建设的迫切需要。各所高校结合本校实际情况，建立一套科学、规范且适合本校发展的辅导员队伍建设机制，才能有效推进辅导员队伍的整体建设进入一个新阶段。

### 一、严格选聘机制，奠定高校辅导员素质能力提升的基础

"高等教育承担着培养高级专门人才、发展科学技术文化、促进现代化建设的重大任务。提高质量是高等教育发展的核心任务，是建设高等教育强国的基本要求。"高校要"牢固确立人才培养在高校工作中的中心地位，着力培养信念执着、品德优良、知识丰富、本领过硬的高素质专门人才和拔尖创新人才"。与大学生朝夕相处、密切接触的辅导员，担负着重要的引导作用，扮演

着大学生健康成长指导者和引路人的角色。以国家发布的关于高校辅导员的政策与制度文件为指导，建立符合国家统一标准的辅导员选聘机制。各所高校可以参照统一标准，选聘匹配学校招聘岗位实际需求的人才，这样更加有利于高校本身建立一支高素质的辅导员队伍。

## （一）严格高校辅导员选聘标准

教育部令第43号中第七条明确提出了辅导员选聘条件：一是辅导员应具有坚定的政治立场和政治信念，有较强的政治鉴别力，优良的政治品质，能在思想上、行动上与党中央保持一致。有较强的政治敏锐性和政治辨别力。二是辅导员应具备本科以上学历，拥有高度的责任感、事业心和奉献精神，即热爱大学生思想政治教育事业，具有强烈的事业心和责任感，乐于奉献。三是辅导员应了解掌握马克思主义原理的相关理论知识、思想政治理论知识以及思想政治相关学科的基本原理，熟悉相关政策法规，同时掌握思想政治教育处理实际问题的基本方式方法。四是辅导员应具有思想政治教育和价值引领的指导能力，扎实的语言和文字表达能力，较强的与人沟通交流的能力，以及一定的科学调研能力。五是辅导员应具有良好的心理素质，敢于剖析自己，坚决遵守各项法律、法规、制度等，为人正派。5个选聘条件不仅强调辅导员必须具备类似思想政治教育等相关学科的背景，而且要具备一定的讲授能力与科研能力。在加强考察辅导员政治立场、工作能力的同时，如果应聘者在学历、学位与职称等方面较高，可以适宜放宽限制招聘年龄的条件，这样有利于选拔高素质、高水平的优秀人才担任辅导员，并且使其愿意长期任职。

## （二）规范高校辅导员选聘程序

教育部令第43号中规定了高校辅导员的选聘过程，指出在高校党委的统一领导下，人事部门、学生主管部门、教学单位、纪委等部门共同制定辅导员的选聘条件，同时组织完成辅导员的选聘工作，整个过程要求公平、公正、公开。高校应结合本校学生思想政治工作的实际情况，考虑辅导员的选聘人数及具体职责设置，尽可能以专业化为导向，提供详细的专业背景要求和分级聘用要求，从而增强考生对自身认知的匹配程度。高校还应科学组建选聘队伍，确保其掌握辅导员主要的评价标准，并熟知选拔和招聘程序。为确保选聘结果的科学性与规范性，参与选聘中的各个部门必须严格按照流程工作，同时分工必须明确，而且各负其责，保障选聘工作稳步开展。

### (三) 严格高校辅导员实习期考评环节

社会上的单位和企业往往通过建立实习期来进一步考评所招聘的员工，通过他们在实习期的表现决定有无继续留任的必要。高校对辅导员队伍的招聘也可以借鉴这一考评方式。通过考察辅导员在实习期的工作状态、业务能力、业绩效果等确定其是否可以留任，实习期满且评价合格的辅导员才有可能留任。这种考评方式可以有效解决当前招聘只有笔试和面试的局限性。

总之，各所高校要根据教育部令第43号等规定的要求，结合本校实际需求，制定出合理的辅导员招聘条件，其中要特别注意不再只注重学历层次，而忽视其专业背景。因此，高校需要积极研究、建立科学规范的辅导员招聘机制，并根据实际运行不断完善，这样才能有效促进高校辅导员队伍"三化"建设的有序开展，实现辅导员队伍构成的良性循环。

## 二、优化培养体系，构建高校辅导员素质能力提升的促进力

各种制度、计划、方式方法、措施等相互影响，组成良好运行的系统，从而形成一个科学规范的培养机制。目前，我国高校辅导员已初步形成"国、省（市）、校"三级的培养模式。教育部、省（市）、高校培训机构已经开展了相应的分级培养。1984年，中宣部、教育部联合发布的《关于加强高等学校思想政治工作队伍建设的意见》第一次提出了要对专职思想政治工作者"实行正规化培训，并使培训正规化、制度化，以适应新时期高等学校思想政治工作需要"。2006年，教育部发布了《2006—2010年普通高等学校辅导员培训计划》，明确了培训原则：理论联系实际，层次区分结合，既要系统规划又要创新。该文件还明确了基地培训计划的规模、辅导员学位计划的目标和出国研修的目标人数，提出了建立辅导员培训质量评估制度。2013年，教育部发布了《普通高等学校辅导员培训规划（2013—2017年）》，明确提出了专业素养和职业能力的培养，要求定期举办全国骨干辅导员培训班，同时创新培训形式，选派优秀辅导员出国研修，也扩大了培训规模。在辅导员培养过程中，大多数培养单位能够结合自身实际情况，根据培养需求，制定出详细的培养措施，同时能有效实施，并适时考核培养效果，及时反馈培养需求。

### （一）依据需求丰富培养形式

当前，各所高校的培养模式标准不一。从辅导员队伍"三化"建设角度来

看，高校当前客观制度的制约不应阻碍本校辅导员的培养。因此，高校应深入辅导员队伍之中，了解他们的真实需求，从而针对不同需求的群体，开展不同形式和不同内容的培养。不仅要丰富辅导员队伍校内培训的形式和内容，还应设法增加他们外出交流培训的机会，逐步拓宽辅导员队伍的视野。

### （二）协同培养形成联动机制

不断完善省（市）级高校辅导员培养制度，加强其与各高校辅导员内部培养制度的联系，从而形成一个良好的辅导员培养体系。其中，省（市）级别的高校辅导员培养制度的完善程度是尤为重要的，完善的省（市）级辅导员培养制度，不仅能提高各高校选送辅导员进行更高一级培养的主动性和积极性，还能有效指导各高校完善自身的辅导员培养制度，最终形成省（市）与各高校对辅导员队伍的协同培养联动机制。

### （三）加强评价确保培养质量

高校在提高本校辅导员培养质量的同时，要特别注意评价体系是提高培养质量的保证。要确保辅导员培养工作取得良好效果，并且不流于形式，必须做到三个方面：第一，针对高校辅导员的培养计划要有科学性、可行性。根据教育部下发的关于高校辅导员队伍的政策性文件，结合辅导员发展的实际需要，科学评价教育部、省（市）、高校培养机构制定的计划，评判其可行性。第二，针对高校辅导员培养质量的评价要有规范性、科学性。科学、规范实施评价体系的量化指标，对教育部、省（市）、高校培养机构的职责和应用效果等指标内容进行分层次评价。第三，高校要建立辅导员个人培养评价体系。对辅导员学习效果的动态进行长期评价，及时反馈信息，促使辅导员提高自我意识，同时做好对辅导员参加进修的评价工作。

### （四）与时俱进创新培养体系

辅导员培养是一项与时俱进的任务，只有创新才能保障教育部、省（市）、高校培养机构的培养工程，才能够适应不断变化的社会环境和高校校园环境。辅导员培养工程的不断成长离不开创新辅导员培养体系的有力支撑。

随着社会环境的不断变化，如何有效改进高校学生思想政治工作，重要的一点内容就是不断加强高校辅导员队伍"三化"建设，并且激励每位辅导员的积极性和创新力。但是高校辅导员队伍"三化"的建设任务任重而道远，既要重视辅导员的选聘，又要重视业务学术骨干的培养；不仅要重视辅导员的个人成长,还要重视辅导员中业务学术骨干的成长,这样才能培养出一支热爱本职、技能专业、科研能力强的辅导员队伍。

### 三、推动合作共赢,构建高校辅导员素质能力提升的互助力

教育部令第 43 号中提出了切实加强辅导员队伍专业化、职业化、专家化建设的总体要求;《高等学校思想政治工作质量提升工程实施纲要》中要求,要培育一批思想政治工作名师工作室。在良好的形势下,近年来高校辅导员工作室如雨后春笋般蓬勃发展,各省市纷纷组织开展辅导员工作室建设,推进辅导员工作精实化、精品化、精细化。辅导员工作室建设已成为近年来我国高校对辅导员队伍建设与探索发展的重要方面,是推动辅导员队伍合作共赢、共同发展的重要抓手。以辅导员工作为依托,在很大程度上促进了辅导员工作的科学化水平,可以给学生提供更为个性化、专业化的服务,提升高校育人质量,展示辅导员风采。

无论是培训还是荣誉体系的搭建,更多强调的是辅导员"单兵作战"能力的培养,对于辅导员专业化过程中抱团取暖、共谋发展、群体优化的关注较少。如果说制度政策的进一步落地来自顶层设计、多方监督、狠抓落实等外部因素,那么实践平台辐射力和影响力的增强则源于搭建更多涵盖面广、参与度深、实践性强、持续性好的"大兵团作战"实践平台,并且激发辅导员的内生动力,让实践平台真正发挥作用。在探究如何激发辅导员的内生动力、如何丰富辅导员专业化发展实践平台、如何促进辅导员队伍整体优化进而使得辅导员专业化发展迈向更高层次的过程中,以辅导员自主自愿为前提、以名师领衔和实践活动为载体、以抱团持续成长为目的,集职业共同体、学习共同体、实践共同体、成长共同体于一身的高校辅导员工作室作为辅导员专业化发展的又一向度呼之欲出。

#### (一)高校辅导员工作室对辅导员成长发展的重要意义

**1. 高校辅导员工作室有助于促进辅导员专业化、职业化和专家化发展**

高校辅导员专业化、职业化发展是事关辅导员队伍建设发展的核心问题,如何让辅导员职业化?如何让辅导员成为一个真正的职业?这也事关辅导员的工作定位及成长发展。辅导员工作室是一个以辅导员为主体,具有明确的目标,拥有较为稳定的团队,可以通过"抱团取暖"的方式,精准发力。辅导

在做好基础工作的同时,可以跳出事务性工作的缠绕,从一定高度与深度思考学生工作,使得辅导员工作更加有的放矢,朝着越来越专业化、职业化的方向发展。

2. 高校辅导员工作室有助于提升辅导员自身的育人能力

辅导员工作室的出现为辅导员工作开辟了一个新的路径,搭建了一个新的平台与载体。工作室成员之间、工作室与工作室之间,根据每个成员的专长、每个工作室的重点,通过相互协同、共同促进的方式可以形成育人合力,既提升了辅导员自身的育人能力,同时又从整体上提升了学校的育人能力,在提升学校的育人质量方面发挥了很大的作用。

3. 高校辅导员工作室有助于凝聚辅导员力量,聚焦发力

辅导员工作室不是某一个人,而应该一个共同体,其系统性和发展性的特点决定了辅导员工作室是一个研究辅导员工作的集合体。要想将辅导员工作室的功效充分发挥出来,有成果产出,有实际成效,就必须借助工作室成员共同的力量,凝心聚力,集中力量对辅导员工作某一个领域的问题聚焦发力,提升辅导员工作的针对性和有效性,这对辅导员自身的发展及学生的发展都是具有重要作用的。

4. 高校辅导员工作室有助于提升辅导员自身的科学研究能力

辅导员工作是一项长期而又繁杂的工作,对辅导员自身提出了很高的要求。要想做好辅导员工作不外乎两个方面:一是扎实做好基础性的学生工作;二是要对辅导员工作开展科学研究。前者是工作基础,后者是理论指导。做好学生工作需要理论的指导,同时理论研究要以基础性的学生工作为前提。一个辅导员的工作不可能完全脱离学生具体工作。要想进一步做好学生工作,辅导员必须加强对学生工作的科学研究。辅导员工作室从自身工作的主要内容和目标出发,开展多层次、多方面的研究,催生辅导员工作内在动力,不断提升辅导员科研能力,提升工作效率,对促进辅导员自身发展、促进学生成长成才都具有重要意义。

**(二)高校辅导员工作室的内涵、形态及特征**

1. 高校辅导员工作室的内涵

辅导员工作室,就是以辅导员为主导,以学生工作为依托,由有着共同志趣、共同目标的辅导员构成,有目的、有计划、系统性地开展育人活动,实现

工作精细化、精准化，关注学生成长成才及辅导员自身成长发展的，不断提升辅导员队伍素质及育人质量的工作平台。高校辅导员工作室由辅导员发起、组织、成立、运行、评价，也可以吸纳学生加入其中。辅导员在辅导员工作室中起主导作用，通过有目的性的规划，借助多种手段与途径逐步开展相关工作，使学生工作更加科学化，促进辅导员队伍的职业化与专业化发展。

2. 高校辅导员工作室的"五种常见形态"

陕西科技大学"李萌工作室"（陕西省首批立项建设的高校辅导员工作室之一）负责人李萌教授在高校辅导员工作室建设方面经验丰富，他指出，纵观当前高校辅导员工作室建设情况，可以简单划分为五种形态。

一是公社型工作室。这是最符合原生态工作室特征的一类。成员为了同一个理想、愿望、利益等形成共同努力的集体。这种工作室的规模不大，成员间的利益平等，也无职位之分，各自负责各自应做的事，大部分事务可由成员一起讨论决定。例如，李萌与华中农业大学祝鑫、中南大学袁世平、南京师范大学沈菲、沈阳工业大学李青山联合组建的"我国党史学习教育工作室"，只有任务分工和集体讨论，并没有所谓的主次区分。当然，这与彼此的关系特别是与工作室运转的内容有关。目前正在开展的"榜样，你好！——百名高校思政工作骨干眼中的党史人物"短视频讲述活动是一项系统工程，必须要明确政治方向，严格把关，不能有任何疏漏。我国党史博大精深，上好这门思政大课，不仅需要专业知识，特别考验教师的政治判断力、政治领悟力和政治执行力，这个绝非是其中一人能够轻松驾驭的。在此过程中，人员的沟通与联络，标准的制定与完善，稿件的审核与修正，视频的拍摄与剪辑，宣传的联动与拓展，都需要群策群力，共同完成。因此，每一个人都承担着重要的任务。该类型工作室只有牵头人，没有主持人。

二是公司型工作室。这类工作室有清晰的组织架构，一般设有主持人、副主持人以及各类项目组，主持人统领所有人员，各项目组各自负责各自应做的事，工作室的重要事务亦可由核心成员一起讨论决定。这类工作室的核心在于主持人，他们一般是在学工战线有一定的职位或者工作基础的人，由他们负责组建，能够在短时间内聚集资源、推动工作，甚至产生声势。例如陕西科技大学"李萌工作室"，该工作室由省委教育工委委托组建，例如陕西科技大学"李萌工作室"，该工作室由省委教育工委委托组建。学校依托省级辅导员工作室，建设了 6 个校级辅导员工作室。对外，6 个校级辅导员工作室为"李萌工作室"的 6 个实施小组，围绕 7 大职业功能开展辅导员专业化建设探索；对内，6 个辅导员工作室立项成立为校级辅导员工作室，形成了校内专业化培育的核心力量。

三是社团型工作室。这种工作室是典型的师生共建工作室，一般由 1~2 名教师牵头组建，成员绝大部分是学生，围绕特定主题，定期推出主题活动、内容产品。由于直接面向学生，教育力最直接。例如华中农业大学"祝鑫工作室"，该工作室每年要面向大学生定期招新，人数超过了百人，主要利用新媒体为全校大学生提供思想引领和成长服务，致力于为全校同学建设一个以尊重学生话语权、关注生活维度、倡导立体化引导为特征的，平等、尊重、互助、多元、开放的"共享社区"，体现互联网+时代"跨界"和"融合"的思维。因为主要面向学生，该工作室形式新颖，活力很强，不仅有鲜明的 LOGO、狮子鑫巴等品牌标识，还通过加强供给改革，依托各类新媒体平台融入喊麦、直播等时尚元素，共生产 1000 余个优秀原创文章、漫画、视频作品，设计毕业戒指等 10 余款文化产品。

四是专业型工作室。这类工作室建设方向明确且具体，有专门的学科专业依托，成员要求一般要有共同的专业背景，指向对象也较为明确，例如心理、职业生涯规划等方向。陕西在组建高校辅导员工作室时，原则上要求主持人身份必须是辅导员，但是对于高校心理健康工作人员则专开通道，允许申报，就是为了更好地发挥专业团队的聚合力量，精准对接问题进行研究解决，提升心理健康教育工作质量。这些工作室也常常会吸纳负责心理专项工作或者对心理育人感兴趣的辅导员加入，定期开展研讨会进行问题研判、理论研究等。因为志趣相近，该类型工作室的成果相对较多，显示度较高。

五是协会型工作室。一般由若干辅导员共同组建，牵头发起人往往是行业内有一定话语权和分量的骨干，采用资源众筹的方式，共同完成专项工作。工作成果集体署名，共享发展红利。为了增进聚合力，该类型工作室比较重视内部建设，仪式感较足。例如定期召开研讨会，举行培训会，策划总结表彰会等。并通过集中宣传、颁发证书、挂名成果等方式予以激励。这一类工作室还有一个很典型的特点就是"跨界"：成员不限于一时一地，甚至面向全国范围招募，以专项任务进行牵引。比较典型的就是高校辅导员工作室，主持人发挥了很大的示范牵引作用。

3. 高校辅导员工作室的特征

高校辅导员工作室随着其自身的发展越来越完备，办出了其自身的特色，对高校辅导员队伍的建设及学生工作水平的提升发挥了重要作用。

高校辅导员工作室在发展过程中，表现出以下几个特征。

第一，目标性。目标性是辅导员工作室的首要特点。一个辅导员工作室的成立，包括工作室名称的确定、工作内容指向等都与工作室的目标密切相关。目标性就是要回答建设什么样的工作室，工作室开展工作的方向是什么。对于辅导员工作室的目标而言，一定要定位精准，切不可胡子眉毛一把抓，要有明确的侧重点，这样才能专注于某一方面有效开展工作，也更容易出成果，更易于发挥效力。

第二，长期性。辅导员工作室在发展的过程中，可能会遇到诸多问题，需要在不断改进中成长发展。正是因为其长期性的特点，决定了辅导员工作室的建设需要稳中求进，有序开展各项工作，从工作室具体工作的点滴做起，积少成多，自见成效。

第三，发展性。任何事物的发展都有其规律，辅导员工作室的建设是一个动态的不断发展的过程。发展的过程中受到多种因素的影响，可能会出现这样那样的问题或偏差，这就需要及时发现问题并作出调整，有效解决问题。探索辅导员工作室建设发展的规律，才能更加有的放矢地开展工作。

第四，系统性。辅导员工作室的建设发展及相关工作的落实，都需要有一个团队、一个共同体来支撑，仅靠一个人是很难维系的。有了辅导员工作室的团队，工作室的运行就需要成员之间的有效协同。根据成员分工的不同，系统性地开展工作。

第五，小而精。辅导员工作室从一开始就要"小而精"，注重精准定位、精准谋划、精准发展。从小处着手，从实际出发，朝着一个目标发力，切不可贪图大包大揽，否则工作室将会出现工作表面化，深入不足，消耗太多精力等问题，最终甚至会走向解体。

(三) 高校辅导员工作室是共同体视域下队伍建设的新向度

高校辅导员工作室作为职业共同体强化了辅导员对自身职业的认同，作为学习共同体提高了辅导员对自身工作的认知，作为实践共同体是辅导员知行合一的有效载体，而认同、认知、知行合一的明确指向就是辅导员个人和辅导员团队的成长，这使得高校辅导员工作室作为一个最直接有效且被接受和认可的范式，在辅导员专业化的诸多路数中脱颖而出。

1. 职业共同体：高校辅导员专业化发展的重要前提

辩证来看，只有当辅导员首先成为一种稳定的、持久的、科学的、规律的职业，才能进一步走向辅导员的专业化。也就是说，只有当辅导员真正职业化，才能为辅导员专业化发展提供动力，也才能为辅导员队伍的可持续发展提供保障，所以辅导员职业化是作为辅导员专业化的前提条件存在的。

在辅导员职业化的进程中，不仅需要来自外部的支持，如制定并执行职业标准、完善激励机制和打通晋升渠道等，更需要获得来自辅导员自身对这一职业的角色认同及价值认同，这样才能有效解决辅导员队伍的归属感和忠诚度问题。反观现实，辅导员自我认同度不高、身份界定模糊、队伍不稳定是目前高校辅导员共同面临的问题，而高校辅导员工作室作为职业共同体，正是基于成员们对辅导员职业的认同而走在一起，成员间的互动、交流、合作能纾解职业孤独和压力。职业共同体可逐渐唤醒辅导员职业的归属感和专业创造力，从而使其努力成为行家里手，实现向专业化的顺利过渡。

2. 学习共同体：高校辅导员专业化发展的最优路径

绳锯木断，水滴石穿。不断学习是实现专业化发展的重要途径。作为学习共同体的典型代表，江西理工大学由饶先发老师主持成立的"发哥辅导员工作室"将成员按照专长分成不同小组，如素质能力提升组、科研组、媒体运营组等，每个小组以构建系统知识为导向，每月通过开展组内"共学一门课""共读一套书"等活动激发成员们学习的内生动力。工作室还为每个小组提供输出平台，通过"每月分享"等活动以小组为单位交流工作方法与经验、启迪思维，定期邀请国内思政名家作讲座。这激活了成员们的专业自觉，促使其主动建构系统完备的专业知识。以高校辅导员工作室为载体的学习共同体扫除了不同学校之间的障碍，让辅导员不再是单兵作战，而是凝结成一股力量，将关注的中心从"个人努力"转向"共同学习"，并通过多形式的学习，使成员们在自身原有专业的基础上实现跨学科、宽口径专业知识的储备，并逐渐形成有动力、成体系、得方法、练思维的高效输入与输出体系，不断促进辅导员专业化发展。

### 3. 实践共同体：高校辅导员专业化发展的关键载体

辅导员工作室作为实践共同体关注的焦点集中在新手和熟手之间的互动，工作室主持人以老带新，通过观察、交流、探讨，让新手在实践中逐步建构专业身份，而工作室成员会对照实践共同体中优秀辅导员、专业专长者对自己的实践行动进行自检，并在其他成员的帮助下进行研究、总结、反思，通过相互的介入、合作、对话和再实践，实现长足发展。敏行辅导员工作室在运营过程中，以解决学生成长与发展中的实际问题为辅导员素质能力提升之源，以"校园经历如何影响学生发展"为主题先后开展10余项实证研究，形成30余万字的反映学生特征、经历、期待、心声的调研报告，并将实践成效总结形成"与你同行"系列成果。工作室中的辅导员工作不再是辅导员单个力量的简单叠加，而是群策群力地探索出更符合育人规律、更贴近学生实际的方法，运用专业的知识和工具来开展工作，不断创新辅导员工作的实践形式，切实提升辅导员工作的科学化水平，并致力于让辅导员真正成为九大职责中某一领域的专家。

### 4. 成长共同体：高校辅导员专业化发展的核心指向

辅导员工作室招募成员的初心在于"吸收一批、带动一批、扩大一批、影响一批"，并通过系列举措促进辅导员共同成长。在这一成长共同体中，一方面工作室成员从彼此的优势中不断汲取养分并获得经验；另一方面，充分利用工作室中榜样的力量，向榜样学习，了解他们从旁观者、参与者成长为示范者的过程，这个学习和了解的过程就是辅导员个人专业化成长的过程。从成效来看，辅导员工作室让每个辅导员个体有了更快的成长。通过对朱丹、饶先发、王伟江等人编著的《新时代高校辅导员工作室建设指导手册——全国优秀辅导员工作室案例集》（2019年12月出版）中77个工作室的"工作室业绩"模块进行分析发现，一般通过2～3年的时间，"新手"都能逐渐成为校级的辅导员骨干，而"熟手"则能在省级甚至在国家级的平台中崭露头角，成长共同体使工作室成员逐渐成长为辅导员中的行家里手。

### （四）高校辅导员工作室建设面临的现实瓶颈与问题

目前，各省辅导员工作室建设基本已经全面铺开，也形成了较好的工作经验。但是，全国性的辅导员工作室还并未立项开展。在具体建设上，还有一些现实问题，具体表现在以下几个方面。

一是形式大于内容。工作室建设要迈出实质性的一步，离不开硬件的支持与完善。硬件的关键是场地、设备。目前，很多工作室都在外部建设上投入了不少资源，但是场地设备完善的背后，却是建设内容的相对滞后。特别是不少工作室的建设内容雷同，例如定期学习研讨、集体申报项目、开展理论总结等。那么，辅导员工作室和辅导员研究团队的区别在哪里？专项工作室和学校专项工作的区分在哪里？建设定位的混淆，也造成了工作室建设方向的异化。在辅导员工作室建设的总结中，有的将学校专项工作和工作室工作糅合推送，有的将工作室的科研成果大加推介，淡化工作室的初始作用，还有一些专业型工作室仅以科研文章作为成果，似乎也背离了工作室建设的初衷。

二是核心难以聚合。工作室的核心是主持人，但是主持人也有很多无奈。举一个最典型的例子，工作室主持人是一名一线辅导员，为了申报所用，往往加入了一些高职称、高职务的成员共同组建团队。但在实际工作中，别说这类高职称、高职务成员难以聚合，甚至连一般的辅导员同事也难以聚合。大家各自都有专项工作任务，辅导员的工作特点决定了他们越是"八小时之外"越忙，不可能每一次都放下主责主业，专门参加活动呢。另外，辅导员岗位还有一定的流动性，很多主持人慢慢就成了光杆司令，甚至立项不久，主持人就转岗调离了，工作室也就慢慢变成了空转。因此，一些工作室在设立时，专设了副主持人这个职务，也是一种解决问题的办法。

三是资源难以共享。有的工作室，因为主持人有一定的行政职务，成员比较容易聚合，但是，成果归属却也由此集中于主持人，使得成员的兴趣慢慢淡化，积极性不高。这种问题还比较常见，导致工作室建设出现了典型的上热下凉的状况。其实，理想状况下，工作室主持人和成员的关系应该类似于导师与学生之间的关系。导师指导学生完成成果，学生依托导师的影响力，有效发表成果，共同署名，形成双赢。但就现实情况而言，工作室主持人也是一线学工干部，大多也急需成果，势必造成了资源的紧缺，无法形成共享，也削弱大家参与的积极性。

### （五）高校辅导员工作室促进高校辅导员成长发展的实现路径

1. 加强顶层设计，重视高校辅导员工作室建设与发展

高校辅导员要想实现专业化、职业化和专家化的发展，必须加强辅导员制度的顶层设计，其中辅导员工作室的建设就是一个很重要的方面。辅导员工作室的建设与发展不仅仅是辅导员自身的事情，而应是整个学校学生工作的大

事。高校要从一定的高度加强辅导员工作室的顶层设计,规范辅导员工作室建立、建设与发展,使辅导员工作更加专业化。可以以高校每个辅导员工作室为基本单位,成立辅导员教研室、辅导员科学研究团队,使辅导员工作有自身发展的方向。同时高校要整体规划工作室的方向,依托辅导员工作室开展相关的学生工作,关注关心辅导员工作室的成长发展,及时地给予一定的指导。这些举措将促进辅导员工作朝着良性的运转方向发展,从而促进高校辅导员队伍的建设。

2. 健全管理制度,为高校辅导员工作室建设提供保障

高校辅导员工作室从申报、成立、建设到成熟等阶段,都需要相应配套的规章制度进行规范和保障,这里的规章制度包括了学校层面和辅导员工作自身层面的规章制度。第一,要有辅导员工作室建立的具体标准,即达到什么样标准才可以称之为辅导员工作室。从人员配备、建设目标、运行机制到预期目标等方面都要有具体的要求,否则将出现遍地都是辅导员工作室的状况,造成杂乱无章的后果。第二,给辅导员工作室配备相应的工作场地。为了方便管理,增强工作室之间的沟通与交流,高校可以将所有的辅导员工作室进行集中场地划分,提供基础性的硬件保障,如办公电脑、档案柜、办公桌椅、打印机等。第三,高校要给成立的辅导员工作室提供一定的经费保障,有利于进一步开展工作,不会因为没有经费而导致很多事情搁置,降低工作室的工作效率。第四,每个工作室要有自身建设发展的配套规章制度,包括工作室的成立背景、总体目标、工作宗旨、人员配备、工作内容及发展规划等方面,以保障辅导员工作室的正常运行与工作的有效开展。第五,建立健全激励机制。高校对工作室必须要建立有效的激励机制,促进工作室建设发展的积极性,如评选年度优秀辅导员工作室,评选并挂牌校级辅导员名师工作室,将辅导员工作室的工作成果纳入辅导员职称评审之中,为辅导员职称晋升开辟新的路径等。

3. 发挥示范作用,依托高校辅导员工作室有效开展育人活动

高校辅导员工作室虽然以辅导员为主体,但是其出发点和落脚点都在学生的成长与发展上。依托辅导员工作室积极有效地开展育人活动,是工作室建设发展重中之重的工作。以立德树人为中心,以提升大学生思想政治素质为目标,统筹各个工作室工作内容的侧重点,有针对性地开展各项学生活动,这样才能更好地促进学生的成长与发展。关注辅导员队伍建设的工作室,可以跟学

校学工部（处）建立有机的联系，在学工部（处）的指导下有目的、有计划地加强辅导员队伍建设。如新入职辅导员的业务培训与指导、新生入学教育、辅导员工作论坛、辅导员素质能力大赛、辅导员案例汇编、辅导员科研能力的提升等方面。关注学生心理健康教育的工作室，可以协同学校心理健康教育中心开展各种关于大学生心理健康教育的活动，如心理讲座、个别辅导、心理技巧、素质拓展等。关注女大学生问题的工作室，可以从建立女大学生的自信、独立、自爱、着装打扮、交友等方面进行引导。关注中华传统文化融入大学生思想政治教育的工作室，以学习传承中华优秀传统文化为基础，挖掘中华优秀传统文化的育人思想，开展诗歌朗诵、诗词大会、书法创作大赛、讲好中国故事等活动，让大学生感受中华传统文化的魅力，提升人文素养。关注大学生创新创业的工作室，要指导大学生开展大学生创新创业项目和"互联网+"大学生创新创业大赛，组织学生有效开展创新创业活动，培养、挖掘大学生创新精神等。

**4. 引领带动科研，依托高校辅导员工作室载体提升队伍科研能力**

高校辅导员专业化、职业化和专家化发展离不开辅导员科学研究能力的提升，以学生实际工作为立足点，积极开展学生工作科学研究，有助于进一步把握高校思想政治教育的规律，进一步提升辅导员工作的质量。但是从基本现状来看，辅导员队伍的整体科学研究能力仍有待提高。辅导员工作室作为辅导员工作的有效载体，可集合辅导员的团队力量，开展学生工作科学研究，具有先天的优势。

第一，高校可以统筹规划辅导员工作室，根据每个辅导员工作室工作内容的侧重点，委托工作室开展本校大学生思想政治教育各方面的科学研究，将其纳入学校科研系列，从而把握本校学生特点、具体状况等，有效地开展大学生思想政治教育。

第二，辅导员工作室可以从自身特点出发，结合近期目标和远期目标，充分发挥团队的力量，有计划地开展科学研究。经过长期的积累，必定出现成果。

第三，辅导员工作室科学研究的开展应立足学生，了解新时代大学生的个性特点，把握其精神成长的规律，这对学校有的放矢、因材施教地开展大学生思想政治教育具有重要意义。

总的来说，高校辅导员工作室是辅导员制度发展过程中出现的辅导员的新的工作载体，充分发挥辅导员工作室的作用，可提升辅导员队伍的整体素质和业务能力，促进学生成长成才，落实立德树人这一根本任务，从而提升辅导员育人能力，提升学校育人质量，为学校内涵建设发展作出应有贡献。

**（六）优秀高校辅导员工作室建设经验展示**

在高校辅导员工作室10余年的发展进程中，涌现出一批大家耳熟能详、成绩斐然的工作室。《新时代高校辅导员工作室建设指导手册——全国优秀辅导员工作室案例集》展示了77个高校辅导员工作室的建设情况，"高校辅导员工作室"微信公众号也为数十个高校辅导员工作室提供了展示平台。现就全国比较典型的几个优秀工作室建设情况进行展示，以便广大学生思想政治教育工作者从中汲取辅导员工作室建设经验。

1.江西理工大学"高校辅导员工作室"

江西理工大学"高校辅导员工作室"是比较典型的"协会型工作室"，面向全国范围招募成员，吸纳了各省优秀的辅导员"战友"，以专项任务进行牵引，整合优质资源。工作室主持人江西理工大学的饶先发同时是教育部中青年骨干队伍建设项目的主持人，在业内非常有影响力，其早些时候经营的微信公众号"饶先发"是辅导员职业技能大赛参赛选手的"红宝书"，"有事找发哥"也是业内耳熟能详的。如今的"高校辅导员工作室"和与工作室同名的官方微信公众号在全国的辅导员队伍建设中发挥着较强的示范引领作用。

（1）工作室简介

江西理工大学"高校辅导员工作室"成立于2014年，致力于打造全国高校辅导员交流、学习和分享平台。通过发挥辅导员队伍人才优势，拓宽辅导员队伍交流学习平台，加强辅导员队伍建设，打通辅导员成长渠道。进一步促进辅导员与大学生的思想交流、思维碰撞，服务学生健康成长、成才、成功，推进学生工作面向师生困惑、解决实际问题，使辅导员工作更加贴近实际、贴近生活、贴近学生。

工作室成立后，面向全国高校招聘一线辅导员运营"高校辅导员工作室"微信公众号，目前有72000余名辅导员关注，工作室成员通过运营微信公众号在内部搭建了一个相互交流学习平台。同时，"高校辅导员工作室"以微信公众号平台为阵地，面向全国高校征集学工资讯，分享各类优秀学生工作经验，让更多一线学生工作者通过微信平台相互交流学习。该微信公众号已成为全国高校辅导员交流学习分享平台，不仅从专业视角解读高校辅导员素质能力大赛，也囊括国内最新思想政治教育工作资讯和各类优秀学生工作经验。

（2）工作室微信运营团队构架

工作室创始人为江西理工大学饶先发，工作室成员来自29个省份，共93人，实行矩阵管理模式，已有较为成熟的运营模式和特色栏目。

工作室成员由三部分组成：第一部分是学生团队，学生团队由人力资源部、采编部、研发部和外联活动部组成，约50名学生；第二部分是校内教师团队，由线上和线下平台组成；第三部分是国内辅导员团队，也是整个工作室团队的核心，采用矩阵式管理模式，高质量推进工作室各项任务。

（3）工作室建设成果

工作室团队由一批政治强、业务精、纪律严、作风正的辅导员构成。7年来，工作室初步实现了从"单打独斗"到海纳全国29个省份、75所高校的93名学生工作者的"大兵团作战"的更迭，其中高级职称10人，中级职称66人，博士5人，硕士85人。成员具备国家高级职业指导师、全球职业规划师、国家心理咨询师、全国学校共青团研究中心特聘副研究员、江西教育网特约评论员、中国大学生在线就业创业导师、中国高等教育学会学生工作分会理事、江西省辅导员专委会理事等资质。团队成员曾赴全国200余所高校作辅导员工作报告。

工作室成员中先后荣获教育部思想政治工作中青年骨干（教育部思想政治教育中青年杰出人才支持计划）、全国百名网络正能量榜样；有5人获全国高校辅导员年度人物提名奖、6人获入围奖；在全国高校辅导员素质能力大赛中，10人分别获一、二、三等奖；先后获全国高校学生工作优秀学术成果特等奖1项、二等奖4项；曾获全国十佳博客奖、优秀博文奖、省辅导员年度人物、省最美辅导员、省优秀团干部、省优秀辅导员等荣誉200余项。

团队共同打造的"高校辅导员工作室"微信公众号，发布2200多篇推文，浏览量高达100多万次，得到全国7.2万名辅导员关注，该微信公众号长期在全国排行榜前5名。工作室先后出版《新时代高校辅导员理论宣讲技巧与实务》《新时代高校辅导员素质能力提升教程》《新时代高校辅导员素质能力提升新探》《优秀高校辅导员给大学生的100封信》《青春导航——致大学生的一封信》《新时代高校思想政治理论课的"打开方式"》等著作，主持教育部人文社科课题6项，团中央重点课题2项，团中央一般课题5项，省级课题30余项，市厅级课题80余项。

2. 陕西科技大学"李萌工作室"

陕西科技大学"李萌工作室"为陕西普通高等学校首批辅导员工作室。主持人李萌在全国具有很强的影响力，经营多年的微信公众号"萌哥有话说"在业内广为人知，其工作内容与工作室实践方向高度融合，其工作室建设模式既有自上而下的辅导员队伍建设的宏观指引，也激发了自下而上的辅导员团队整体提升的内生动能，形成了辅导员整体对学生整体的工作模式，以辅导员团队专业化解决了学生个体问题的复杂化。

（1）工作室建设背景

2018年，主持人李萌所在的陕西科技大学，基于当前学生工作的实际问题，提出了转型内涵式发展的理念，明确了"一体两翼"的队伍建设路径。即以辅导员工作室为主体，建设一支专业化的辅导员骨干队伍，将职业生涯规划与心理健康教育作为提升育人质量的关键两翼。主持人李萌为陕西科技大学学工部分管辅导员队伍建设与大学生思想政治教育、心理健康教育的副部长，其工作内容与工作室实践方向高度融合。因此，学校依托省级辅导员工作室"李萌工作室"，建设了6个校级辅导员工作室。对外，6个校级辅导员工作室为"李萌工作室"的6个实施小组，围绕《高等学校辅导员职业能力标准（暂行）》中思想政治教育、党团与班级建设、学业指导、心理健康教育与咨询、职业生涯规划与就业指导、网络思想政治教育、理论与实践研究7大职业功能开展辅导员专业化建设探索；对内，6个辅导员工作室立项成为校级辅导员工作室，形成了校内辅导员专业化培育的核心力量。这种建设模式，既有自上而下的辅导员队伍建设的宏观指引，也激发了自下而上的辅导员团队整体提升的内生动能，形成了辅导员整体对学生整体的工作模式，以辅导员团队专业化解决了学生个体问题的复杂化。

2019年1月，因为建设成绩较为突出，"李萌工作室"下设学业指导方向的"助学成长"校级辅导员工作室成功孵化为第二批陕西普通高等学校辅导员工作室。

（2）工作室建设目标

总体目标：使辅导员队伍人才形成梯队、骨干形成团队、"带头人"形成核心,为辅导员队伍专业化发展提供持续动力。

工作实效方面:围绕学校学生思想政治工作的实际问题,探索解决的方法和路径,进行工作实践的试行与研究,推广实践成果。

能力结构方面:提升辅导员政治素质和理论水平,特别是学生教育引导的能力、调查研究能力、语言文字表达能力,使得辅导员能够有效指导学生党支部、学生班团两委开展内部建设,减轻辅导员行政事务压力,从而聚焦工作主责,扎实开展学生思想政治教育,深入指导学生成长与发展,高效地管理学生日常事务。

工作研究方面:提升辅导员行动研究能力,省级辅导员工作室成员能够独立主持厅局级及以上与大学生思想政治教育相关课题的研究能力,校级辅导员工作室成员能够独立开展校内思想政治教育相关研究。

作用发挥方面:使辅导员工作室成员能够成为学校辅导员队伍专业化、职业化发展的骨干力量。充分掌握思想政治教育规律和大学生成长规律,引导学生树立正确的世界观、人生观和价值观,不断增强学生社会责任感、创新精神和实践能力,培养担当民族复兴大任的时代新人,培养德智体美劳全面发展的社会主义建设者和接班人。

(3)工作室建设成果

工作室的定位:展示辅导员风采的窗口、创新育人理念方法的平台和孵化辅导员名师的摇篮。

第一,找准实践问题,实施精确发力。辅导员工作室建设要以问题为导向,核心是要以真问题为导向。"李萌工作室"建设中,首先明确了辅导员队伍建设的两大真问题:一是辅导员日常事务繁杂,专业化成长时间精力难以保障的问题;二是辅导员专业化建设与提升学生素质能力连接不畅的问题。因此,工作室以提升学生骨干与学生基层组织的指导力为重点,开展工作调研、沙龙交流,推广党班团协同育人模式,帮助辅导员提升工作效能,赢得专业成长的时间与空间;基于辅导员素质能力提升,以职业生涯规划、心理健康教育两个关键点为着陆点,以易班、微信等网络载体为手段,开展面向学生的团体辅导和课程建设,构建契合时代特点和学生需求的内容输出模式,形成师生双向提升的建设互动。

第二,出台制度文件,培养优秀辅导员团队。学校相继出台《陕西科技大学辅导员工作室管理办法》《陕西科技大学辅导员工作室制度汇编》等条例，明确校级以上优秀辅导员需有辅导员工作室实践经验；面向工作室开放校级课题，委托工作室承接进行实践探索；为工作室选聘2名高级职称专家开展工作指导。2019年，为进一步激发工作室活力，工作室明确了"末尾淘汰"的工作要求，以每年20%为基准线，实施人员更迭行动，形成了持续发展的"源头活水"。

第三，实施"降维"建设，创新育人理念和方法。"李萌工作室"主持人李萌，现为教育部中青年思想政治工作骨干建设项目入选者，教育部为其提供20万元经费用以项目实施。同时，主持人担任陕西高校辅导员工作委员会主任委员，承担全省部分辅导员工作的交流、研讨等任务。主持人将中青年思想政治工作骨干建设项目、辅导员工作委员会日常业务与工作室建设深度融合，互为补充，既有中青年骨干建设项目的影响力和经费支撑，又有全省辅导员工作交流研讨的平台推动，更有学校辅导员队伍建设的具体落地实施，能够针对当前高校学生思想政治工作的相关难题，积极探索破解各种难题的思想政治教育工作新手段、新模式、新方法。2018年工作室成立以来，先后举办了全省层面的首批辅导员工作室主持人论坛、辅导员工作创新论坛、育德育心研学论坛等活动，成为牵动全省辅导员工作室建设的重要力量。

第四，聚合工作资源，推广研究成果。工作室主持人长期运营"萌哥有话说"网络思政微信平台，在全国学生思想政治工作实践领域有一定的影响，已经自然转化为工作室推介平台。在陕西省2年提供6万元建设项目经费的基础上，主持人所在学校进行专项配套，共计投入15万元进行专项建设，保证每个研究方向不少于3万元。工作室成立以来，主持人在全国辅导员创新论坛、国家教育行政院系、各省辅导员骨干培训班等开展多场专题讲座，以现场指导、观摩考察等形式在全国20多所高校开展了工作的介绍与推广。特别是培养了一批优秀的辅导员骨干，在全国高校辅导员年度人物评比、全国辅导员素质能力大赛以及陕西省十佳辅导员评比中表现突出。目前，工作室也在加大对于辅导员学历、职称晋升的培育与推动，进一步聚合优秀辅导员团队，形成示范推广效应。

3.北京工业大学"'指南针'生涯规划工作室"

在全国的辅导员工作室建设热潮中，北京是走在前面的。2015年6月，为落实北京市委教育工委深入贯彻中央关于加强辅导员队伍建设的精神,北京工业大学设立以大学生生涯规划落地系统构建为主攻方向的"'指南针'生涯规划工作室"。经过两年的建设,2017年底,该工作室正式晋级为北京市高校辅导员工作室,其工作室建设经验可以为我们提供很好的参考借鉴。

(1) 工作室简介

北京工业大学"'指南针'生涯规划工作室"主持人廖满媛是北京工业大学副处级辅导员,生命科学与生物工程院系学工办主任、就业负责人,高级职业指导师,全球职业规划师,全球生涯教练,创业咨询师,前程无忧人力测评师。从事职业规划、就业指导与咨询工作14年,积累咨询案例上千例。擅长职业兴趣与个性分析、职业选择、简历撰写、面试实战。

该工作室以社会主义核心价值观为引领,贯彻落实全国高校思想政治工作会议精神,依托学校各职能部门,利用成员的专业优势,通过线上线下双通道,引进先进的教练理论与技术,面向全体学生,提供精细化、个性化与精准化的生涯规划服务。瞄准学生在生涯与就业等方面的成长需求,聚焦大学生内驱力与外驱力这两个成长的主动力进行发力。通过线上线下双通道,整合北大、北化等四大成员校及企业资源,组建督导、顾问、导师与学生等四支队伍,发挥团队在生涯规划与就业教育及指导领域的实践优势,协同作战,构建"八位一体"的教练型辅导员成长模式、教练型学生骨干"学生成长五人系统"等,促进大学生生涯规划全面落地。运行至今,工作室已打造了自己独特的文化与精神。

工作室使命:竭尽全力支持每一个人成为最好的自己!

工作室愿景:成为高校生涯规划与就业指导实践领域最专业的领跑者!

工作室核心价值观:以学生需求为导向,用爱、欣赏与专注,与学生同行同长!

工作室精神:激情、喜悦、专业,持续走在幸福职业人的道路上!

(2) 工作室建设成果

第一,扎实推进工作,促进学生成长。通过教练型学生骨干训练营、体验式主题工作坊、个体咨询等实践探索,初步形成符合个人成长规律的"学生成长五人系统"。各期学员中有54名学生获得由工作室设立的旨在鼓励学员运用教练技术开展自我管理、取得成果的"个人成长奖",他们在学业、科研、人际、个人健康与心态等方面均取得较大进步。同时大部分学员逐渐成为教练技术使用的受益者及校园传播教练技术的重要力量。工作室共收集学生对工作坊与训练营、个体咨询的收获与感想反馈500多条。

第二，形成辅导员共同学习体，做有实力有情怀的学生陪伴者。通过强输入与强输出，初步构建"分享专业书籍＋内训＋外训＋研讨＋观摩＋研究＋实践＋反馈"等"八位一体"的辅导员共同成长模式。工作室成员立足岗位实践，并多次受邀为兄弟院校进行专题分享与交流，成为领跑高校生涯规划实践领域的重要力量，现成功孵化两个新的校级辅导员工作室。成员主编《大学生职业生涯规划与发展》、编著《智慧职场拒绝黑天鹅》、参编《初入职场ABC》与《创新职业指导》等书籍。

第三，接待来访，辐射同行。工作室活动覆盖本校20多个院所以及北京化工大学等多所高校的各层次学生，包括本科、硕士与博士，共直接精细服务达4000余人次，产生了大量成功辅导案例。成果得到《北京教育》、工大新闻网及同行的广泛关注与传播，共接待海南大学等13所高校的调研与访谈。在2016年、2017年、2018年学校工作室开展的年终考核中，连续三年获得"年度考核优秀"。同时，以"找准问题、协同作战，辐射同行"为主题的成果获得2017年北京工业大学第三届思想政治教育工作实效奖"特等奖"。工作室主持人曾两次获得"北京市优秀辅导员"称号，并获得2018年"第十届全国辅导员年度人物"提名，以第一作者发表论文16篇，主持项目12项。

（3）工作室建设经验

第一，构建清晰的工作体系。以构建精细化生涯规划落地系统为目标，通过大量学习与实践，打造教练型辅导员及教练型学生骨干，同时通过团体工作坊与训练营、校友访谈、线上线下的个体咨询、线上微课等方式为其他有需求的学生提供持续的支持与服务。

第二，搭建线上微信公众平台，全面服务广大学生。2015年9月，工作室微信平台正式上线。最初设咨询区、活动区与话题区三个模块，于2018年改版为学生服务、同行分享与企业对接三个服务模块。到目前为止，共发送图文信息240余条，总数达30余万字，形成了广泛的宣传效应。在学生思想政治教育上，尤其是在帮助学生形成良好的生涯规划意识、树立正确的就业观、提高就业力与职场适应力等方面发挥积极作用。

第三，尝试多种学习方式，探索教练型辅导员成长模式。通过向书本学习、向他人学习与向实践学习，同时用"强输出"倒逼"强输入"的方法，初步构建"分享专业书籍＋内训＋外训＋研讨＋观摩＋研究＋实践＋反馈"等"八位一体"的辅导员共同成长模式，促进辅导员专业化水平的快速提升，更好助力学生成长。工作室成员在近年里共计分享书籍60余册，研讨与内训18次，督导与培训25人次，成员开展项目研究7项。通过全方位的强输入促进实操：开展教练型训练营3期，共16场专题讲座、工作坊50余场、岗位实践面对3000多名学生。

第四，尝试将"教＋练"有机结合，探索教练型学生骨干成长体系。结合学生成长需要，工作室将教练技术校园化，开发涵盖梦想激发、目标落地、时间管理与教练强大信念等内容的课程，已成功举办教练型学生骨干训练营4期，培训了来自北京工业大学、北京化工大学与首都医科大学等多所高校的196名大学生。通过集训、为每名学生配备导师、组建伙伴群、创建青春榜样等方式，持续实践与督导100天，并开展"我的梦想我的路"中外大学生研讨与成果展示等环节，形成了符合个人成长规律的"学生成长五人系统"。

第五，面向全体学生，尝试推出体验式生涯教育与服务。结合大学生各阶段的发展需求，开展生涯规划、素质提升与就业指导等主题体验式工作坊，并重视个性化问题解决，开展个体咨询，持续为有需求的学生成长提供支持。

第六，开展校友访谈，拓宽职业视野。2016年以来，连续3年招募全校45名学生开展3期校友访谈共51例，从民营、外企、国有企业等多个角度了解企业特点与人才需求，从科研、人力、财务与销售等角度了解岗位特点及能力要求，以有效拓宽学生职业视野。

（4）工作室下一步建设计划

2015—2017年，工作室侧重于多所学校学生的通识能力的训练与教练督导。

2018年，工作室团队进行第一次升级，将"学生成长五人系统"成果迁移至具体的专业与班级建设中。以立足学生个体的专业背景，将通识能力训练与理想信念、核心价值观培育、专业学习以及世界视野等方面有机融合，构建既有中国情怀、又有世界视野，既有扎实的专业基础、又有良好职业素养的领军人才或拔尖人才培养模式。目前，工作室成果已成功推广至北京工业大学"生物医学工程专业领军人才培养实践探索"的三全育人项目（已获得立项），并组建了由工作室成员与生物医学工程专业人员共同构成的育人实践团队：包括思政与生涯专家、海聚人才、专业教师与企业高管等，以期将通识教育、专业教育、中国情怀与世界视野等方面教育有机结合，打造具有核心竞争力的生物医学工程领军人才。

2019年，工作室团队进行第二次升级，将国家创新平台——北京未来科学城的高端科研资源与企业资源进行整合，聚焦成员校部分专业的拔尖人才与创新人才群体，以高端引领、校企合作为手段，以打造新时代创新人才为主题，开展更加深入的研究与实践。目前已构建由院士、"千人计划"专家、企业高管、高校教师主体（工作室成员）组成的既熟知学生的专业成长规律，也对人才市场具有敏锐反应、广泛认知，并能快速反馈与适应市场的稳定可持续的跨学科、交叉复合型团队。目前，已与陈清泉院士科创中心及国家电投集团中央研究院共同成立大学生创新创业基地，并开展初步合作。

4. 湖南工业大学"防范'灰犀牛'辅导员名师工作室"

辅导员作为高校学生管理中的一线中坚力量，预防与处理特殊学生群体危机事件是其重要职责。教育部印发的《高等学校辅导员职业能力标准（暂行）》，将"危机事件应对"作为辅导员必备九项基本能力之一。以提高辅导员危机事件应对能力为目标，开展"高校特殊学生群体危机事件防控应对"研究与实践的湖南工业大学"防范'灰犀牛'辅导员名师工作室"应运而生。聚焦辅导员必备素质能力中的一个点，由点带面，推进辅导员队伍建设，该工作室是一个比较典型的示范。

（1）工作室简介

防范"灰犀牛"辅导员名师工作室于2016年2月获得湖南省高校辅导员名师工作室项目立项，在2018年12月顺利结项，并被评定为优秀建设项目。工作室以提高辅导员危机事件应对能力为目标，开展"高校特殊学生群体危机事件防控应对"研究与实践。

工作室负责人李正军是湖南工业大学马克思院系院长（原学生工作部部长），教授，博士，硕士生导师，湖南省思想政治教育中青年杰出人才，全国包装教育优秀教师，全国社科办同行评议专家。主要研究方向为大数据与思想政治教育协同管理。坚持从事大学生思想政治教育研究多年，先后主持教育部高校思想政治工作精品项目1项，省部级科研项目8项，地市级课题20多项，获教育厅奖项 4 项，株洲市社科成果奖 2 项，校级教学成果奖 2 项；出版专著 3 本，参编专著 3 本，参编教材 4 本；在《求索》《当代经济研究》《系统工程》《湖南社会科学》《湖湘论坛》《中南林业科技大学学报（社会科学版）》《吉首大学学报（社会科学版）》《湖南工业大学学报（社会科学版）》等期刊上发表论文 40 余篇，其中 EI 收录 4 篇，ISTP 收录 2 篇，ISSCI 收录 3 篇，被人大复印资料中心全文复印 1 篇。

（2）工作室建设成果

第一，特殊学生群体得到普遍关注，防控挺在前，及时、合理、合法应对，危机事件发生率大幅下降。湖南工业大学 2014 年发生学生危机事件 4 起，2016 年工作室成立后，实现 2017 年、2018 年连续两年学生意外死亡零事故。辅导员关注特殊群体的意识和安全防控的意识得到空前提高。助力学校获评湖南省高校学生思想政治教育研究与实践先进单位，湖南省高校大学生心理健康教育工作研究与实践先进集体，湖南省普通高等学校辅导员工作研究与实践先进单位，全省百佳学生资助工作单位典型，湖南省文明高校，湖南省"平安校园"等称号。

第二，工作室成员及全校辅导员综合能力和业务水平有较大提升，特别是在关注特殊学生群体，防控应对危机事件等方面的能力得到有效提升。辅导员丁梦、刘伟、宋魁获评辅导员系列副教授职称；项目负责人李正军入选湖南思想政治教育中青年杰出人才计划；辅导员李新生获评湖南省辅导员年度人物辅导员十佳年度人物，宋魁、刘伟获评 2016 年湖南省辅导员年度人物提名奖，宋魁、李新生获全国高校辅导员年度人物入围奖；辅导员陈勇、刘晓林获评 2016 年湖南省高校辅导员工作研究与实践先进个人；谭辉、陈勇获评 2017 年湖南省高校学生思想政治教育研究与实践先进个人，纪文婷、王熹获评湖南省辅导员工作研究与实践先进个人。辅导员谭珊琦论文获评 2016 年湖南省高校辅导员优秀论文二等奖，唐逸恬论文获评 2017 年湖南省高校辅导员优秀论文一等奖。近两年，25 个实践项目和课题获得湖南省大学生思想道德素质提升工程、湖南省社科基金项目高校思想政治教育研究课题、湖南省高校思想政治工作研究思想政治教育课题等立项资助，实现了该校省级思想政治教育实践项目和课题立项全覆盖。

第三，围绕师生关注的热点难点问题进行宣传阐释，及时化解矛盾，解答学生困惑。一是结合思想政治教育工作要求和时间节点，开展网络主题宣传和教育。如开设《奋进吧，工大学子》（在毕业季宣传优秀毕业生事迹）、《世纪难题——找工作难还是找对象难》（将课堂上的问题探讨引申至网络，帮助同学们转变就业观念）、《我们的毕业歌》（毕业季系列网上宣传教育活动）等专题。二是结合学生现实生活中遇到的热点、难点问题进行宣传阐释，及时化解矛盾和困惑。如在学校突发停电时推送网文《停电之后你在干什么》；当学校禁摩托车、电动车时推出系列网文《"潜在的威胁"——摩托车》《这次湖工大是动真格了！》《我发誓一定要好好走路》《今天不官宣，说说我们自己的观点！》等；当学校开展公寓创文活动和学生寝室调整搬迁时，及时推送作品《抱歉，宿舍里不能养宠物》《致室友：相遇不易，未来四年请多指教！》《没有你，我要怎么过——致空调》《对于谣言，我们说 NO！因为我爱我的美丽工大》《从工大的全室界路过》《工大宿舍里的"相爱相杀"》等。三是从学生的视角和需求进行创作。充分发挥学生主人翁精神，调动学生积极性，促使其广泛参与其中。在"HUT微言青语"微信公众平台设立了以《那些被"负化"的正能量》《寒门是否难出贵子？》《关于异地恋的那些事》《生活中微小却重要的事》等为题的"话题征集令"，得到了学生的积极反响和回应，学生们在网上参与讨论，达成广泛的共识。

（3）工作室特色项目与亮点

第一，全面推进，注重队伍建设的整体性。一是以"嵌入式、短流程"的模式抓队伍整体建设，通过实施"辅导员素质提升 PMC 计划""一线工作法"等制度，促使辅导员嵌入学生之中，短流程地与学生互动；二是以"点面结合、以点促面"的思路抓队伍整体提升，每年选派一批优秀辅导员参加全国、全省辅导员培训基地的培训班，鼓励辅导员申报国内访问学者项目和攻读思政博士学位；在校内开展"三辈辅导"活动，即辅导员沙龙（朋辈辅导）、辅导员工作辅导报告会（前辈辅导）、思想政治教育高峰论坛（师辈辅导），促进辅导员队伍整体发展；三是以"表彰先进、激励进步"的方式抓队伍整体发展。学校设立校级"优秀辅导员"荣誉称号，每年按一线专职辅导员人数15%的比例进行评选表彰，由学校颁发证书和奖金。建立约谈机制，对工作不力的辅导员进行约谈，对不符合岗位要求的辅导员坚决调整出队伍。

第二，明确责任，注重队伍建设的规范性。一是推行辅导员"一线工作法",要求辅导员做到"七个一":平均每天找一名学生谈话,每学期讲一场思想政治教育讲座,每周走访学生寝室至少一次,每两周向院系领导汇报一次学生工作,每周召开一次学生干部会,每月召开一次主题班会,每学期与学生家长联系一次。倡导辅导员"六进六同",即进课堂、进公寓、进食堂、进网络、进活动、进家庭,同学习、同住宿、同就餐、同交流、同活动、同教育。通过这些措施,辅导员讲得多了,与学生交流得频繁了,不但展示了辅导员的个人魅力,也让学生更加信赖辅导员。二是要求辅导员有记录、建台账,清楚掌握学生动态。实行《辅导员工作日志》制度。将辅导员工作中存在的问题、对策以及工作的体会、认识、经验、收获等作为工作日志的主要内容,实行一周一记载,一学期一检查一计划一总结。实行特殊学生群体数据建档立库制度,准确、及时、全面地了解和掌握需要重点关注学生的家庭情况、父母联系方式、学生联系情况、学习情况等,提高工作的针对性和实效性。三是支持辅导员多走访、勤联系,使家校互动更频繁。积极开展辅导员家访活动。以走访、电话家访、书信家访、网络家访等形式开展家访活动,有针对性地把学生在校学习、生活、思想等情况及时反馈给家长。同时通过家长了解学生在校外的情况,共同做好学生的教育管理工作。学校为每位辅导员发放通信补贴 100 元/月,每年寒暑假组织辅导员赴家庭经济困难学生和其他特殊学生的家庭开展走访慰问活动。

  第三,保障到位,注重队伍建设的长期性。一是思想理论学习与培训到位。通过举办思想政治教育论坛、辅导报告会、辅导员沙龙等方式,对辅导员进行思想政治教育,工作方法、心理健康教育和职业发展指导等方面的业务培训,做到确保每名专职辅导员每年参加不少于 16 个学时的校级培训,每 5 年参加 1 次国家级或省级培训。鼓励辅导员报考心理咨询师证书,学校为辅导员全额报销考证费用。二是资助到位、增强业务能力。学校大力支持辅导员结合大学生思想政治教育的工作实践和思想政治教育学科的发展开展研究,每年列支 10 万元专项经费立项资助一批校级大学生思想政治教育科研项目、辅导员工作精品项目和特色成长辅导室建设项目,推荐优秀项目参评全省、全国辅导员工作精品项目、大学生思想道德素质提升工程项目等。三是政策到位,提升双线待遇。每年按专任教师职务岗位结构比例,合理设置辅导员的相应教师职务岗位,辅导员可按教师职务(职称)要求评聘思想政治教育学科或申请评聘其他相关学科的专业技术职务（职称）。在辅导员评聘思想政治教育专业技术职务（职称）过程中，注重考察其工作业绩和育人实效，实行单列计划、单设标准、单独评审，并将优秀网络文化成果纳入专职辅导员的科研成果统计、职务（职称）评聘范围。已有3名辅导员通过该通道被评为副教授。

第四，特色驱动，注重队伍建设的创新性。学校专门制订了"PMC磨刀计划"，着力提升辅导员综合素质。品牌来自"磨刀不误砍柴工"的意思，磨刀花费时间，但不耽误砍柴。比喻事先充分做好准备，就能使工作加快。一是"P"，即Pen，强调的是辅导员的笔头功夫。学校对辅导员提出了每年撰写1篇网文、给家长写1封信、申报1个思政课题、发表1篇思政文章的要求，辅导员的网文、论文写作及项目研究能力显著提升。2017年，在湖南思想政治教育中青年杰出人才计划、湖南省大学生道德提升工程项目各类别、湖南省社科基金规划课题、研究会课题申报、湖南省辅导员优秀论文和工作案例评选中均有学校辅导员获得立项和获奖。二是"M"，即Mouth，强调的是辅导员的嘴上功夫。思想"说得透"必须理论"讲得通"。学校经常性地通过开展论坛、沙龙等形式，帮助辅导员学习社会主义核心价值观、习近平总书记系列讲话、习近平总书记治国理政新理念，新思想，新战略，再通过辅导员办讲座、开班会、作报告、与学生谈心谈话等方式，把思想教育"讲"进学生的心。三是"C"，即Computer，强调的是辅导员的"指尖"功夫。网络已经成为大学生思想政治教育的新阵地，学校鼓励和支持辅导员利用"两微一端"新媒体、网站和大数据为思想政治教育助力，全面形成了点线面三位一体、网上与网下相结合、变师生为网友的学生思想政治教育进网络的新格局。

5. 浙江师范大学"经纬网络工作室"

网络思想政治教育迎合了当代大学生"思维活跃、个性凸显、自由奔放"的全体特征，其平台丰富多样。在当前火热的网络思想政治教育热潮中，各省高校都在积极探索，也涌现出了一批以学生网络思想政治教育为主题的辅导员工作室。其中，浙江师范大学"经纬网络工作室"是比较有影响力的。该工作室是浙江师范大学首批辅导员工作室和思政教育名师工作室，其主持人庄经纬作为第十一届高校辅导员年度人物提名、第四届全国"五个一百"网络正能量精品评选活动"百名网络正能量榜样"，对工作室建设起到主要牵引作用。

（1）工作室简介

"经纬网络工作室"致力于新精神家园的 IP 打造。人的"幸福"和"梦想"，都离不开人的"精神家园"。"新精神家园"的结晶是新时代以理想与信念为灵魂的世界观、人生观和价值观。工作室着力于用新的概念、新的范畴和新的表述，讲好中国故事、传播好中国声音。

工作室的定位为围绕网络强国思想，对标高校思政队伍职业能力培养与提升这一方向，整合力量，落实要求，凝练特色，使该工作室成为展示学校思政队伍风采的窗口、创新网络育人理念方法的平台和孵化思政教育名师名编的摇篮，推进学校思政队伍的专业化、职业化建设。

工作室建设目标为深入研究把握网络传播的规律，推动队伍建设的梯队发展和整体职业能力提升；集中资源优势，立足队伍发展，培育网络思政教育名师名编骨干和代表；训练思政队伍科研素养和能力，促进"实践型"向"实践研究型"转化。

（2）工作室建设成果

第一，传播新思想，坚守阵地构筑网络育人空间。工作室构建了以"庄经纬"命名的系列网络宣传阵地，初步形成微信公众号"庄经纬"、微信朋友圈"庄经纬"、教育部中国大学生在线校园号"庄经纬"、简书"庄经纬"、头条"庄经纬"、一直播"庄经纬"、抖音"庄经纬"的新媒体矩阵，粉丝总数超过15000人。所有文章大多在微信公众号"庄经纬"里首发，然后转载到其他平台。教育部中国大学生在线校园号"庄经纬"同步更新，近几周有文章连续在教育部中国大学生在线官网首页展示。微信公众号"庄经纬"曾多次在全国高校辅导员微信公众号影响力排行和每周热文排行中名列前茅。工作室荣获国家级奖项7项、省级奖项2项。2021年9月，获得浙江省教育厅批准立项浙江省高校网络教育名师培育支持计划。

第二，传播新知识，多层次开展对外展示和交流。近3年，工作室开展学习交流10余场。2017年，庄红伟受"高校辅导员在线"平台邀请作第8期全国直播，主题为《构筑辅导员网络空间》，观看人数2.9万；2018年，在天津市高校辅导员研修和培训基地、北京外国语大学、高校辅导员网络培训中心等作分享报告；2019年，在浙江省电大系统辅导员、班主任培训会和第八期江西省全省高校辅导员培训班等作分享报告。2019年9月，参加全国高校辅导员优秀骨干培训班，在结业仪式上作为学员代表发言，并被教育部党组成员、副部长翁铁慧表扬；2019年11月，参加由中央网信办网络评论工作局主办、中国人民大学承办的"五个一百"网络正能量骨干进修班。出版个人著作2本（1本编著，1本著），参与出版著作4本。

第三，传播新方法，开设"新媒体运营"通识课程。结合网络思想政治教育开设"新媒体运营"通识课程，实现线上线下结合教学，已开课一学年。该课程成功立项浙江师范大学2019年校级精品在线开放课程项目。"新媒体运营"精品在线课程分为教学视频录制和教案书籍出版，共30多节课程，视频约250分钟，包括初级阶段、中级阶段、高级阶段课程视频，以及课后学习视频，每节课程控制在5～10分钟，画面清晰，过渡自然，配以讲解和字幕。大部分视频课程已上传至浙江省高等学校在线开放课程共享平台（https：//www.zjooc.cn/），准备开课。书籍《青春尤里卡》于2020年7月出版，最后一章为该精品课程初级阶段课程教案精华版，目前与姊妹篇《100个大学生的青春梦》在当当、京东、天猫平台热卖中。

（3）工作室建设经验与思考

有效把握网络思想政治教育的基本规律，提高网络思想政治教育的科学性和实效性，有利于巩固马克思主义在意识形态领域的指导地位，培育和践行社会主义核心价值观。对于如何做好新时期的网络思想政治教育这一问题，教育部思想政治工作副司长张文斌曾经提出"四心"的要求，即工作统筹的用心、网络平台的共心、网络作品的走心和网络队伍的安心，这些是该工作室进一步努力的方向。

第一，工作统筹的用心，在于要做到始终突出马克思主义指导思想和社会主义核心价值观在我国意识形态领域中占主导地位。要始终坚持党的领导，研究、学习、宣传并践行习近平新时代中国特色社会主义思想；要有理直气壮、旗帜鲜明地开展网络思想政治教育的自信和勇气。

第二，网络平台的共心，在于要遵循信息传播的规律，增强网络平台对师生的吸引力。开放的网络空间是开展思想政治教育的平台。网络平台将教育内容转化为数字信息上传至网络，广大师生能否自觉接受教育并形成主客体关系，最终取决于平台的吸引力。平台建得好不好就一个标准：师生喜欢不喜欢。

第三，网络作品的走心，在于创作的网络作品要有价值、有温度、有美德。优秀的网络作品应该是具有感召力、影响力和生命力。从议题选择到话语表达，再到呈现方式的整个过程，作品在传播自身正确价值观的同时能够激发受众对它的再次传播，创作走心、作品入心。因此，创作主体要有见识，更要有良好的品德。

第四，网络队伍的安心，在于打造一支关键时刻冲得上、顶得住、打得赢的"网络红军"和"网络铁军"。培养网络思想政治教育者，是网络思想政治教育建设的第一任务。不仅要提高网络思想政治教育队伍的专业本领，还要营造全员共同学习研究的良好氛围。不好好学习会"本领恐慌"，跟不上时代。

### 四、完善考评机制，构建高校辅导员素质能力提升的推动力

考核的科学标准主要体现在两个方面：一是坚持考核的基本原则，二是完善路径选择考核机制。坚持考核的原则性是考核的基础，而路径是考核的重要方式和载体。针对高校辅导员的各类考核，务必要坚持标准的统一性，促使每个被考核的辅导员能够了解考核指标、程序，欣然接受各类考核结果。同时，要坚持以考核结果为中心的指导原则，让辅导员主动接受各类考核，并且积极主动地接受和运用考核结果。

#### （一）明确考评的基本原则

针对当前高校辅导员队伍"三化"建设中存在的问题，要特别重视辅导员队伍的体制建设和创新发展，同时务必确保考核流程的顺畅、正确，考核结果真实有效。因此，为提高考核结果的真实有效性，并在促进辅导员队伍"三化"建设有序发展方面发挥持续的推动作用，考核过程应遵循以下原则。

1. 标准的统一性原则

有效实施考核指标的基础是坚持标准的统一性原则，它能够有效反映和保证辅导员考核结果的真实性。高校考核部门必须采用统一的考核标准，并告知辅导员考核指标，提醒辅导员在工作中时刻牢记标准，同时确保考核结果的公平性。考核部门应该及时公布考核结果，并及时指导辅导员认真分析工作中的优缺点，针对缺点制定出相应的应对措施，以便顺利开展下一阶段的工作。

2. 考核结果的指导性原则

完善的考核机制可以激发辅导员本身工作的积极性，主要做法为优胜劣

汰，但更重要的是帮助辅导员发现和分析自己工作的优缺点。考核的指导性主要体现在"结果"反馈上，让被考核的辅导员参考考核标准，充分了解自己当前的业务能力，找出差距，学习先进。考核结果的指导性原则能够使高校考核部门建立规范化的指标标准，推动辅导员更加明确岗位职业，并做到有据可查。

### （二）完善路径选择考评机制

在新时期，确保绩效考评体系的科学性、合理性和高效性，不仅可以实现对辅导员队伍的科学管理，从而促进辅导员队伍的"三化"建设，而且能为实现以生为本的高校育人目标奠定坚实的基础。

1. 明确工作职责，匹配考核指标

做好考核工作要明确考核工作必须做、把考核工作做好这两个内容，另外考核的依据是工作职责书。要实现考核工作的两个内容，务必要充分实现考核体系涵盖的四个方面的内容：标准科学、规范流程、严格评分和改进措施。但是由于对考核指标概念的误解，部分高校人为地缩小了绩效考核的范围。因此，这些高校的整个绩效考核工作只停留在制定所谓的科学的标准和严格评分上，而忽视规范流程和改进措施这两个非常重要环节。绩效考核四大环节不完整，导致对被考者的考评不到位、改进不到位，加上如果考核结果不理想，这样就会使绩效考核达不到预期目的。

2. 学校范围内的相互协助合作，确保考核结果能够支撑晋升渠道

辅导员最关心是自身发展问题，如职业晋升渠道是否通畅。大多数高校往往将考核结果与各类评优评奖挂钩。然而，辅导员的考核结果与自身的职业发展之间并没有紧密联系，优秀的考核结果只是一种功绩证书。辅导员自身工作的时间越长，他们就越失去耐心。高校只有重视本校辅导员的职业发展道路，才能通过优秀的考核机制，为辅导员职业发展开辟道路，才能突出考核的必要性，从而让辅导员接受考核结果，找出差距，积极寻找改进措施，不断提升自身业务能力。

### 五、构筑保障体系，构建高校辅导员素质能力提升的保障力

高校辅导员是青年教师队伍的重要组成部分，建设辅导员队伍要培育辅导员团队文化，制定辅导员职业规范，提升辅导员职业技能，使辅导员成为社

会主义核心价值体系的坚定信仰者和积极践行者。众所周知，辅导员作为高校开展思想政治教育工作的骨干力量，是保证高校教育事业持续健康发展的主力军，辅导员队伍建设应该成为高校重点关注的对象。以职业化、专业化为目标，建设高水平的辅导员队伍，已成为坚持社会主义办学方向，保障高校良性发展，推进学生思政教育工作的重要基础。明确队伍建设目标，给予队伍建设充分的保障措施，成了高校建设辅导员队伍的必然选择。

（一）优化高校辅导员激励管理制度

根据高校学生管理工作日益复杂的现状，运用现代激励理论，建立长效激励机制，是加强高校辅导员队伍建设的有效途径。从长远来看，高校领导干部应认识到加强辅导员队伍建设的必要性，采取各种激励措施，建立一支高素质、高水平的辅导员队伍，提高高校的社会地位。

对于辅导员的激励管理，是根据其自身发展的需求和愿景以及思政教育工作的效果为导向，创造满足其各类需求的条件，从而激励、促进辅导员发挥自身才智和潜力，为高校思想政治教育贡献力量。伴随着我国高等教育大众化时代的到来，高校扩招学生数量剧增，辅导员的工作任务和工作强度不断加大，加之信息时代大学生的思想素质发生了很大变化，辅导员的工作难度也进一步加大。在高校人事制度改革不断深入的今天，如何更好地建设一支稳定、高素质、高水平、专业化的辅导员队伍，是高校面临的重要课题。

1. 激励理论的概念

（1）公平性理论

根据公平性理论的解释，当一个人有成就并得到报酬时，他不仅关心自己，而且关心他所获得报酬的相对数量。所以，他必须进行横向和纵向的比较，以确定他所获得的报酬是否合理。这种比较的结果将直接影响他将来工作的积极性。只有在同等条件下取得同等报酬时，他才能认为是公平的；当他觉得他的报酬与投入的比值小于其他人时，他希望增加自己的收入，或者减少将来的努力；也可以寻求组织减少比较对象的收入；或者为了让双方今后达到相近的努力程度，而使双方的收入更加接近。垂直比较就是将现在所做的努力与现在所做的努力进行比较，将以前所做的努力与现在所做的努力进行比较。在前者比后者小的情况下，人们也会产生不公平感，从而降低工作积极性。

（2）综合薪酬理论

综合报酬理论认为，工资不仅包括劳动报酬，还可以通过建立多元化的综合激励与约束机制来实现。该系统的基本工资为货币化薪酬，但还包括非货币化薪酬、有形薪酬和无形（固有）薪酬，两者都包括固定薪酬和可变薪酬。其具体内容包括基本工资、附加工资、福利工资、岗位工资（补贴）、附加津补贴、人员晋升费、自我发展机会 6 个方面。对于知识员工来说，在知识经济条件下，实行全薪激励对他们来说意义重大。

（3）期望心理契约动因理论

期望理论认为，一名雇员在从事一项工作时，其动机的大小取决于他的主观努力和工作成绩之间的关系，以及工作成绩和个人所得到的报酬之间的关系。它们的正向相关性越高，从事工作的动力越足；反之则会削弱工作动力。心理契约论认为：在组织中，每一个成员与管理者以及组织中的其他个人之间，总是存在一种不成文的契约，被雇用人以成果和贡献换取组织的报酬，这种报酬具有挑衅性。与此同时，组织对员工的晋升，没有明确的承诺。尽管劳动合同并不明确，但是在每个员工的内心深处，对于应该为公司付出什么，自己应该得到多少等，都有一个清晰的概念。当心理契约失信意识改变时，会对人的行为产生重大影响。

2. 目前高校辅导员激励管理中存在的问题

（1）职业规划发展不够明确

高校辅导员是高校师资队伍和管理队伍的重要组成部分，是高校开展思想政治教育的骨干力量，是学生日常思想政治教育和管理工作的组织者、实施者和指导者。伴随着我国高等教育的发展和社会形势的不断变化，作为备受推崇和羡慕的职业辅导员，由于各种内外部因素的影响，陷入了职业发展的瓶颈。通过调查发现，许多高校辅导员专注而非专业，他们在管理和解决学生发展问题上的能力和技能，与学生的要求相比还存在着很大的差距。我国高校辅导员队伍的人力资源建设也存在一些问题，以事为本的人力资源建设理念、"定位不清"、"评价单一"、"多头管理"、"奖罚不明"、职业发展扶持政策不完善、社团功能不强等都在一定程度上影响了辅导员的职业认同与专业化发展。

（2）业绩考核体系有待完善

高等学校的绩效考核体系往往存在诸多不合理之处：一是高校自身的考核

机制存在缺陷，辅导员绩效考核体系不能有效实施；而辅导员的日常工作内容比较杂碎，一般很难用统一的标准来界定，从而影响到客观的业绩评价。二是多数高校对辅导员工作考核结果只将其作为薪酬、晋升的参考，而忽视了辅导员工作考核结果的及时信息反馈，未能真正发挥辅导员工作考核的激励作用。辅导员工作不被学校重视也是导致激励作用下降的重要原因。

（3）薪酬制度不够科学

辅导员大多从事事务性工作，费时费力但又难以量化，基本工资和岗位津贴是其主要薪酬来源，总体水平较低，难以满足其基本薪酬需求。但任课教师和科研人员除了得到工资和津贴之外，还有其他一些可以量化的收入，如科研经费、课时费等，而辅导员几乎没有其他可量化的收入。这样的薪酬体系很容易使辅导员内心产生不公平感，认为自己的付出与回报不成比例，从而挫伤辅导员的工作积极性。规范组织内员工的收入应包括绩效工资和基本工资，这考虑到外部健康因素。当前我国大部分高校对辅导员实行的是以定岗定级为主的职业化管理体制，直接后果就是辅导员"多干些，少干些"仅凭良心，缺乏有效的绩效考核机制，在一定程度上影响了部分辅导员的工作积极性。强化理论认为，科学的奖罚制度是对强化功能的合理运用，而我国现行的高校辅导员考核制度则缺乏对优秀辅导员的积极强化和对不称职辅导员的消极强化，从而导致对辅导员的基本保障缺乏有效的激励机制，致使辅导员满意度缺失。

3. 激励理论视阈下高校辅导员队伍建设中的应用对策

（1）完善奖励保障制度

一是要充分认识辅导员工作的重要性，将辅导员工作的理论内容与辅导员的实际工作紧密结合起来，充分调动他们的积极性；二是要严格执行各种激励和保障措施，如升职、加薪等奖励性措施，对优秀辅导员给予更多的奖励，使他们形成多劳多得的工作意识，提高辅导员工作积极性；三是要加强高校管理者对辅导员人才培养的投入，促进人才队伍建设质量的提高；四是要建立公平公正的监督管理体制，实行全程监督，切实保障辅导员的工作权利，积极推进辅导员的日常工作。

（2）增强高校辅导员幸福感和责任感

第一，提倡符合辅导员工作特点的领导方式。领导风格对辅导员的工作积极性有重要影响，它不仅影响辅导员的内部和外部动机，还影响其工作满意度、缺勤率和离职率。在辅导员工作自主化下，应多倡导民主领导，能有效提高辅导员的能动性和满意度。第二，要符合辅导员的个性化工作需求。对于大学辅导员的管理工作，不能一成不变，而应该认识到个体差异的重要性，努力实现管理的个性化，以适应不同辅导员的实际需要。每一位领导都需要探索与辅导员工作属性和工作环境相适应的管理方法或激励手段，并予以组合。在具体管理过程中，应实行辅导员个性化管理，首先，要对每一位辅导员进行认真的评估，仔细分析他们的工作方式和工作要求，不仅在结果中分析工作，也要从源头上分析工作，更要从心理上分析工作；其次，要建立领导与辅导员之间的辅导指导关系，只有进行手把手"传帮带"的辅导或指导，辅导员才能明确在职业中的自我定位，才能清楚地了解需要什么样的人来做这一工作，从而积极探索做好工作的途径方法；最后，要创造多样化的工作环境，在确保这种多样化不是难以管理的前提下，尽可能提供足够多层次的工作平台。辅导员的工作越复杂越烦琐，就越需要考虑到个人的独特之处。

总的来说，在高校辅导员队伍建设过程中，实施激励机制是提高效能的重要途径。高等学校要加强对辅导员工作的领导，在激励理念的指导下，深入实施各项激励保障措施，建立健全长效机制，逐步完善绩效考核和评价体系，充分调动辅导员工作的积极性，提高高校辅导员教育管理水平。

### （二）优化高校辅导员晋升机制

高校辅导员晋升机制是指高校管理者在遵循晋升的基本原则和规律的基础上，运行相关制度和组织机构，根据岗位要求和辅导员自身素质提升其职位和相应的薪酬待遇，以此来激发辅导员的工作热情的各种要素之和。它是辅导员队伍建设的一项重要内容。基于"高校辅导员具有双重身份，他们既是学校的教师，又是学校的管理干部"，高校辅导员既可以作为"学校的教师"参与专业技术职称晋升，也可以作为"学校的管理干部"参与行政职级晋升。高校辅导员晋升机制是激发高校辅导员工作热情和积极性的重要机制。高校辅导员晋升机制的实施，不仅能够提高高校辅导员队伍的稳定性，而且能够吸引更多优秀人才加入这支队伍，进一步壮大高校辅导员队伍。然而，高校辅导员"双线"晋升机制在实施过程中却面临着许多新的挑战，存在着许多新的问题。因此，直面高校辅导员晋升机制实际存在的问题，研讨导致存在问题的原因，建立科学完备、可操作性强的辅导员晋升机制，是摆在高等教育发展面前的一个紧迫而又重要的理论与实践课题。

1. 高校辅导员晋升机制存在的主要问题

（1）晋升标准缺乏适切性

晋升标准只有具备科学性才能够对员工产生正向激励作用，并作为评聘标准为评聘人员的工作提供便利。但就目前看来，高校辅导员晋升标准还存在诸多问题，这些问题在一定程度上影响了晋升的公平性，弱化了晋升的激励作用。

第一，专业技术职称评聘科研标准偏高。很多辅导员没有与思想政治教育相关的专业背景，加上他们的大部分的日常时间都用于学生事务的管理，所以他们的科研很难达到和思想政治专业教师一样的层次。辅导员既要完成事务性工作，还要提升科研水平，增加科研产出，这显然是一个严峻的考验。因此，就出现了辅导员讲师之后再难晋升的情况。长此以往，辅导员参与教师专业技术职称晋升这一举措不仅对辅导员起不到正面的激励作用，而且会挫伤辅导员专业化发展的自觉，弱化辅导员对职业化发展的追求。

第二，行政职级晋升标准过于宽泛。虽然很多高校管理岗位的聘用细则在思想品德、学历、工作年限、工作能力以及专业知识技能方面进行了规定，但是相对于专业技术职务评聘条件，这个细则依然显得十分宽泛，唯一的硬性条件就是工作年限。因此，在岗位晋升聘用中经常出现岗位少而满足聘用标准的申报人员多的局面。这就会带来两个方面的问题，一是评聘标准筛选的科学性可能会得到质疑，即在符合条件的专职辅导员人数多而岗位少的情况下，部门或院系的领导具体对岗位申报者哪些方面进行考察？人事领导小组又是依据什么标准决定聘用方案？二是评聘标准本身的科学性问题，即不同岗位对人员的素质要求是不同的，如何用现有的标准选拔出能够胜任该岗位的人员。这两个问题，如果不在评聘标准中体现，那么该评聘标准的效度就是存疑的，很容易造成评聘表面化，进而导致整个辅导员晋升机制形同虚设。

（2）晋升程序缺乏公正性

组织公正感理论研究表明，提高程序公正，会增强员工的责任感、运动员精神和文明程度。因此，在辅导员晋升过程中，程序公正同样可以产生激励效能。辅导员不仅关心晋升结果的公正，还非常关心晋升程序的公平，如果他们认为晋升程序是公平公开的，即使晋升结果对自己不利，大部分辅导员往往还是会接受这样的结果。因此，晋升程序应该是科学的、公正的，只有这样，才能更好地发挥晋升对辅导员的激励作用。然而,当前辅导员晋升程序的公正性还存在着一些问题。

第一,晋升过程不够透明。美国学者怀特认为,要确保提升最有效率,最有价值,就应该在考绩加功绩面前公开衡量并选择,贯彻公平处理的原则。从前文的调查可知,当前管理岗位的聘用方案主要由校领导、人事处领导以及组织部领导组成的人事领导小组根据有关程序研究决定。由此可见,在行政职务的晋升中,人际关系发挥了重要的作用,尤其在行政职务晋升过程中,部门领导的偏好所产生的首因效应和晕轮效应影响晋升结果,进而会出现"萝卜晋升"的尴尬局面。这在对相关行政人员的访谈中也得到了印证。此外,虽然辅导员晋升结果都会予以公示,但是对于每一流程具体如何操作、依据哪些规章制度,正常是不对外进行公布的。因此,在辅导员晋升过程中出现暗箱操作这样违背公平性原则的现象在所难免。

第二,监督机构缺乏效力。从经济学的视角分析,当存在稀缺资源,且资源分配的权利掌握在少数人手中时,权力寻租和腐败就会发生。但是,如果能对资源分配过程实行有力的监督,即对资源分配过程进行监视、管理以及督促,就能有效防止权力寻租以及腐败现象的发生。高校为了保证辅导员晋升程序的规范性和晋升结果的公平性,成立了监督机构,制定了监督制度。监督者是由诸如纪律检查委员会、学工处、人事处的负责人等校内人员组成,被监督者是校领导、院领导、相关部门领导、校内学者以及少量校外专家学者。由此可以看出,被监督者多是监督者的同级甚至上级。这就造成在监督过程中,监督机构人员可能会选择明哲保身。此外,在辅导员晋升过程监督机制外,晋升后责任追究机制缺乏,没有"谁提拔谁负责"的长效约束,更容易造成短期的权力寻租,最终导致辅导员晋升中的监督流于形式、缺乏力度。

(3)投诉、申诉机制不畅

第一,投诉、申诉制度缺乏系统性。当前,社会结构急剧变化,高校内部矛盾不断凸显,辅导员在晋升中遭到不公平待遇的现象时有发生。这时候,高校的投诉与申诉制度就显得尤为重要,它在一定程度上能够保护辅导员的合法权益、保证高校管理的民主性、保持高校内部的和谐稳定。而学校所公布的投诉与申诉制度还比较粗疏,具体表现为:一是流程不明确。投诉与申诉流程只有尽可能详细、规范,才具有可操作性。然而学校只是在有关文件中对投诉与申诉的流程进行简单的概括，甚至有的高校没有对投诉与申诉流程作出说明。在不了解完整、详尽的投诉与申诉流程的情况下，辅导员想要通过投诉或者申诉来维护自身的权益就变得十分困难。因此，就出现了辅导员在对晋升程序和结果有异议的情况下选择保持沉默的情况，这种情况很容易导致高校投诉与申诉制度的积极作用得不到发挥，投诉与申诉受理机构形同虚设。二是配套制度不健全。健全相关配套制度是投诉与申诉公平、规范的重要保证。当前，高校疏于对投诉与申诉配套制度的建立与完善，使得受理机构在处理投诉与申诉事宜时缺乏制度规范，同时，辅导员也会对投诉与申诉这一救济措施的效用产生怀疑。

第二，辅导员权利意识淡薄。权利意识是指人们对于一切权利的认知、理解和态度，是人们对于实现其权利方式的选择，以及当其权利受到损害时，以何种手段予以补救的一种心理反应。晋升结果的公示是为了听取各方对晋升结果的意见，是保证晋升公平性的一项重要措施。高校也规定了如对公示的内容有异议，辅导员可以进行投诉、申诉。但是由于当前辅导员权利意识淡薄，很多情况下，辅导员晋升过程中的"公示"变成了"公告"，投诉与申诉制度自然无法产生效用。

高校辅导员权利意识淡薄主要表现在以下两个方面：一是权利认知迷茫。权利认知是权利意识形成的前提和基础，如果权利主体对自身享有哪些权利以及如何行使自身的权利都不了解，那么权利意识就无从谈起。2017年9月发布的《普通高等学校辅导员队伍建设规定》仅仅规定了辅导员的要求与职责，对辅导员的权利与义务并没有作出详细的阐述，这是辅导员权利认知迷茫的客观原因。此外，辅导员在晋升过程中申诉意识不强，也是辅导员权利认知迷茫的主观原因。二是主张权利缺位。耶林在《为权利而斗争》中说："主张权利是精神上自我保护的义务，完全放弃权利是精神上的自杀。"在实际过程中，很多辅导员在晋升过程中明显有不公正感的时候选择了退避，尤其是在发现他人暗箱操作结果时，仍因为害怕得罪人而顾若罔闻，这种做法反映出辅导员群体中主张权利的缺位。

2.优化高校辅导员晋升机制的措施

（1）重构高校辅导员晋升机制的导向

美国明尼苏达大学经济学教授利奥·赫尔维茨（Leonid Hurwicz）在《资

源配置过程中的信息效率和最优化》(《Optimality and inforrmational efficiency in resource allocation》)一文中,将机制定义为参与者彼此交换共同决定结果的信息沟通系统。辅导员晋升机制设计的参与者主要有政府、高校和辅导员自身。政府和高校是构建辅导员晋升机制的重要主体。辅导员既是辅导员晋升机制设计的参与者,也是直接利益相关者。按照机制设计理论,导向合理的辅导员晋升机制设计应该包括:信息效率(inforrmational efficiency)最高和激励相容(incentive compatibility)最优。

第一,充分认识高校辅导员队伍的重要性。从政府层面上看,高校辅导员队伍的稳定有利于持续性地贯彻和落实党和国家各项教育方针;从高校层面上看,辅导员队伍的稳定有利于大学生思想政治教育工作的落实。因此,辅导员队伍的稳定和可持续性发展直接关系到高校和高等教育的育人工作。政府和高校要充分认识到辅导员队伍建设的重要性,切实加强高校辅导员队伍的建设与管理,努力提高辅导员的职业品格、专业素养以及工作能力。政府和高校只有在思想上认识到这一点,才能够在辅导员晋升机制中真正确立以人为本的思想,才能解决目前辅导员晋升机制中存在的问题,稳定辅导员队伍,满足各方的需求和期待,进而实现激励相容最优。

第二,充分认识高校辅导员职业的特殊性。辅导员工作有其特殊性。在工作时空方面,因为辅导员作为学生管理工作者需要经常深入到学生中,所以辅导员的工作时间和工作地点是不固定的,无论何时何地,只要学生需要,辅导员就必须准时到达现场。在工作内容方面,辅导员除了要对大学生进行思想政治教育,还承担着关心学生生活、指导学生学习、为学生提供心理咨询服务等工作。无论大学生遇到什么困难,辅导员都要帮助学生解决困难。相较于专任教师,高校辅导员升职的工作是复杂的、烦琐的;相较于行政管理人员,辅导员的工作又具有很强的专业性。学校对辅导员职业特殊性认识不足,导致在辅导员晋升机制设计过程中信息不对称。很多高校在辅导员双线晋升机制设计中投入了大量的人力物力财力,结果却适得其反。机制设计理论中,信息效率最高是指以最小的投入产生最大的收益。因此,从辅导员职业特殊性来重构其晋升机制的导向可以实现"投入最小+收效最佳"。

(2)优化高校辅导员的晋升路径

第一,优化高校辅导员专业技术职称晋升机制。职称制度的保障在一定程度上支持着高校辅导员队伍的"三化"建设。如果在实际工作中,将辅导的工资待遇、培训和晋升等建设方面置于高校行政管理的附属地位，辅导员个体和团体就很难树立起职业归属感，更谈不上自我荣誉感。当前我国高校辅导员普遍存在社会地位不高、职业认同感低的现实困顿。在专业技术职称晋升方面，当前的现实情况是，辅导员队伍每天忙于各种复杂的事务性工作。除了工作职责范围内的思想政治教育工作，他们根本不能像专任教师一样有自己的专业"研究"领域。而且，由于学生管理工作的特殊性，辅导员从事研究的时间很少，这样根本谈不上作任何专业性课题研究。因此把辅导员和专任教师放在同一层面进行职称评定，显然是不公平的。

基于这种现实情况，非常有必要建立单独的辅导员职称评定体系，制定单独的辅导员职称评定规则，单列辅导员职称晋升名额。从根本上说，建立一套单独的辅导员职称评定体系，是推进辅导员队伍"三化"建设的最重要体现。2007年以来，国内各省市、各高校在辅导员职称评定体系建设方面取得了较大进展。目前有三种具体做法：一是教育部直属部分高校率先制定了辅导员职称评定制度；二是部分省（市）教育厅制定了辅导员职称评定办法；三是部分省份对高校辅导员职称资格的认定有了专门的规定，其中单独制定了较为详细的职称认定条件。优化辅导员专业技术职称晋升机制是减少辅导员队伍优秀人才流失的有效措施，同时可增强处于现职状态的辅导员对工作的积极性。

第二，优化高校辅导员行政职级晋升机制。在行政职级晋升方面，由于辅导员系列管理岗位数量的限制，无法满足所有辅导员的职业发展需求。另外，受外界消极因素的影响，部分辅导员开始对辅导员这一职业存在的价值产生疑虑，出现懈怠本职工作的现象。不少辅导员将这一岗位视为跳板，一旦时机成熟就转岗，更有甚者直接跳槽。从马斯洛需求层次理论来看，人的需求分成生理需要、安全需要、社交需要、尊重需要和自我实现需要五大类。马斯洛认为，在人的物质需求得到满足之后，必会产生精神上的需求。对于高校辅导员来说，他们不仅有物质上的需求，也希望得到他人的尊重和认可。教育部令第43号中提出要实行辅导员岗位职级制，根据辅导员的学历资历、工作能力以及工作实绩等，确定相应的辅导员岗位等级。高校辅导员岗位职级制充分遵循了马斯洛的需求层次理论，在构建高校辅导员管理制度的过程中，设置从低等级岗位到高等级岗位的发展路径，注重分层次、分阶段满足辅导员的需求，为辅导员职业发展设立阶段性目标，调动其工作主动性，增强其职业认同感，从而增强辅导员队伍的稳定性与专业化。

然而当前，多数高校实行的依然是辅导员专业技术职称晋升与行政职级晋升并行的双线晋升制。对于如何取舍行政职级、岗位职级这两条晋升途径，创造一条符合高校自身实际情况、有利于本校辅导员职业发展的晋升路径是高校亟待解决的问题。高校辅导员是高校党政管理干部的重要力量，事实证明很多辅导员转到行政管理岗后在工作上有不俗的表现，高校可以在要求辅导员进行专业技术职称晋升的同时，再要求辅导员根据自己的意愿在岗位职级晋升与行政职级晋升中选择一条晋升途径。在此基础上，高校需要设立与各级行政职级相对应的岗位职级，建立合理的人才流动制度，比如辅导员首次申报岗位职级，按现任职务参照相关要求直接认定；转出辅导员岗位可保留相应职级；由学校其他岗位转入辅导员队伍，满足一定工作年限后，可根据原有岗位级别直接聘任相应职级辅导员。这样的晋升路径，不仅给了辅导员追求职业发展的机会与信心，还能鼓励其他岗位的优秀人才加入辅导员的队伍，使得辅导员队伍不断壮大、专家型辅导员不断涌现。

（3）设定高校辅导员入职匹配的资格条件

美国波士顿大学的教授弗兰克·帕森斯在他的《选择职业》一书中，第一次系统地阐述了"人职匹配理论"。其基本思想是：个体差异是普遍存在的，每一个个体都有自己独特的人格特质；与之相对应，每一种职业也有自己独特的要求，一个人的能力、性格、气质、兴趣同所从事职业的工作性质和条件要求越接近，工作效率就越高，个人成功的可能性也越大，反之则工作效率和职业成功的可能性就越小；每个人进行职业决策时，要根据自己的个性特征来选择与之相对应的职业种类，进行合理的人职匹配。帕森斯的"人职匹配"理论把职业与人的匹配分为两种类型，即条件匹配和特质匹配。条件匹配指职业所需技能和知识与掌握该种技能和知识的人之间要匹配。特质匹配指某些职业需要具有一定特质的人来与之匹配，例如，科学家需要富有创造力。

科学设定辅导员专业技术职称晋升资格条件是辅导员队伍实现人职匹配的前提，辅导员可以根据资格条件判断自己能否胜任某个职务，高校则以资格条件为评聘标准聘用最适合某个职务的辅导员。人职匹配程度越高，辅导员胜任某个职务的可能性越大。目前，高校辅导员的主要工作不仅包括大学生思想政治教育工作，还包括学生事务管理工作。辅导员的工作职责与所需的工作能力与专任教师是不同的，因而其专业技术资格条件不能和专任教师的专业技术资格条件等同，要加以区别。各高校应当充分利用工作分析理论，对辅导员工作需要哪一类型的人来承担进行特定分析,制定符合实际、人性化的思想政治教育教师专业技术资格条件。

第一,突出工作实绩。思想政治教育教师专业技术职务系列作为针对辅导员的专业技术职务系列,应明确学生事物管理工作的重要性,注重考核其学生事物管理工作的实绩。思想政治教育教师专业技术职称评聘应坚持思想品德、工作实绩、科研成果和教学水平相结合的原则。对于初级和中级职称应着重考察思想品德与工作实绩,可依据民主测评、班风建设、学生干部队伍建设、学习辅导、心理咨询、生涯辅导等分项目进行考察。对于高级职称还要着重考察决策能力、组织能力以及科研业绩。

第二,强化科学研究能力。辅导员具有较强的科研能力和丰富的专业理论知识是大学生思想政治教育的关键,这就要求辅导员不断提升自己的科学研究能力和专业理论水平。高校应引导辅导员向专家型辅导员发展,通过参与相关培训和课题研究,培养辅导员自身的科学研究能力。目前,辅导员在长期的学生工作中积累了一定的理论知识,实践经验也十分丰富,但是由于辅导员的科学研究能力薄弱,他们很难在思想政治教育研究中取得成果。因此,高校要专门针对辅导员设立专项课题、专门的培训以及思想政治教育专业指导,为辅导员开展思想政治教育研究创造条件。

第三,注重教学实践。教学是教师的中心任务,辅导员作为思想政治教育教师,思想政治理论教学应当成为其重要职责之一。思想政治理论教学的质量很大程度影响大学生思想政治教育的成效。高校可以每周专门组织辅导员集中备课,安排大学生思想政治理论课的时间,并将思想政治理论教学计入工作量。在辅导员专业技术职称评聘时,要重点考察思想政治理论课程数量与思想政治理论教学质量。

(4)健全高校辅导员晋升的纠偏机制

纠偏机制是指,对一项有目标和计划的活动进行监察,如发现实施行为与原计划发生偏差或者背离原目标时加以纠正的制度体系。在辅导员晋升中,纠偏机制有利于保障晋升各项工作规范有序地进行。因此,相关机构和人员要充分发挥纠偏机制的作用,从明确权力范围、增强责任意识入手,对辅导员晋升过程进行强有力的监督,保证辅导员晋升工作的规范性、有序性以及高效性,创造公平公正的选人环境。

第一,增强晋升程序的透明度,加大监督力度。权力需要制约的思想由来已久。孟德斯鸠曾说过:"一切有权力的人都容易滥用权力,有权力的人们使用权力一直到遇有界限的地方才休止。"英国历史学家阿克顿也提出:"权力导致腐败,绝对权力绝对地导致腐败。"当前,这些富有哲理的思想已经为人类社会发展的历史所反复证实,并且成为人类普遍认可的真理。毫无疑问,正是由于滥用权力的现象时有发生,才有必要对权力的运行进行有效的监督。在辅导员晋升过程中,如果没有对辅导员晋升过程中权力的运行进行监督,必将导致暗箱操作等不公平现象的产生。因此,着手建立和完善辅导员晋升监督体系,加大监督力度具有重要的现实意义。在完善辅导员晋升监督体系时,应注意以下几点:第一,在辅导员晋升中,要进一步公开辅导员晋升程序,使得晋升过程中的每个操作步骤都透明可见。晋升过程的透明公开是监督得以落实的基础,公开透明度越高,监督工作成效越大;第二,明确各监督主体的责任,明确各级领导、各个部门以及各位教职工对辅导员晋升工作所负有的监督监察职责,并承担相应的责任;第三,加强重点部门、重点对象的监督,加强对拥有辅导员晋升决定权力的主要领导,如校领导及组织部、人事部的主管领导在处理晋升事宜时的监督力度。

第二,优化投诉、申诉制度,拓展高校辅导员维权渠道。为了切实维护高校辅导员的权益,优化投诉、申诉制度是关键。一是,要明确申诉范围,包括在晋升中侵犯辅导员权益的,辅导员对晋升结果不服的;二是,成立受理申诉的部门,合理配置部门人员;三是,明确投诉、申诉程序,每一个步骤应尽可能地易操作;四是,调查、听证方法要科学,成立调查小组对申诉材料进行核实,在深入调查的基础上,安排相关领导、教师以及当事人参加听证会,对申诉材料进行复核;五是,学校在一定期限内对申诉进行处理。高校要制定科学完备的申诉制度,并将制度公开,让辅导员熟知申诉制度。有了制度的保障,辅导员在自身权益受到损害时,就会敢于通过规范的投诉、申诉渠道提出异议,保护自身的权益。

第三,明确相关领导责任,实行责任追究制。构建责任追究制可以有效地解决职权滥用问题。责任追究制可以使负责辅导员晋升的相关领导对权责关系有清晰的认识,在行使其权力时有压力感,增强责任心,积极履行和承担相应的义务和责任,提高自律意识,做到择优录用。明确辅导员晋升资格条件审核、申报材料审核、推荐人选、决定聘用方案等各个环节中评审人员的责任。对于因校领导、组织部领导以及人事处领导等相关人员在晋升过程中不能如实介绍情况、未履行或未认真履行工作职责、违反工作纪律等行为，导致用人失误失察并造成严重后果的，应当根据问题的严重程度，追究主要负责人的责任，其他有关人员应负连带责任。

总的来说，高校辅导员处于学生事务管理工作的第一线，是高校行政管理、日常事务的具体落实者，是高校文体活动、党团建设的有力推动者。高校辅导员晋升机制是进一步加强高校辅导员队伍建设的重要抓手，对于稳定高校辅导员队伍的作用是非常重要且必要的。各高校根据实际运行情况，研究形成科学、有效的晋升长效机制，对于提高高校辅导员的职业自豪感、荣誉感，调动高校辅导员的积极性和主动性，不断激发他们的创造性、能动性，提升辅导员队伍整体的素质能力具有重要的实践意义。

# 参 考 文 献

## 一、文件规定

[1] 中共中央 国务院.关于进一步加强和改进大学生思想政治教育的意见（中发〔2004〕16号）[Z].2004-10-15.

[2] 教育部.关于加强高等学校辅导员、班主任队伍建设的意见（教社政〔2005〕2号）[Z]. 2005-01-13.

[3] 教育部.普通高等学校辅导员队伍建设规定（中华人民共和国教育部令第24号）[Z].2006-07-23.

[4] 教育部.高等学校辅导员职业能力标准（暂行）（教思政〔2014〕2号）[Z].2014-03-25.

[5] 中共中央 国务院.关于加强和改进新形势下高校思想政治工作的意见（中发〔2016〕31号）[Z].2016-12.

[6] 教育部.普通高等学校辅导员队伍建设规定（中华人民共和国教育部令第43号）[Z].2017-09-21.

[7] 中共中央.关于进一步加强和改进学校德育工作的若干意见[Z].1994-08-31.

[8] 黄埔本校政治部政治指导员条例[N].黄埔日刊，1926-11.

[9] 国民革命军党代表条例[N].军事政治月刊，1926-01.

## 二、专著

[1] 毛泽东.毛泽东选集[M].北京：人民出版社，1991.

[2] 何东昌.中华人民共和国重要教育文献（1949—1997）[M].海口：海南出版社，1998.

[3] 加强和改进思想政治工作学习读本 [M]. 北京：中共中央党校出版社，1999.

[4] 毛泽东邓小平江泽民论思想政治工作 [M]. 北京：学习出版社，2000.

[5] 全国普通高校"两课"教育教学调研工作领导小组. 普通高校思想政治教育课程文献选编（1949—2003）[M]. 北京：中国人民大学出版社，2003.

[6] 许启贤. 中国共产党思想政治教育史 [M]. 北京：中国人民大学出版社，2004.

[7] 切实推进高校辅导员队伍建设为加强大学生思想政治教育提供坚强的组织保证——周济部长在全国高校辅导员队伍建设工作会议上的报告 [R]. 教思政〔2006〕2 号，2006-07-27.

[8] 李忠军. 高校辅导员主体论 [M]. 北京：光明日报出版社，2011.

## 三、论文

[1] 梅晓芳. 高校辅导员工作室：共同体视域下辅导员专业化发展的新向度 [J]. 江苏高教，2020（7）：120-124.

[2] 何照清，李风啸. 高校辅导员素质能力提升的内生动力研究——基于浙江省高校辅导员素质能力大赛一等奖获奖者的调查 [J]. 学校党建与思想教育，2020（9）：29-33.

[3] 卢黎歌，杨华. 提高大学生思想道德素质工作中存在的主要问题及其对策 [J]. 思想理论教育导刊，2009（8）：21-26.

[4] 宋晓燕. 高校辅导员职业化建设之探析 [J]. 苏州大学学报（哲学社会科学版），2010（6）：189-191.

[5] 肖静. 浅析新时期高校辅导员队伍建设教育理论与实践 [J]. 教育理论与实践，2010（12）：42-43.

[6] 柳海民，郑星媛. 教师职业幸福感：基本构成、现实困境和提升策略 [J]. 现代教育管理，2021（9）：74-80.

[7] 邓亮，李媛. ERG 理论视角下高校辅导员职业幸福感的现实困境与提升路径 [J]. 高教论坛，2021（2）：14-16，20.

[8] 卢秋婷. 内涵式发展趋势下高校辅导员队伍建设的新思路 [J]. 吉林建筑大学学报，2015，32（3）：118-120.

[9] 李萌. 内涵式发展：新时代辅导员队伍建设的必然趋势 [J]. 陕西教育（高

教），2019（4）：61-62.

[10] 冯刚.论辅导员的专业化培养和职业化发展 [J].思想教育研究,2007,（11）：13-15.

[11] 刘海春.学生工作队伍职业化、专业化的提出及展望 [J].思想教育研究，2006,（8）：16-18.

[12] 李鹏，李雪平，冯文全.辅导员职业化、专业化及制度保障 [J].中国职业技术教育.2010（10）：66.

[13] 王振华，朱蓉蓉.论新时代高校辅导员队伍建设的优化 [J].学校党建与思想教育，2022（2）：58-60.

[14] 周蓉，顾春华.高校辅导员队伍专业化建设的内涵式发展及路径探索 [J].黑龙江高教研究，2021，39（6）：120-124.

[15] 李浩.新时代辅导员的立德树人"本位" [J].教书育人（高教论坛），2021（12）：52-53.

[16] 周蕾.职业认同视角下高校辅导员职业能力提升与发展模式初探 [J].科教文汇（中旬刊），2020（5）：37-38.

[17] 艾楚君，陈佳.论高校辅导员的职业素养及提升路径——基于112名全国高校辅导员年度人物先进事迹的文本分析 [J].学校党建与思想教育，2020（9）：37-39.

[18] 刘锦.新时代高职院校辅导员队伍建设的新内涵与新路径 [J].学校党建与思想教育，2019（24）：10-12.

[19] 冯刚.坚持质量导向和内涵发展努力提高高校辅导员队伍建设科学化水平 [J].思想教育研究，2012（11）：7-10.

[20] 李双贵.高校辅导员职业品牌塑造的战略分析及实施 [J].教育与职业，2012（21）：67-69.

[21] 赵思博，刘小戈.新时代高校辅导员在学生成长中的角色定位分析 [J].吉林化工学院学报，2018，35（12）：48-51.

[22] 张艳.论辅导员的内涵式发展 [J].科教导刊，2018（34）：77-79.

[23] 赵诚，程俊刚.高校辅导员作为大学生成长的知心朋友的角色实现 [J].课程教育研究，2018（7）：185.

[24] 沈晔.辅导员阶段性发展特点及支持策略 [J].思想理论教育，2017（9）：

95-101.

[25] 孔胶胶.高校辅导员队伍"三化"建设现状及优化策略研究[J].科教导刊，2021（8）：76-77.

[26] 王荣平.高校辅导员队伍"三化"建设研究[D].昆明：昆明理工大学，2020.

[27] 王静媛.高校辅导员晋升机制研究[D].扬州：扬州大学，2018.

[28] 王海涛.教师职业认同、职业倦怠与职业幸福感的关系研究[D].海口：海南师范大学，2019.

[29] 田盛兰.基于00后大学生群体特征的高校辅导员素质提升研究[D].长沙：湖南大学.2020.

[30] 孔德鹏.我国高校学生工作队伍专业化研究[D].石家庄：河北科技大学，2010.

[31] 刘艳.高校辅导员队伍职业化建设研究[D].上海：华东师范大学，2009.

[32] 王健.高校辅导员队伍职业化、专业化建设研究[D].大连：大连理工大学，2008.

[33] 龚春蕾.高校辅导员职业化专业化问题研究[D].上海：华东师范大学：2011.

[34] 吴琦.新时代高校辅导员队伍专业化建设研究[D].沈阳：沈阳师范大学，2021.

[35] 苏亚杰.高校辅导员职业能力研究[D].哈尔滨：哈尔滨师范大学，2019.

[36] 孙树彪.高等教育内涵式发展的"立德树人"研究[D].长春：吉林大学，2019.

[37] 刘洪波.新时期大学生思想政治教育内涵式发展研究[D].武汉：武汉大学，2017.